SV
international
SCHWEIZER
VERLAGSHAUS

E. R. Carmin

# «Guru» Hitler

SV INTERNATIONAL
SCHWEIZER VERLAGSHAUS ZÜRICH

Printed in Switzerland by
Druckerei Carl Meyers Söhne AG, CH-8645 Jona
3-7263-6446-3

## Inhalt

## «Von einem fremden Planeten ...»

Man schreibt den 21. Mai 1945. Seit zwölf Tagen ist der Zweite Weltkrieg in Europa zu Ende. Zumindest wird nicht mehr geschossen und gebombt. Vielleicht ist man froh darüber, vielleicht ist es den Menschen aber auch schon gleichgültig. Was von diesem tausendjährigen Reich übriggeblieben ist, reicht auch ohne Schießerei noch für lange, um einem den Appetit auf irgendeine Zukunft zu verderben. Geblieben ist ein mit Phosphor und Bomben ausgebranntes Ruinenfeld, geblieben sind Tod, Elend und Hunger, Erniedrigung, Schande und Scham. Die perfekte Götterdämmerung.

Aus Übermenschen und ganz gewöhnlichen Menschen sind plötzlich die Untermenschen geworden, mehr oder weniger vogelfrei. *Germany must perish.* In den KZs und in den Vernichtungslagern kommen Dinge ans Licht, die jedes Vorstellungsvermögen übersteigen. Vor allem das vieler Deutscher. Für die Sieger ist die Überraschung weniger groß, zumindest für die obere Garnitur, denn die wußte seit Jahren über Auschwitz und Dachau Bescheid. Jetzt überlegt man, was mit den Barbaren zu geschehen hat. Die Überlegungen reichen von der kollektiven Sterilisierung über die Verteilung als lebenslängliche Zwangsarbeiter an die Nachbarvölker bis zu den humanen Absichten, die Deutschen zu einem Ackerbauernvolk zu machen. Inzwischen tut man, was unschlüssige Sieger mit Verlierern zu tun pflegen. In dieser Beziehung kennt ja die Geschichte kein Gut und Böse. Man bedient sich zunächst planlos und ungeniert, entvölkert, plündert, requiriert, entindustrialisiert, rechnet ab. Später begnügt man

sich mit der Entnazifizierung und der Verurteilung der Verantwortlichen bei den Nürnberger Prozessen. Aber noch ist es nicht soweit.
Noch herrscht Chaos. Schuldige und Nichtschuldige, Nazi-Bonzen und Mitläufer laufen noch durcheinander über den Trümmerhaufen Deutschland, versuchen unterzutauchen, zu kollaborieren, zu fliehen, vielleicht sogar in der wahnwitzigen Hoffnung, daß nach dieser dunklen Stunde der Geschichte am Ende doch das Reich mit allem Glanz und aller Herrlichkeit wiederkommen werde.
Vermutlich glaubt auch jener Mann daran, der an diesem 21. Mai 1945 in der Nähe des britischen Kontrollpunktes Meinstedt bei Bremervörde festgenommen wird. Nichts weist darauf hin, daß es sich dabei um einen besonderen Fang handelt: Der Mann ist unscheinbar, wirkt harmlos. Das Soldbuch, das er bei sich trägt, weist ihn als Heinrich Hitzinger aus. Er trägt Zivilkleidung und über dem rechten Auge eine schwarze Klappe. Aber man will sichergehen. Die Briten schleusen den Mann durch die Lager Bremervörde und Zeelos und überstellen ihn schließlich nach Westertimke, um Hitzingers wahre Identität herauszufinden. Drei Tage später ist es Hitzinger selbst, der für die Überraschung sorgt: «Ich bin Heinrich Himmler!» sagt der Mann, dem man nicht zugetraut hätte, auch nur einer Fliege etwas antun zu können. Sofort geraten die Briten in Hektik. Das war also der Reichsführer SS, der blutige und grausame Vollstrecker des Naziterrors, das Monster, der Millionenmörder. Man bringt ihn ins Informationszentrum. Dort muß er sich nackt ausziehen. Man will sichergehen, daß er sich nicht wie der Führer selbst der Gerichtsbarkeit entzieht. Militärärzte untersuchen sorgfältig seinen Körper und

seine Kleidung nach Giftkapseln und anderen Selbstmordwerkzeugen. Dann steckt man ihn in eine englische Uniform. Als man später aber auch seine Mundhöhle inspizieren will, zerbeißt Himmler die Zyankalikapsel. Sekunden später ist er tot. Drei Tage später verscharrt man die Leiche in einem Waldstück bei Lüneburg. Sorgfältig wird die Grasnarbe wieder aufgelegt, um jede Spur zu verwischen. Niemand sollte je erfahren, wo Himmlers Grab ist.

Aber wenn es gelungen wäre, den Reichsführer SS vor das Nürnberger Tribunal zu bringen? Was hätte er zu seiner Verteidigung vorbringen können? Daß alles, was geschehen war, jener Vorsehung entsprochen habe, auf die sich der Führer selbst immer wieder berufen hatte? Daß sie Werkzeuge kosmischer Mächte gewesen seien? Diener eines kosmischen Plans? Daß es ihnen darum gegangen sei, den neuen Menschen, den Übermenschen zu erwecken? Daß sie mit geheimnisvollen Meistern verbündet gewesen seien, um mit deren Hilfe das verlorene Reich Thule wieder auferstehen zu lassen? Nein, das wäre nicht zur Sprache gekommen. Himmler hätte wohl geschwiegen, so wie die anderen über diese Dinge geschwiegen haben. Und wie Wolfram Sievers, der eigentliche Würgengel des Schwarzen Ordens, hätte er wohl vor dem Gang zum Galgen noch einmal jenen Kult zelebriert, Gebete zu jenen Mächten gesprochen, in deren Dienst er zu stehen geglaubt hatte.

Es gab keine Verständigungsmöglichkeit zwischen den Männern, die da in Nürnberg auf dem Richterstuhl saßen, und jenen, die Hans-Jürgen Syberberg in seinem Hitler-Film sagen läßt: «Jenseits von Gut und Böse, paradiesisch, wie die Alten sagten, eingeweiht in die Riten der Ecclesia militans, des Schwar-

zen Ordens, der Messen und Totenkopfgemeinschaften, Korps, die über Leichen gehen müssen, um die Tragödien der Großen zu gewinnen, Gottmenschen, mit ausgelöschter Familie und allein gebunden an die harten, unerbittlichen Gesetze unseres Kults.»
40 Jahre sind seither vergangen. Aber das Rätsel des Dritten Reiches, das Rätsel Hitler ist noch immer ungelöst. «Das Verdikt der Alliierten erklärte nicht, warum mehr als eine Million Menschen kollektiv und gleichsam über Nacht zu Massenmördern geworden sein sollten; es erklärt nicht, woher die SS ihre Macht genommen hatte, den Rassenwahn des SS-Regimes in schaurige Tat umzusetzen», konstatiert der deutsche Historiker Heinz Höhne in seinem Standard-Werk über die SS «Der Orden unter dem Totenkopf». Und Höhne findet: «Bizarr und widersinnig, aller Logik fern — das war die Welt der Schutzstaffel. Es ist die Geschichte eines Männerordens, wie er phantastischer nicht gedacht werden kann!»
In der Tat kommt dieser Satz einer bislang noch immer unaufgearbeiteten Wahrheit des Dritten Reiches nahe, auch wenn er anders gemeint war. Ein normaler Historiker müßte weit über seinen Schatten springen, um sich ernsthaft mit der eigentlichen Grundlage des Dritten Reiches auseinanderzusetzen: einer Geheimwissenschaft, einer Magie, an der in Wirklichkeit wenig Deutsches war, sieht man von dem für die Massenpropaganda bestimmten Arierkult ab.
In Nürnberg standen sich Magie und Intellekt gegenüber; dasselbe scheint für die NS-Forschung im allgemeinen zu gelten. Dazwischen liegt ein Abgrund, der nicht übersprungen werden kann. Sofern überhaupt an diese Dinge gerührt wird, werden sie

in Nebensätzen als «mystagogische» (zum Geheimnis führende) und okkulte Marotten gewisser nationalsozialistischer Führer abgetan. Denn es ist etwas, das die Vernunft ganz und gar nicht zufriedenstellen will. Und wie jede andere Forschung begnügt die NS-Forschung sich in der Mehrzahl mit der äußeren Form und den sichtbaren politischen Auswirkungen des Nationalsozialismus, den sogenannten harten, verständlichen Fakten, wobei es natürlich schon mal vorkommt, daß durchaus offensichtliche Tatsachen den logischen Zusammenhängen geopfert werden. Indessen stellt sich die Frage, ob uns die äußere Welt etwas lehren kann, wenn man sie nicht als das ansieht, was sie ist: Äußerlichkeit. Oberfläche. Die Historiker, insbesondere die NS-Forscher, mögen sachlich sein, die Geschichte ist es nicht. Sie ist ein weißes Blatt, das nach Belieben ausgefüllt werden kann.

So sind die Interpretationen und Erklärungen ebenso vielfältig wie die Bücher sonder Zahl, die über die Ereignisse unter dem nationalsozialistischen Regime in den letzten vierzig Jahren erschienen sind. Gewiß, man kann Hitler für den Antichristen halten, für die Inkarnation des Bösen schlechthin. Und man kann den Nationalsozialismus folglich darauf zurückführen, daß unter Hitlers dämonischem Einfluß eben auch die bösen Eigenschaften der ihn umgebenden Menschen üppig zu wuchern begannen. Man kann den Nationalsozialismus auch pathologisch erklären, mit allfälligen homophilen Neigungen des Führers. Oder man kann versuchen, den Führer mehr oder weniger reinzuwaschen und sagen, er habe von den schrecklichsten Dingen nichts gewußt, sondern sei eine bloße Marionette in den Händen einiger entmenschter Banditen gewesen. Das Phänomen des Nationalsozialismus könnte auch damit erklärt werden, daß die Massen nun einmal gern gelobt werden wollen: Mal als welterlösende Proletarier oder als weltbeherrschende Arier, als mündige Bürger oder als Vorreiter irgendeiner Freiheit oder kollektiver Messias irgendeiner religiösen Idee, was sicherlich im Zusammenhang mit dem Dritten Reich nicht ganz unzutreffend ist. Dann gibt es die einfache Ansicht, daß eben wieder einmal hier wie dort die richtigen (oder falschen) Leute an den für die Katastrophe richtigen Plätzen standen. Hilfreich könnte am Ende die Tiefenpsychologie sein, um eine pauschale Erklärung zu liefern: Sie lehrt uns, daß zuweilen scheinbar vernünftige Handlungen des Menschen durch Kräfte gelenkt werden, die er selbst nicht kennt oder die mit einer der normalen Logik unzugänglichen Symbolik verknüpft sind. Darauf werden wir zurückkommen müssen.

All diese Deutungs- und Erklärungsversuche, alle sachlichen wie subjektiven Aufarbeitungen mögen ihre Richtigkeit haben. Woran liegt es aber, daß es bisher nicht gelungen ist, die Masken abzureißen, unter denen die Urheber und Beweger der Geschichte sich verbergen, und das wahre Gesicht der Magier des Dritten Reiches aufzudecken?

Es gibt zwar eine Art Randliteratur, die vereinzelt Details der «geistigen Abkommenschaft» des Nationalsozialismus aufgreift und sich mit dem okkulten Umfeld und den mystischen Vorlieben mancher NS-Größen beschäftigt: Etwa «The Spear of Destiny» von Trevor Ravenscroft, J. H. Brenanns «Occult Reich», «Bevor Hitler kam» von Dietrich Bronder, das Buch mit dem gleichen Titel aus der Feder des Freiherrn von Sebottendorf (eine der wichtigsten und geheimnisvollsten Gestalten am Ursprung der nationalsozialistischen Bewegung), oder «Der Mann, der Hitler die Ideen gab» von Wilfried Daim. Viele Hinweise und Andeutungen finden sich in Arbeiten, die ernsthafte Historiker sicherlich mit Entrüstung und Empörung zurückweisen würden, etwa das Buch der Franzosen Louis Pauwels und Jacques Bergier: «Aufbruch ins dritte Jahrtausend».

Zum gewollten oder ungewollten Verschweigen der geistigen Wurzeln Hitlers hat natürlich auch die Tatsache beigetragen, daß die führenden Nationalsozialisten nach ihrer Machtergreifung bestrebt waren, alle Spuren zu verwischen, so wie sie auch jeden Hinweis auf die Herkunft ihrer finanziellen Mittel tilgten. Die geistigen und finanziellen Wurzeln haben nämlich eines gemeinsam: Ihre Enden stecken nicht in deutschem Mutterboden, was freilich ein ganz anderes Licht auf die Ereignisse zwischen 1933 und 1945 wirft.

Ohne Zusammenhang mag es angehen, gewisse mystische Schwärmereien Hitlers, seine Astrologiegläubigkeit und die seines Stellvertreters Rudolf Heß als bloßes Nebenprodukt eines allgemeinen psychopathologischen Zustandes abzutun. Beim Reichsführer SS, Heinrich Himmler, wird es schon schwieriger. Er glaubte nicht nur wie sein Führer felsenfest daran, daß das Schicksal in den Sternen festgeschrieben stehe, sondern bezeichnete sich selbst als Buddhisten, schickte Expeditionen nach Tibet, hielt sich für eine Reinkarnation des Kaisers Heinrich I. des Voglers und zog ernsthaft in Erwägung, den Heiligen Gral suchen zu lassen. Der Reichsführer SS war der Großmeister eines religiösen Ordens, und dieser Orden war die SS.

Walter Schellenberg, Nachfolger von Canaris als

Hitlers Geheimdienstchef, beschreibt in seinen «Aufzeichnungen» im Zusammenhang mit dem Verfahren gegen den Oberbefehlshaber des Heeres, Generaloberst von Fritsch, wegen angeblicher Homosexualität: «Zwischen Heydrich und Göring war schon während des Verfahrens eine ernste Kontroverse entstanden, so daß selbst Himmler eine scharfe Reaktion der Generalität erwartete. Hier wurde ich zufällig Zeuge einer der okkulten Marotten Heinrich Himmlers, mit denen er die Führer der SS beschäftigte. Er hatte während der Verhandlung gegen von Fritsch in einen dem Verhörzimmer nahegelegenen Raum etwa zwölf seiner vertrautesten SS-Führer beordert und diesen befohlen, durch Willenskonzentration einen suggestiven Einfluß auf den beschuldigten Generaloberst zu nehmen. Himmler war davon überzeugt, daß der Beschuldigte unter dieser Einwirkung die Wahrheit sagen müsse und bekennen werde ... Ich betrat damals selbst die Stätte dieses seltsamen Exerzitiums und war nicht wenig verwundert über das Bild einer im Zirkel sitzenden, in tiefe Andacht versunkenen SS-Führerschaft ...»
Es war eine Konzentrationsübung nach dem Yoga-System, und damit pflegten alle Generalstabsbesprechungen der SS zu beginnen.
Es gibt mehr als ein Indiz dafür, daß dem äußerlichen Gefüge des Nationalsozialismus eine Geheimgesellschaft, ein geheimer Glaube zugrunde lag, eine Verbindung, die geheimen und geheimnisvollen Riten und Dogmen gehorchte, die viel schärfer ausgearbeitet waren als die allgemein gehaltenen Thesen in «Mein Kampf» oder in Rosenbergs «Mythos des 20. Jahrhunderts». Was sich als «nordisch» und «arisch» angepaßt verkaufte, war eine Esoterik, die

ihren Ursprung aus den gleichen Quellen herleitet wie jede Esoterik.

Geht man diesen Hinweisen nach, dann kommt man darauf, daß ausgerechnet die Nazis, die sich stets als Todfeinde der Freimaurerei gegeben hatten, auf bestem Fuß mit der esoterischen Maurerei standen. Untersucht man auch noch die finanziellen Schmiermittel, auf denen Hitler schließlich in den Reichstag rutschte, muß man zu dem Schluß gelangen, daß Hitler & Co vielleicht Werkzeuge fremder, wenn auch nicht unbedingt immer metaphysischer Mächte waren.

Auf jeden Fall stößt man auf eine in verwirrender Weise miteinander verbundene Kette von Namen und Personen, die alle an der Wiege dieser womöglich falschen Germanentragödie standen, als da sind: englische Rosenkreuzer, Freimaurer, Theosophen, Anni Besant, die das Hakenkreuz schon um den Hals trug, als Hitler noch gar nicht wußte, was es zu bedeuten hat; Aleister Crowley mit seinen Verbindungen zu allen möglichen Geheimdiensten, der Spion und Esoteriker Theodor Reuß. Eine wichtige Rolle spielte der zwielichtige Abenteurer und Geheimagent Trebitsch-Lincoln, der am Ende des Ersten Weltkrieges in Berlin auftauchte, sich zuweilen Lama Djordi Den nannte und mit einem Freiherrn von Sebottendorf an der Wiege des Thule-Ordens stand, aus dem schließlich die NSDAP hervorging und der sich dann im innersten Kreis der NS- und SS-Führung auflöste.

Hermann Rauschning, Vorsitzender des Danziger Senats und bis zu seinem Rücktritt im Jahre 1934 relativ enger Hitler-Vertrauter, bemerkt in seinem Buch «Gespräche mit Hitler»:

«Was Hitler will und der Nationalsozialismus vollbringen soll, steht nicht in ‹Mein Kampf›. Dieses Buch ist für die Masse. Aber der Nationalsozialismus hat eine Geheimlehre. In den besonderen Kreisen einer engeren Elite wird sie gelehrt und weiterentwickelt. In allen Kaderorganisationen gibt es eine Schicht allgemeiner Mitglieder und eine Gruppe Eingeweihter.»

Und Rauschning zitiert Hitler:

«Ihr wißt nichts von mir, meine Parteigenossen haben keine Ahnung von den Träumen, die mich bewegen, und von dem grandiosen Gebäude, dessen Grundmauern zumindest stehen werden, wenn ich sterbe ... Es wird sich eine Umwälzung auf der Erde vollziehen, die ihr, die Nichteingeweihten, nicht verstehen könnt ... Was hier vor sich geht, ist mehr als das Heraufziehen einer neuen Religion.»

Ein heißes Eisen wohl. Deshalb weiß man, wie Höhne in seinem bereits erwähnten Buch registriert, auch heute noch nicht, was «hinter dem Titel Reichsführer SS steckt». War er «der böse Geist Hitlers» und des Dritten Reiches, oder war er, wie Panzer-Generaloberst Guderian fand, ein Wesen, «das nicht auf diesem Planeten lebt»?

Nicht von diesem Planeten ... Von der Perspektive der Führer, der Magier des Dritten Reiches aus lassen sich die Ereignisse duchaus mit Plotin definieren (den man seinerzeit übrigens ebenso fleißig gelesen hat wie hinduistische oder tibetanische Texte): «Die Ereignisse hier unten finden im Einklang mit dem kosmischen Geschehen statt.»

Das führt zu gewissen Analogien zwischen damals und heute. Verfolgt man diese geistigen Wurzeln des Nationalsozialismus, so führen sie zurück zum Beginn dieses Jahrhunderts. Unschwer läßt sich zur Jahrhundertwende eine regelrechte Okkultismus-

welle feststellen, eine natürliche Reaktion der Kollektivseele auf den wissenschaftlichen Materialismus jener Zeit und den durch die Lehren von Marx aufgekommenen und von anderen Philosophen vertretenen Atheismus. Die Grundlagen bildeten damals die Verbreitung verschiedener «Geheimlehren» und die Gründung zahlreicher geheimwissenschaftlicher und okkulter Gesellschaften, von denen sich eine fast nahtlose Verbindung zum Thule-Orden und zum Nationalsozialismus herstellen läßt.
«Man stempelt uns zu Geistesfeinden!» sagte Hitler. «Jawohl, wir sind das. Aber in einem viel tieferen Sinne, als sich diese dummstolzen Wissenschaftsbürger nur träumen lassen ... Ich befreie den Menschen von dem Zwange des Selbstzweck gewordenen Geistes ...»
Das kommt einem bekannt vor, nicht wahr? Bis vor wenigen Jahren noch beherrschte ein unerschütterlicher Fortschrittsglaube das Denken und Planen. Die Hochrechnungen der Zukunftsforscher waren die Prophezeiungen der Fortschrittsreligion. Doch seit Beginn der achtziger Jahre hat sich mehr und mehr die Erkenntnis durchgesetzt, daß dies alles nicht stimmt. Das Fortschrittsprogramm beginnt sich plötzlich als Bedrohung auszuwirken. Natürlich geschieht das nicht ohne Grund. Gestützt auf die Experimente mit Plattwürmern, Rhesusaffen und Ratten, hat die zeitgenössische akademische Psychologie wohl zu lange den Menschen als eine Art biologischen Roboter erklärt. Vierzig Jahre nach dem nationalsozialistischen Aufstand gegen den Intellekt muß das deutsche Nachrichtenmagazin *Der Spiegel* feststellen, «daß der wundergläubige, schamanenhörige Geist der Ahnen unter einer dünnen Schicht Vernunft und Wissenschaft in uns

allen weiterlebt. Er läßt sich nur zu leicht beschwören.» Und fast zwangsläufig kommt der Autor dieses Artikels über den Ashram des Bhagwan Shree Rajneesh in Poona dazu, Parallelen zum ideologischen Background des Nationalsozialismus herzustellen: «Wissen ist nicht demokratisch und hängt nicht von der Mehrheit ab», wird der Guru — der Führer und Meister — zitiert, «Wissen ist immer autokratisch ...» Mehr als fünfzig Jahre zuvor hatte Hitler zu Rauschning gesagt: «Ich will keine intellektuelle Erziehung. Mit Wissen verderbe ich mir die Jugend.» Die Parallelen hören hier nicht auf. Der *Spiegel*-Autor bemerkt dazu: «Was Rosenberg und seinem Führer an der indischen Weltanschauung am meisten imponierte, war der Glaube an die Magie charismatischer Figuren, war der Glaube, daß Mythen und mystische Kräfte wichtiger und stärker sind als die verachtete Wirklichkeit und daß eine Wahnidee, wenn man sich nur genug in sie hineinsteigert, am Ende über jede Übermacht der Materie triumphiert.»

Zwei verwandte Seelen. Schließlich hatten der Bhagwan und Hitler indirekt ein und denselben Meister, den Mystiker Gurdjieff, dessen Vertrauter, Schüler und Reisebegleiter Professor Karl Haushofer war, Mitglied des Thule-Ordens und, wie Rudolf Heß einmal sagte, der wahre Magier des Dritten Reiches.

Nun, heute wenden sich inzwischen Millionen von Menschen zumeist der jüngeren Generation den verschiedenartigsten Sekten zu, deren Glaubensinhalte einen magischen Charakter haben und die den Besitz von magischen Kräften versprechen. Alles Unerforschliche, Unerklärliche übt eine von Tag zu Tag stärker werdende Faszination aus. Daran mag

durchaus nichts Schlechtes liegen, käme es zu einer Integration zwischen Seele und Intellekt, um das Wort Magie einmal zu vermeiden.
Die Gefahr liegt ja ganz woanders. Es war im Hitler-Deutschland nicht das erste und das letzte Mal, daß sich, wie Rauschning seinerzeit nach seiner Abkehr vom Nationalsozialismus bemerkte, «die Fieberphantasien ganzer Völker zu Gestalten verdichten, die noch nach Jahrhunderten das Grauen vermitteln, aus dem sie geboren wurden. Völker brechen plötzlich in eine unerklärliche Rastlosigkeit aus. Sie unternehmen Greißlerfahrten, eine hysterische Tanzwut ergreift sie. Dämonischer Drang und religiöser Wahn verbinden sich. Das hier ist von derselben Art. Eine seelische Massenerkrankung, deren Hintergründe man wohl untersuchen kann, deren eigentliche Wurzel aber im Verborgenen liegt. Der Nationalsozialismus ist der Veitstanz des zwanzigsten Jahrhunderts.»
Gewiß nicht der einzige. Eine alte Wahrheit ganz sicher, daß die Manipulation der Seelen psychische Energien freisetzen kann, die jeder materiellen Macht überlegen sind. Welche Kräfte im Guten wie im Bösen diese Energie zu entfalten vermag, wenn durch religiöse oder politisch-weltanschauliche Archetypen das Unbewußte der Kollektivseele aktiviert und aufgereizt wird, das zeigten nicht zuletzt die Ereignisse im Iran nur allzudeutlich. Ein anderes Beispiel wäre etwa Polen, wo sich das polnische Volk, um seine Schwarze Madonna und den charismatischen Arbeiterführer Walesa geschart, mit messianischem Mut gegen die sowjetische Bevormundung zu wehren begann.
In diesem Sinne kennt die Geschichte eben kein Gut und kein Böse. Einmal schlägt das Pendel hierhin,

einmal dorthin. Seine Beweger indessen, die eigentlichen Verursacher geschichtlicher Ereignisse, die hintergründigen Ideen und Absichten, bleiben meistens verborgen, um immer wieder in den verschiedensten Verkleidungen hervorzukommen. Und das kann immer wieder nur gelingen, solange ihre Masken nicht heruntergerissen werden. Dieses Buch will ein Versuch sein, wenigstens Licht in das magische und geheimbündlerische Dunkel zu bringen, das Hitler hervorgebracht hat.
Denn der Schoß, aus dem das alles kroch, ist noch immer fruchtbar.

## Von Thule nach Wien und München

September im Jahr 1907. Die Fahrt Europas ins Ungewisse war schon längst in vollem Gang, auch wenn es noch einige Jahre dauern sollte, bis die Startschüsse zum großen Neuordnen auf dem alten Kontinent fallen würden. Daß dergleichen in der Luft lag, das hat die britische *Saturday Review* schon 1880 gewußt:
«Wenn Deutschland heute vernichtet wird, so gibt es keinen Engländer, der dadurch morgen nicht um so reicher würde. Sollten Völker nicht Krieg führen um einen Handel von Millionen? Aus tausend Eifersüchteleien wird sich ein ungeheurer Krieg entzünden, und das Ende wird die Niederlage Deutschlands sein. Dann werden wir die Völker Europas einladen: Da liegt Deutschland, kommt und nehmt euch ein Stück davon.»
Für Deutschland traf genau dies ein, und zum Dessert gehörte auch die Donaumonarchie. Daß dabei die Engländer nicht reicher geworden sind, liegt wohl daran, daß für das gemeine Volk Kriege stets mit Enttäuschungen enden.
Aber fahren wir zunächst mit einem schnaufenden und fauchenden Bummelzug von Linz in das Wien der Jahrhundertwende, dem es damals an Hellsehern jeder Art auch nicht mangelte.
In einem Abteil der dritten Klasse sitzt an einem kühlen und regnerischen Septemberabend des Jahres 1907 ein junger, etwas dandyhaft gekleideter Mann. Er sitzt allein im Abteil, versucht trotzdem, seine zu groß geratenen Füße unter der Sitzbank zu verbergen. Nervös spielt er mit dem Elfenbeingriff seines Spazierstocks. Ganz im Gegensatz zu seinen

Füßen hat der etwa achtzehnjährige Mann die Hände eines Pianisten, sie sind zart wie die Hände einer Frau. Der Mann mit dem schmalen, blassen Gesicht und dem kleinen Oberlippenbart blickt durch das Fenster auf die verregnete Landschaft, die an ihm vorbeikriecht. Er lächelt, und womöglich träumt er eben von Ruhm, Reichtum und einer großen künstlerischen Laufbahn in der Hauptstadt der Monarchie, die ihn schon ein Jahr zuvor während eines kurzen Besuches in ihren Bann gezogen hat: Das war die große, weite Welt, in der der junge Adolf Hitler sein Glück versuchen wollte.

Dieses Wien, in das Hitler damals kam, war allerdings so moribund wie das ganze Habsburgerreich, und die Zuckergußatmosphäre des Fin de siècle kam schon weniger aus den Wiener Cafés denn vom süßlichen Geruch welkender Blumenkränze am Grab der Doppelmonarchie.

Aber eines hatte Wien damals mit allen anderen Städten Europas gemeinsam: den Aufstand gegen den Rationalismus. Allerorten machte sich eine Neigung zum Übernatürlichen, Okkulten und Mystischen breit. Selbst die Wissenschaft befaßte sich am Ende des vergangenen und zu Beginn dieses Jahrhunderts mit dem «Übernatürlichen» — es begannen die Anfänge dessen, was man heute Parapsychologie nennt. Man denke nur an den englischen Arzt Dr. Walter J. Kilner, der den sogenannten Kilner-Schirm erfand, um die menschliche Aura sichtbar zu machen, oder an den Arzt Albert Freiherr von Schrenk-Notzing, der mit seinen Materialisations-Experimenten im Beisein von Thomas Mann bekannt wurde. Daneben wurden eifrig auch auf dilettantische Weise Geister beschworen, wurde durch Glaskugeln geguckt, allerlei Spuk getrieben. Es herrschte eine allgemeine anti-materialistische Aufbruchsstimmung, die esoterische Grüppchen sprießen ließ wie warmer Regen. Aber es war auch die Zeit der Geheimbünde, die sich magischen Praktiken hingaben und Ziele verfolgten, die mit dem üblichen Spiritismus nur wenig gemein hatten und nach außen hin oft ein ganz anderes Gesicht zeigten als in ihren abgedunkelten Kulträumen, zu denen nur kleine Kreise Eingeweihter Zutritt hatten. Schon um 1880 wurden in Frankreich, England und Deutschland verschiedene Orden gegründet, in denen sich durchaus bedeutsame Persönlichkeiten zusammenschlossen. Noch ist die Geschichte dieser mystischen Bewegungen nicht geschrieben, sieht man von vereinzelten Andeutungen ab, weil die Historiker aller Gattungen es nicht für notwendig fanden, sich damit zu befassen. Aber hier sind die Grundlagen jener Religion zu finden, die hinter dem Nationalsozialismus stand.

## *Schwarze Magie unter dem Hakenkreuz*

Im Wien der Jahrhundertwende laufen einige jener Fäden zusammen, die kaum zwei Jahrzehnte später zum Thule-Orden in München führen, der den Deutschen und der Welt das Dritte Reich ausbrüten sollte. Nach den Berichten eines Freundes aus der späteren Wiener Zeit hat sich der junge Hitler damals mit allen ihm erreichbaren esoterischen Gedankenschulen beschäftigt. Er las Bücher über Yoga, Astrologie, Hypnose und Telekinese und über allerlei asiatische Geheimlehren. Hier kam Hitler natürlich auch in Berührung mit einem rassistischen Primitiv-Okkultismus, der aber im Dritten

Reich eher zur Exoterik, zur äußeren Erscheinung der eigentlichen Lehre gehörte. Es läßt sich mit Wilfried Daim («Der Mann, der Hitler die Ideen gab») sicher darauf schließen, daß Hitler seine rassistischen Vorstellungen teilweise von dem einstigen Zisterzienser-Mönch Lanz von Liebenfels bezogen hat, die dieser in seinen billigen und damals weitverbreiteten Ostara-Heften publizierte. Im Mittelpunkt dieser Publikationen stand der blonde, blauäugige «arische Mensch», der Götter Meisterwerk, während die Dunkelrassen, für die Liebenfels den Begriff «Tschandalen» erfand, der Dämonen Pfuschwerk waren. Derlei Vorstellungen über den Kampf der Blonden gegen die Tschandalen gehörten allerdings damals zum Bildungsgut auch der besten Kreise im Österreich-Ungarn der Kaiserzeit, und nicht nur dort. Doktoren und Professoren zerbrachen sich ihre Gelehrtenköpfe über den Unterschied zwischen «Gesäßformen der höheren und der niederen Rassen» und über Ähnliches mehr. Aber es wäre zu einfach, in diesen absurden Lehren den Hintergrund für das zu sehen, was schließlich im Dritten Reich geschah. Zutreffend ist sicher, daß die Schriften des ehemaligen Mönchs, der später wieder als Mitglied der Thule-Gemeinschaft aufscheinen sollte, mit zu dem damals weitverbreiteten und von vielerlei Seiten geförderten System von Rassenstolz, Vorurteilen und abergläubischer Furcht vor dem «anderen» gehörte, das den Aufstieg Hitlers möglich machte und das unter seiner Herrschaft perfektioniert wurde. Jedenfalls gehörte der Rassismus in dieser Form nicht zum Kern der nationalsozialistischen Religion, obgleich er sich als Methode daraus ergab.

Im übrigen war das schon damals nichts Neues. Bereits 1855 erschien die Arbeit des französischen Grafen Arthur Gobineau über «Die Ungleichheit der menschlichen Rassen». Nach seinen Erkenntnissen ist allein die weiße Rasse im Gegensatz zur schwarzen und gelben dazu befähigt, schöpferische Kräfte zu entfalten. Innerhalb dieser weißen Rasse sind es dann wiederum die am wenigsten blutvermischten Arier und Germanen, die zu den edelsten und wertvollsten Menschen gehören, denen die körperlich degenerierten und geistig unschöpferischen Semiten als ihr äußerster Gegensatz entgegengestellt werden. Bestimmung dieser Arier sei es, die Welt zu beherrschen.

Diese rassistische Geschichtsauffassung erhielt später durch den gebürtigen Engländer und Schwiegersohn Richard Wagners, Houston Stewart Chamberlain, ihre weiteste Verbreitung in deutschen Landen. Auch ein Schweizer trug etwas dazu bei, nämlich der Historiker und Sprachforscher Adolphe Pictet mit einem Werk mit dem Titel «Migrations primitives des Aryas» (Urwanderungen der Arier), das den Aufstieg der Herrenrasse verkündete: «Zu einer Epoche, die älter ist als jedes historische Zeugnis und sich in nebelhafter Vorzeit verliert, wuchs in der Urheimat allmählich eine Rasse heran, die von der Vorsehung dazu bestimmt war, eines Tages über die ganze Welt zu herrschen. Eine Rasse, die aufgrund der Reinheit des Blutes und der geistigen Gaben vor allen anderen Rassen bevorzugt war!»

Das ist schon fast Originalton Hitler und Rosenberg, der um 1930 die für die Masse bestimmten weltanschaulichen Grundlagen der arischen Herrenmenschen im «Mythos des 20. Jahrhunderts» niederlegte. Um die Welt zu beherrschen, meinte er, genüge es, reinen Blutes zu sein.

Aber noch sind wir bei Herrn von Liebenfels im Wien des Jahres 1907. Ob Liebenfels so primitiv war wie seine Ostara-Hefte, kann heute nicht mehr festgestellt werden. Um 1900 hatte er den «Ordo Novus Templi», den Neuen Templerorden gegründet, und damit befindet er sich gleich in einer viel illustreren Gesellschaft. Auf der Wiener Bühne agierte damals auch ein Guido von List, Runen- und Germanenforscher, Mitglied des Liebenfelsschen Templerordens (und später Mitglied des Thule-Ordens) und Gründer der Guido-von-List-Gesellschaft, die einflußreiche Leute wie den Wiener Bürgermeister Lueger zu ihren Mitgliedern zählte. In einer seiner populärwissenschaftlichen Arbeiten beschreibt List 1908 das Hakenkreuz als ein Symbol der Reinheit des Blutes, das gemeinsam mit einem Zeichen für esoterische Erkenntnis auftritt, welches bei der Entzifferung der Edda entdeckt wurde. Lists Einfluß auf eine ganze Generation Völkischer ist zweifellos nicht zu unterschätzen. Darüber hinaus scharten sich um ihn zahllose Geheimbünde. Daß sich List im übrigen nicht nur mit Runenforschung beschäftigte, deutet Travor Ravenscroft in «The Spear of Destiny» an. Man nannte ihn den Aleister Crowley Wiens und beschuldigte ihn, eine Art Blutloge gegründet zu haben, die unter dem Hakenkreuz Riten frönte, die sexualmagische Praktiken ebenso einschloß wie Rituale der Schwarzen Magie. Inwieweit ein allfälliger Einfluß auf Hitler Eva Braun später dazu veranlaßt haben mochte, in ihren Tagebüchern zu vermerken: «Er braucht mich nur zu bestimmten Zwecken. Aber in diesen Augenblicken liebt er mich!» mag dahingestellt bleiben. Lists Mystizismus jedenfalls kommt der gemeinsamen Quelle diverser Bünde und Kulte schon etwas näher: Er glaubte an

Übermenschen im Sinne des Wortes mit übermenschlichen Maßen und ungeheuren psychischen Kräften. Sie werden uns noch oft begegnen. Hitler hat sie angeblich sogar gesehen, und da ist er nicht der einzige.

### *Die unsichtbaren Meister*

Lanz von Liebenfels und Guido von List werden wenigstens in einschlägigen Werken als geistige Nährväter Hitlers erwähnt, allerdings nur hinsichtlich der rassistischen Seite der späteren Nazi-Ideologie. Über den Rest breitet sich das Dunkel der nicht-offiziellen Geschichte. Um dahin zu gelangen, ist es notwendig, einige Jahre zu überspringen und kurzfristig den Ort zu wechseln: nach Jekaterinoslaw in der Ukraine, wo am 30. August 1831 Helena Petrowna Blavatsky geboren wurde, die okkulte und esoterische Kenntnisse aus nahezu allen Erdteilen zu dem vereinigen sollte, was man unter dem Begriff Theosophie versteht. Blavatsky selbst definierte sie als «eine Weisheitsreligion oder göttliche Weisheit, die Grundlage und der Extrakt aller Weltreligionen und Philosophien, gelehrt und praktiziert von einigen Auserwählten, seitdem der Mensch zu denken begann. In ihrer praktischen Bedeutung ist Theosophie reine göttliche Ethik. Die Definitionen in den Wörterbüchern sind Unsinn, basieren auf religiösen Vorurteilen und Unwissenheit über den wahren Geist der frühen Rosenkreuzer und mittelalterlichen Philosophen, welche sich selbst Theosophisten nannten.»

Dr. Franz Hartmann, ein enger Freund und Vertrauter der russischen Magierin, liefert eine zusätzliche

Erklärung: «Theosophie ist die Selbsterkenntnis des Wahren, die Selbsterkenntnis Gottes im Menschen, sie ist das Offenbarwerden der Wahrheit im eigenen Innern des Menschen, wodurch dieser zum wahren Selbstbewußtsein der ihm innewohnenden höheren Natur gelangt!»

Der Theosophie nach erhält man durch Trainieren der Seelenkräfte Einblick in die unsichtbare Welt, und wenn man Glück hat, kommt man in Kontakt mit geheimen Meistern, mehr oder weniger überirdischen, «übermenschlichen» Wesen, die sich meistens im Himalaja-Gebiet, vorzugsweise in Tibet, verborgen halten. Die Theosophin und Begründerin der englischen Freimaurerloge des *Droit Humain,* Annie Besant, sagt über diese Meister: «Meister ist ein von den Theosophen angewandter Ausdruck, der gewisse menschliche Wesen bezeichnet, die ihre menschliche Entwicklung vollendet, menschliche Vollkommenheit erlangt haben und, soweit es unseren Teil des Sonnensystems betrifft, nichts mehr zu lernen haben.»

Von nun an werden wir in dieser Geschichte die Meister nicht mehr los, womit keineswegs gesagt sein soll, daß jener Übermensch, der Hitler begegnet ist, unbedingt mit jenen Meistern identisch war.

Helena Petrowna Blavatsky, die Begründerin der Theosophischen Gesellschaft, gilt in einschlägigen Kreisen als die bedeutendste Okkultistin des 19. Jahrhunderts, und man kann mit einiger Sicherheit sagen, daß die meisten okkulten und esoterischen Systeme, die später auftauchten, ihre Wurzeln in der von Blavatsky begründeten modernen Form der Theosophie haben. Blavatskys Leben ist interessant genug, um kurz skizziert zu werden. Angeblich war sie schon als Kind ein überdurchschnittlich begabtes Medium, sie war sozusagen eingebettet in spiritistische Phänomene. Erst siebzehn Jahre alt, heiratet sie den siebzigjährigen General N.V. Blavatsky, von dem sie sich allerdings nach eigenen Angaben schon am Hochzeitstag wieder trennt. Sie flüchtet in Matrosenkleidern in die Türkei, nach Konstantinopel. Dort lernt sie die russische Gräfin Kisselev kennen, mit der sie zuerst nach Ägypten und später in den Balkan und nach Griechenland reist.

In Kairo begegnet sie einem alten koptischen Magier, bei dem sie einige Monate studiert. Von England aus versucht sie 1852 erfolglos, nach Tibet zu gelangen: Die englischen Behörden in Indien verweigern ihr die Einreise. Erst 1856 gelingt es ihr, Tibet zu erreichen; anschließend bereist sie Westeuropa und kehrt in den Balkan zurück, wo sie sich als Zirkusreiterin durchschlägt. Nach einem kurzen Zwischenspiel in der russischen Heimat fährt sie mit dem berühmten Opernsänger Metrovitsch wiederum nach Kairo und gründet dort einen spiritistischen Zirkel. In der Folge finden wir sie wieder in Europa, wo ihr abenteuerliches Leben eine weitere Wendung erfährt: In Männerkleidern kämpft sie in Garibaldis Armee und wird 1867 in der Schlacht von Mentana verwundet.

1873 trifft sie in Amerika ein, wo sie ein Jahr später zur Eddy-Family stößt, die so etwas wie einen modernen Spiritismus begründet hat. Dort wird sie als begabtes Medium wiederentdeckt, und zu dieser Zeit hat sie offenbar auch ihre intensivsten Begegnungen mit einem der unsichtbaren Meister.

1875 schlug die Geburtsstunde der Theosophischen Gesellschaft, die bald zahlreiche Anhänger in aller Welt fand. Die Gesellschaft hatte sich zum Ziel gesetzt, die alten magischen Lehren und Praktiken zu erforschen und natürlich auch zu praktizieren. Mit einem der Gründungsmitglieder der Gesellschaft, dem Journalisten und Spiritisten Henry Steel Olcott, reiste die Blavatsky schließlich um 1879 wiederum nach Indien, nach Bombay, wo beide zum Buddhismus übertraten und in die Große Weiße Bruderschaft von Tibet aufgenommen wurden. Manche tun dies als schlichte Phantasie und Erfindung ab — aber wer weiß, vielleicht war es am Ende doch der Meister Dwal Khul, der ihr um 1885 ihr Hauptwerk, die «Geheimlehre», diktiert hatte. Jedenfalls überlieferte der bereits erwähnte Dr. Hartmann ihre diesbezüglichen Klagen: «Es ist furchtbar, daß mir zuweilen ein Mahatma erscheint, den ich für den wahren Meister halte, während ich später zu meinem Entsetzen erkennen muß, daß es ein Dämon war, der sich unter seiner Maske verbarg!» Auch die großen Unsichtbaren haben, so scheint's, durchaus Sinn für Humor.

Dennoch sollte man sich hüten, das alles ins Lächerliche zu ziehen, obschon es natürlich all jene tun werden, die die Geschichte als eine bloße Aneinanderreihung von Schlachten und Kriegen, Geburts-, Todes- und Regierungsdaten betrachten. Aber selbst eine so nüchterne Betrachtungsweise ist zuweilen kein Schutz dagegen, eines Tages feststellen zu müssen, daß es im Laufe der menschlichen Geschichte etwas gibt, das sich dem Verstand entzieht und die natürlichen Grenzen des Geistes überschreitet. Wie sonst wäre es denn möglich, daß unsere Zivilisation, 40 Jahre nach dem Dritten Reich, davor zittern muß, atomisiert zu werden? So mag der englische Rosenkreuzer und Schriftsteller Arthur Machen recht haben, wenn er sagt: «Unser Leben und unsere Handlungen verlaufen in einer unheimlichen Welt von Höhlen und Dunkelheiten.»

Nun, im Wien der Jahrhundertwende gab es tatsächlich allerlei Dunkles und Schattenhaftes. Neben dem bereits erwähnten Orden des Lanz von Liebenfels gab es seit 1895 auch einen Templerorden in Wien: das Ergebnis einer Begegnung zweier Freunde der Theosophie, nämlich des Wiener Fabrikbesitzers Dr. Karl Kellner mit dem aus Donauwörth stammenden deutschen Pharmakologen und Okkultisten Dr. Franz Hartmann.

Hartmann war eine ausgesprochen schillernde Figur. Als Freund und Reisebegleiter der Helena Petrowna Blavatsky war er unter anderem Mitglied der Rosenkreuzer-Gesellschaft in England, die nur Freimaurer ab dem dritten Grad aufnahm. Die Arbeit dieser Gesellschaft bestand im Studium der Kabbala, der Astrologie, der Alchemie, der Theosophie, der Talismane und der mystischen Symbolik. Den innersten Kreis dieser Gesellschaft bildete damals der Orden der Goldenen Dämmerung, dessen deutschem Ableger später auch ein Mann angehören sollte, der mit seinem Flug nach England noch heute für Verwirrung sorgt: Rudolf Heß, Hitlers Stellvertreter.

Von Dr. Franz Hartmann sagt man, er sei ein ausgesprochener Verstandesmensch gewesen, ein intellektueller Typ, der diese magischen Dinge mit intellektueller Schärfe anging und seine Ansichten mit unerbittlicher und nüchterner Logik vertrat. Daß er eine wirklich außergewöhnliche Persönlichkeit gewesen sein muß, darauf läßt seine Mitgliedschaft in den zahlreichen geheimen Verbindungen im In- und Ausland und vor allem seine Mitgliedschaft und Arbeit in der hohen und höchstgradigen Freimaurerei schließen, unter anderem im Alten und Angenommenen Schottischen Ritus, dem auch heute noch weitverbreitetsten und, wie Eingeweihte meinen, vollkommensten Hochgradsystem der Freimaurerei. Ein Gründungspatent der Großloge Memphis-Misraim weist Hartmann mit dem 95. Grad aus. Es würde aber zu weit führen, hier eine allgemeine Geschichte der Freimaurerei und sämtlicher esoterischer Orden und Gesellschaften und deren Ziele zu liefern, es geht vordergründig um die Zusammenhänge.

Kellner und Hartmann beschlossen, auch im deutschen Sprachraum einen neuen esoterisch-okkulten Orden zu gründen und hoben diesen schließlich im Kreise weniger Vertrauter und Eingeweihter im Jahr 1895 in Wien als *Ordo Templi Orientis* aus der Taufe. Kurz darauf stieß auch der gelernte Drogist, Opernsänger und Journalist und vielseitige Geheimdienstler Theodor Reuß zu diesem Orden. Kein Wunder, Reuß war ebenfalls Mitglied der Societas Rosicruciana in England, der englischen Rosenkreuzer-Gemeinschaft, war Mitglied des Ordens der Goldenen Dämmerung, der Großloge Memphis-Misraim, er experimentierte mit dem Swedenborg-Ritus und dem Cernau-System und gehörte der Londoner Loge «Pilger Nr. 208» an. Die eigentlichen Ziele des *Ordo Templi Orientis* und die Ordensarbeit bleiben in den ersten Jahren weitgehend im dunkeln. Es dürfte immerhin interessant sein, daß der spätere Begründer der Anthroposophie und vormalige Generalsekretär der Theosophischen Gesellschaft in Deutschland, Rudolf Steiner, einmal Großmeister (Rex summus) dieses orientalischen Templerordens war, ehe sich in den zwanziger Jahren der britische

Magier und Geheimdienstler Aleister Crowley zum Generalgroßmeister des Ordens aufschwang.
Man sieht: Im Europa des Jahres 1907 war der Boden für tüchtige Logenarbeit jedenfalls bereitet. Der Kontinent war überzogen von einem dichten Netz geheimer, mehr oder weniger obskurer Orden und Gesellschaften, in denen Esoteriker aller Sparten, nicht zuletzt aus dem völkisch-ariosophischen Bereich, auf der Suche nach dem Licht und den unsichtbaren Meistern waren und die — unter anderem im *Ordo Templi Orientis* — auch mittels sexualmagischer Tantra-Übungen den Urgrund allen Seins zu ergründen suchten. Sicher hat da nicht jeder des Urgrunds wegen derlei Exerzitien auf sich genommen. Den meisten aber wird man zugestehen müssen, daß sie der ernsthaften Überzeugung waren, es ginge, wie Adolf Hitler später immer zu sagen pflegte, darum, den Menschen zu überwinden: «Meine Politik ist nicht im landläufigen Sinne eine nationale Politik. Ihre Maßstäbe und Ziele nimmt sie von einer allseitigen und umfassenden Erkenntnis vom Wesen des Lebens. Wir wissen noch nicht das Ziel in seiner ganze Größe. Aber wir haben es im Blut, wir erleben es.»
Damals, im Wien der Jahrhundertwende, mag von alldem schon etliches dem späteren Führer ins Blut geschossen sein. Seine Meister aber erschienen ihm erst viele Jahre und einen ganzen Krieg später.

## *Goldene Morgendämmerung über London*

Ein weiterer Teil der geistigen Fäden, die nach Thule führen, wurde in London gesponnen und geknüpft. Dort ist Morgendämmerung: Irgendwann zwischen 1880 und 1890 fanden sich bemerkenswerte Persönlichkeiten, darunter einige der hervorragendsten Köpfe Englands, zusammen, um den «Hermetischen Orden der Goldenen Dämmerung» zu gründen. Die Mitglieder des «Golden Dawn» rekrutierten sich in erster Linie aus der Großloge der englischen Freimaurerei und der bereits im Zusammenhang mit Hartmann und Reuß erwähnten Rosenkreuzer-Gesellschaft. Der «Golden Dawn» war gewissermaßen die Spitze der damaligen esoterischen Maurerei in England, der innerste und geheimste Kreis, an dessen oberster Stelle, hoch über dem Großmeister, als absolutes Oberhaupt eine geheimnisvolle Wesenheit von nichtirdischer Abstammung stand: der Ipsissimus, der Übermensch, das Götterwesen. Zu den besonderen Zielen des Ordens gehörte unter anderem auch die Aufnahme von Kontakten zu den großen Meistern der Weißen Loge, den verborgenen Lenkern der Weltgeschichte, sowie der bewußte Verkehr mit dem eigenen Schutzgeist, in tiefenpsychologischer Terminologie wohl das eigentliche Selbst. Neben der Beschäftigung mit Astrologie, Alchemie, dem Elixier des langen Lebens, der Heilpflanzenkunde standen vor allem auch die sexualmagischen Überlieferungen der arischen Inder im Mittelpunkt.

Auch Frauen waren Mitglieder dieser Gemeinschaft, so z.B. Florence Farr, Theaterdirektorin und enge Freundin von Bernard Shaw; sie waren mehr oder weniger die Transmissionsmedien, auf denen die goldenen Dämmerer ins Reich des Übersinnlichen fuhren. Für uneingeweihte Menschen mochten derartige kultische Übungen zweifellos lasterhafte Perversion gewesen sein. Und inwiefern dabei tatsächlich geheime Kräfte und Erkenntnisse erlangt werden konnten, das wissen eben letzten Endes nur die Eingeweihten selbst: etwa wie der Großmeister und Nobelpreisträger für Literatur W.B.Yeats, die Schriftsteller Bram Stoker (Verfasser von Dracula), Algernon Blackwood und Arthur Machen, ferner Sir Gerald Kelly, der Präsident der Royal Academy, Gustav Meyrink, der Autor von «Golem» und «Das grüne Gesicht», und eben auch Theodor Reuß, den die heutigen Nachahmer und selbsternannten Erben des Ordens gar als einen ihrer Schutzheiligen betrachten.

Das bekannteste Mitglied des Ordens dürfte wohl Aleister Crowley gewesen sein, der in einschlägigen Kreisen als der neben Gurdjieff bedeutendste aktive Magier dieses Jahrhunderts gilt. Das britische Außenministerium nannte ihn den ekelhaftesten und verruchtesten Menschen von ganz England, für viele galt er als der Antichrist par excellence, der schlechteste Mensch auf Erden überhaupt. Heute erlebt gerade Crowley eine Art Renaissance, und es gibt nicht wenige (so wie auch zu seiner Zeit), die in ihm einen Meister, einen Messias des kommenden Wassermann-Zeitalters (auch so etwas wie ein tausendjähriges Reich), ja sogar einen Heiligen sehen. «Alles liegt im Geschlechtlichen!» verkündete er, «und wir können zu Gott nur durch erotische Weihe gelangen. Der Tod des Gerechten erfolgt im Orgasmus.»

Ungeduldige werden sich allmählich fragen, was dies, abgesehen von womöglich zufälligen Verbindungen, nun eigentlich wirklich mit dem Dritten Reich zu tun hat und mit dessen Hauptfigur, Adolf Hitler, dem ja nicht wenige geradezu magische und mediale Fähigkeiten zuwiesen, wenngleich auch nur deshalb, weil sie sich sonst das Phänomen Hitler und alles Drumherum nicht zu erklären vermochten: von Hitlers angeblich hypnotischen Augen bis hin zu seinen Vorahnungen, von sexueller Magie bis hin zu den geheimnisvollen Riten der SS. Doch gerade bei Crowley finden sich bemerkenswerte philosophische Vorlagen der Thule-Religion.

Wie die meisten okkulten Geheimbündler war auch Crowley ein viel- und weitgereister Mann, wohl einer der Gründe dafür, daß er diesem oder jenem Geheimdienst als überaus nützlicher Mensch erschien. Wer viel reist, weiß auch viel zu erzählen. Crowley wurde 1875 in Leamington in England geboren. Während seiner Studienzeit am Trinity College in Cambridge schrieb er nicht gerade meisterhafte Gedichte, dafür entdeckte er die Freuden des Bergsteigens. Er erkletterte die Alpen, Berge in Mexiko und im Himalaja, er bereiste Japan, Indien, China und Ceylon. Dann kamen urplötzlich die Meister über ihn. Nach seiner eigenen Biographie erwachte er am 31.12.1896 zu mitternächtlicher Stunde mit dem intensiven Gedanken, ein magisches Mittel zu besitzen, um sich eines ihm bis dahin verborgenen Teiles der Natur bewußt zu werden. Ob das die Zirbeldrüse oder die Geschlechtsteile waren, bleibt unbeantwortet. Zufällig traf er 1899 in der Schweiz mit einem englischen Eingeweihten namens Cecil Jones zusammen, dem er von seiner Erkenntnis berichtete. Von diesem wurde er daraufhin prompt in das Reich der Goldenen Dämmerung eingeführt. Ein Jahr später initiierte ihn Don Jesus Medina in den 33. Grad des Alten und Angenommenen Schottischen Ritus der Freimaurerei.
Zwischendurch diente ihm ein gewisser Allan Bennett als Lehrer, der sich später als Mönch Bikkhu

Mettaya in Ceylon niederließ. Crowley schien offensichtlich ein talentierter und gelehriger Schüler gewesen zu sein. Jedenfalls dauerte es nicht lange, bis er in Sachen Ritual und Magie seine Lehrer im Orden der Goldenen Dämmerung übertrumpfte. Worauf er dazu überging, eigene Gesellschaften zu gründen und innerhalb des Ordens Kreise noch tieferer Einweihung zu installieren, beispielsweise die Gesellschaft «SS» (Silver Star), in der der «Haß des Ichs» gelehrt wurde, «um das große Werk verfolgen zu können, die Herrschaft über die Natur und die Kräfte des eigenen Wesens zu erlangen». Ähnliches hörte man später auch bei der SS, aber wir wollen die Koinzidenz von Namenskürzeln nicht auf die Spitze treiben.

### *«Töte und foltere, schone nicht!»*

Es gibt andere Hinweisschilder auf dem Weg zu Thule. Beispielsweise Crowleys Philosophie. Er war im übrigen der gleichen Ansicht wie Gurdjieff, über den noch zu sprechen sein wird, daß der normale Mensch nichts als ein programmierter Roboter ohne Entscheidungsfreiheit ist, daß er aber die Möglichkeit hat, diesem Robotertum zu entkommen, indem er die Fiktion seines individuellen Ichs überwindet. Dazu gehört natürlich die Überwindung aller überkommenen Gesetze und Moralvorstellungen, Vorurteile, Vorlieben und Abneigungen. Oder wie Gurdjieff sagt: «Mein Weg ist der Weg der im Menschen verborgenen Möglichkeiten. Es ist ein Weg, der gegen die Natur und gegen Gott verläuft.» Das grundlegende Werk, auf dem Crowleys Lehren basieren, ist das «Gesetz von Thelema», das ihm

1904 in Ägypten von einem Abgesandten des ägyptischen Gottes Hoor-pa-Kraat mit dem Namen Aiwaz diktiert worden sein soll. Diese Schrift wird heute in verstärktem Ausmaß als das I-Ging des Wassermannzeitalters propagiert; man schreibt ihr einen magisch-kabbalistischen, philosophisch-prophetischen Charakter zu. Allerdings hat der Hauptsatz dieser Offenbarungen — «Tu, was du willst!» — nicht zuletzt in unserer Zeit zu so manchem tödlichen Mißverständnis geführt, etwa im Zusammenhang mit den Morden der Anhänger des Charles Manson in Kalifornien. Sie standen nämlich in Verbindung mit einem Ableger des *Ordo Templi Orientis* unter der Bezeichnung «Solar Lodge of O.T.O.», der dort makabre und satanistische Blüten trieb, die in der Tat anmuten wie Realisationen des Crowleyschen Satanismus.

Der Prophet des Wassermannzeitalters verkündete der Welt ferner:

«Um diese Narren von Menschen und ihr Weh kümmert euch gar nicht. Sie fühlen wenig; was ist, wird durch schwache Freuden ausgeglichen, ihr aber seid meine Auserwählten.»

«Nichts haben wir gemeinsam mit den Untauglichen und Verworfenen: Lasset sie sterben in ihrem Elend. Denn sie fühlen nicht. Mitleid ist das Laster der Könige: Tretet nieder die schwächlichen Lumpen, das ist das Gesetz der Starken.»

«Huldige mir mit Feuer und Blut, huldige mir mit Schwertern und Speeren. Lasset Blut fließen in meinem Namen. Tritt die Heiden nieder, komme über sie, o Krieger, ich will dir ihr Fleisch zu essen geben.»

«Erbarmen laß beiseite, verdamme die Mitleidigen!»

«Töte und foltere, schone nicht; auf sie!»
Soweit einige bemerkenswerte Auszüge aus dem Gesetz von Thelema. Hermann Rauschning hörte aus Hitlers Mund ähnliche Ansichten:
«Ohne Willen zur Grausamkeit geht es nicht. Übrigens fehlt er unseren Gegnern nur, weil sie zu schwächlich sind, nicht etwa, weil sie human sind.»
«Das Schwache muß weggehämmert werden. In meinen Ordensburgen wird eine Jugend heranwachsen, vor der die Welt erschrecken wird. Eine gewalttätige, herrische, unerschrockene, grausame Jugend will ich. So merze ich die Tausende von Jahren der Domestikation aus.»
«Eine neue Menschenspielart beginnt sich abzuzeichnen. Durchaus im naturwissenschaftlichen Sinne einer Mutation. Die alte bisherige Gattung Mensch gerät damit unweigerlich in das biologische Stadium der Verkümmerung ...!
Merken Sie, daß das Mitleid, durch das man wissend wird, nur dem innerlich Verdorbenen, dem Zwiespältigen gilt. Und daß dieses Mitleid nur eine Handlung kennt, den Kranken sterben zu lassen. Das ewige Leben, das der Gral verleiht, gilt nur den wirklich Reinen, den Adligen!»
Reicht's? Man wird noch einmal darauf zurückkommen müssen. Es soll hier nicht behauptet werden, Hitler sei ein direkter Schüler von Aleister Crowley gewesen, obschon insgeheim sogar direkte Verbindungen bestanden: An seinem 50. Geburtstag empfing Hitler unter anderem auch einen gewißen Mister Fuller aus London, der ihm die Glückwünsche des «SS» überbrachte, jenes Ordens vom Silbernen Stern, den Aleister Crowley ins Leben gerufen hatte.
Zurück zum großen Magus, der auf seine Weise die Sache ebenso ernst nahm und im Laufe seiner magi-

schen Forschungsreisen allmählich ausflippte, zu Drogen griff und mit seiner ganzen Zauberei in der von ihm 1920 auf Sizilien gegründeten Abtei Thelema auf das Niveau primitiver Teufelsmessen herabsank, die dem Kanonikus Docre zur Ehre gereichten: sogenannte Heilige Orgien. Böse Zungen behaupten, daß es dabei zuweilen ganz nach den von Gott Aiwaz diktierten Gesetzen zuging:
«Opfere Vieh, klein und groß, nach einem Kind ...»
Beweise konnten keine erbracht werden. Sicher ist nur, daß Crowley aus Sizilien ausgewiesen wurde, was aber mehr mit seiner Tätigkeit für Geheimdienste als mit seinem esoterischen Treiben zusammenhängen mochte.

Schon 1912 war Crowley von Theodor Reuß in den 9. Grad des *Ordo Templi Orientis* eingeweiht worden, wo er, wie aus autobiographischen Schriften hervorgeht, die Grundlagen zur Nutzung der Kraftquellen der Sexualmagie und des Tantra erlernte. In diesen Jahren bereiste er auch die östlichen Länder von Indien bis China über Japan und Tibet, wo er sich lange Zeit in Klöstern aufhielt, um diverse Yoga- und Meditationstechniken zu erlernen.

Nach seiner Ausweisung aus Sizilien übernahm er als Summus Rex die Nachfolge Rudolf Steiners als Großmeister des *Ordo Templi Orientis* und begründete 1925 mit dem Berliner Eugen Grosche die Geheimloge Fraternitas Saturni. Denn Crowley, der sich bisher selbst als das Große Tier 666 aus der Johannesoffenbarung, als Antichrist persönlich bezeichnete, war auf die Idee gekommen, sich in diesem Jahr in Weida/Thüringen als Weltheiland auszurufen. Aber zu diesem Zeitpunkt waren schon längst andere auf eine ähnliche Idee gekommen. Und die meinten es auch wirklich ernst. Nach

Crowley sollte sich der Mensch die Kräfte der Dämonenwelt aneignen, um dadurch zum Herrn der ganzen Welt zu werden. Es sollte nicht mehr allzulange dauern, bis die schwarzen Messen von Auschwitz bis Dachau Wirklichkeit wurden.

### *Die Übermenschen von Agarthi*

All das, was sich da um die Jahrhundertwende entwickelte, überdauerte den Ersten Weltkrieg, ja erst der Krieg und das ihm auf den Fuß folgende Chaos sollte der fruchtbare Boden sein, auf dem die Mischkultur all dieser Lehren bestens gedieh.

Es ist nicht gesichert, inwieweit Hitler schon während seiner Wiener Zeit mit all dem direkt in Berührung gekommen ist, doch daß er zumindest in diese Dunkelwelt der Magie, des Okkultismus und der Esoterik hineingeschnuppert hat, dürfte hinlänglich belegt sein. Zwangsläufig wurde der spätere Führer des Reiches in diesen Jahren auch von dem allgemein grassierenden Rassismus und Antisemitismus infiziert. Hitlers Antisemitismus wird oft auf seine eigene, teilweise jüdische Herkunft zurückgeführt. Antisemitismus und in der Folge also Auschwitz als Ergebnis persönlicher Ressentiments: Nein, das wäre zu billig. Wesentlich vor allem dürfte in diesem Zusammenhang sein, was Hitler vom Wiener Bürgermeister Lueger damals instinktiv und erst später bewußt gelernt hatte: die Bedeutung einer Feindgestalt für die Mobilisierung von Anhängern, wie es später in «Mein Kampf» festgelegt wurde: «Überhaupt besteht die Kunst aller wahrhaft großen Volksführer darin, die Aufmerksamkeit des Volkes nicht zu zersplittern, sondern immer nur auf einen einzigen Gegner zu konzentrieren... Es gehört zur Genialität eines großen Führers, selbst auseinanderliegende Gegner immer nur als zu einer Kategorie gehörig erscheinen zu lassen, weil die Erkenntnis verschiedener Feinde bei schwächlichen und unsicheren Charakteren nur zu leicht zum Anfang des Zweifels am eigenen Recht führt.»

Womöglich aber war das gar nicht auf seinem eigenen Mist gewachsen. Das Herrenmenschentum brauchte zwangsläufig einen Gegner, der Übermensch brauchte einen Feind, der unsichtbare Gottesmensch ein Opfer, um den Auserwählten zugeneigt zu werden. Das ist die Summe all der schwarzmagischen Lehren, die damals im Schwange waren. Zwar führten alle diese Orden ihre Traditionen auf die alten Rosenkreuzer, auf die Tempelritter, auf die griechischen, vor allem eleusinischen Mysterien und altägyptischen Kulte zurück, im wesentlichen aber wurden sie doch geprägt von den alten, teils geheimen, teils auch schlicht erfundenen Lehren aus Tibet und Indien. Der spätere offizielle Nazi-Ideologe Rosenberg entdeckte nicht als erster, daß die großen Sanskrit-Texte voller Herrenmenschenideologien steckten und die Unterwerfung der dunklen Völker durch hellhäutige Lichtgestalten unverhohlen rechtfertigten. Die paranoide Vorstellung von unabänderlich «reinen» und «unreinen» Menschen lebt ja im indischen Kastensystem noch heute fort. Dazu lag in diesen Lehren die geradezu ideale Vorlage einer mystisch-religiösen Weltsicht, die der verhaßten Zivilisation einer seelenlos gewordenen Welt entgegengesetzt werden konnte.

Dieser Weltsicht konnte sich auch ein gewißer Karl Haushofer nicht entziehen. Die offizielle Nazi-Forschung betrachtet ihn zwar bloß als Geopolitiker

und in dieser Eigenschaft als Schöpfer des gewiß folgenschweren Begriffes «Lebensraum». Doch Haushofer ist eine jener Gestalten, die zu den wesentlichen Bindegliedern zwischen den okkult-esoterischen Bewegungen der Jahrhundertwende und dem Dritten Reich gehören.
Karl Haushofer wurde 1869 geboren. Als Geograph unternahm er um die Jahrhundertwende zahlreiche Reisen nach Indien und in den Fernen Osten. Spätestens 1903 muß er zu dem Kreis um den aus Kleinasien stammenden Magier und Esoteriker Georg Iwanowitsch Gurdjieff gestoßen sein, mit dem er verschiedenen Berichten zufolge 1903, 1905, 1906, 1907 und 1908 in Tibet und zwischen 1907 und 1908 in Japan gewesen sein soll. In Japan erlernte Haushofer die Landessprache und trat dort vermutlich einer bedeutenden buddhistischen Geheimsekte bei, bei der es sich um die von dem Agenten und angeblichen Lama Trebitsch-Lincoln erwähnte «Gesellschaft der Grünen» gehandelt haben könnte. Für Haushofer jedenfalls gab es bald keinen Zweifel mehr, daß die Wiege des deutschen Volkes in Zentralasien lag. Bestand und Adel der Welt insgesamt schienen ihm durch die indogermanische Rasse abgesichert. Für ihn war der alte arische Mythos, mit dem er während seiner Tibetreise im Jahr 1905 bekanntgemacht worden war, gesicherte Tatsache: Nach einer in diesem Mythos überlieferten Katastrophe in der jetzigen Wüste Gobi siedelten sich die großen Weisen, die Söhne der Geister anderer Welten, die Nachkommen der Übermenschen von Thule in einem riesigen Höhlenbezirk unter dem Himalaja an. Innerhalb dieses Bezirkes spalteten sie sich in zwei Gruppen. Die eine folgte dem Weg zur rechten Hand, die andere dem Weg zur linken Hand. Der

Mittelpunkt dieses Weges soll Agarthi gewesen sein, eine unauffindbare Stadt, ein Ort der Kontemplation, Sitz der Meister. Im Thule-Orden sollte dieser Mythos eine wesentliche Rolle spielen; heute lebt er wieder auf in freilich harmloseren Spekulationen über extraterrestrische Invasionen, und es sind die Dänikens und nicht die Himmlers, die nun dort die Beweise für geheimnisvolle Hochkulturen aus grauer Vorzeit zu finden hoffen.

Fast zwangsläufig kam Haushofer mit der Theosophie der Frau Blavatsky und mit anderen esoterischen und okkulten Gesellschaften dieser Zeit in Berührung. In den zwanziger Jahren gründete er in Deutschland eine «Loge der Brüder vom Licht», deren Gedankengut im wesentlichen von der englischen Rosenkreuzer-Gemeinschaft stammte. Inhaltliche Grundlage war ein Buch des englischen Rosenkreuzers Edward Bullwer-Lytton mit dem bezeichnenden Titel: «The coming Race». Der Schriftsteller und Unterhausabgeordnete Bullwer-Lytton wurde um 1850 in den Rosenkreuzer-Orden aufgenommen und avancierte schon elf Jahre später zum Großmeister der Societas Rosicruciana. Bullwer-Lytton hatte übrigens engen Kontakt zu dem berühmten französischen Magier des 19. Jahrhunderts, Eliphas Lévi, von dem vermutlich auch die Bezeichnung jener Vril-Kraft stammen dürfte, die in Bullwer-Lyttons Roman eine wesentliche Rolle spielt und die der Loge der Brüder vom Licht auch den Zweitnamen «Vril-Gesellschaft» gegeben hat. In diesem Roman werden «Übermenschen» beschrieben, deren geistiges und seelisches Leben wesentlich höher entwickelt ist als das der übrigen Menschheit. Und dies deshalb, weil sie im Besitz einer Macht über sich selbst und über die Dinge sind, die sie den Göt-

tern gleichstellt. Crowleys Eingebungen hatten offenbar ihre handfeste Grundlage.
In diesem Roman jedenfalls halten sich diese Überwesen verborgen und bewohnen Zonen im Inneren der Erde. Doch bald werden sie an die Oberfläche kommen, um die Herrschaft über die Menschen anzutreten. Wie man sieht, verband sich hier uralter tibetanischer Schöpfungsmythos mit hoffnungsvoller Botschaft: Bald ist es soweit.

### *Ein Institut zur Entwicklung des Menschen*

Bevor wir zum Lebensraum- und Geopolitiker Haushofer zurückkehren, ist es an der Zeit, ein paar Sätze über dessen Mentor Gurdjieff und seine Lehre einzuschieben. Gurdjieff erklärte seinen Schülern, daß sie schliefen, wie alle Menschen grundsätzlich schliefen und erst einmal aufgeweckt werden müßten. Er meinte, daß sie ihr Leben mechanisch lebten und automatenhafte Roboter seien. Sie könnten aber in einer neuen Welt erwachen, wenn sie diese Mechanismen bekämpften und sich alle ihre Gedanken und Motive durch Selbsterinnerung bewußt machten. Wenige Menschen seien stark genug, dies aus eigener Kraft zu schaffen, sie müßten deshalb in Gruppen arbeiten und einem Meister unbedingten Gehorsam leisten. Zitat aus einer von seinem Apostel Uspenski überlieferten Rede:
«Wie bringt man es fertig, einen schlafenden Menschen aufzuwecken? Man muß ihn stoßen. Ein einfacher Stoß genügt nicht. Man muß ihn unaufhörlich stoßen und rütteln.»
1934 berichtet Hermann Rauschning über Hitler: «Er wird nicht müde, in immer neuer Form auszu-

sprechen, daß es eine ewige Bewegung, eine ewige Revolution ist, in die er das deutsche Volk und die Welt hineintreibt. Diese Revolution umfaßt das ganze menschliche Dasein. Es ist die Befreiung des Menschen!»
War es also Zeit, aufzuwachen und ein wenig gestoßen zu werden? Im Nachhinein muten die Weckversuche des Herrn Gurdjieff nachgerade als Vorwegnahme nationalsozialistischer Zwangsherrschaft an. In seinem «Institut zur Entwicklung des Menschen», das er in Fontainebleau bei Paris gegründet hatte, machte er vor, wie man labile Westeuropäer auf Vordermann bringt, wenn man ihre totale Unterordnung haben will. Die dort eingezogenen Schüler wurden fast durchwegs mit Zwangsarbeit beschäftigt. Fontainebleau war nämlich ein einträgliches Landgut, auf dem er seine Anhänger wie Knechte und Mägde rackern ließ. Manchem zerbrechlichen Intellektuellen oder mancher verzärtelten Dame aus den fashionablen Zirkeln Westeuropas mochte das zwar nicht unbedingt geschadet haben. Aufgeweckt wurden sie dabei sicherlich nicht. Der britische Okkultismus-Kenner Graham Hough urteilt: «Die Schüler waren gänzlich seinem Willen unterworfen. Die Unterwerfung war total, wenngleich bereitwillig und manchmal ekstatisch devot.» Das kommt einem bekannt vor. Und wenn jemand krank wurde, dann sperrte man ihn in einen Schweinestall, wo er vermutlich gleich «weiterschlief».
Sicherlich ist es kein Zufall, daß in unseren Tagen ein ähnlicher Rasputin der Boheme nach dem Gurdjieff-Rezept arbeitet: Bhagwan Shree Rajneesh, dem nach dem Studium der Werke Gurdjieffs die Schuppen von den Augen fielen. Auch in seinen Ashrams ist die Unterwerfung total. Das Rezept

scheint offenbar noch immer zu funktionieren. Die Methoden mögen subtiler geworden sein, aber der Weg zum Auserwähltsein führt auch im sektiererischen Underground von heute zunächst einmal über die totale Ent-Ichung.
Himmlers Schwarzer Orden hat dies zweifellos mit der Bildung seiner «lebendigen Kampfmaschinen» zur Perfektion getrieben. In den Burgen der SS sollte man lernen, «den Tod zu geben und zu empfangen», und letzteres bedeutete für die Elite innerhalb der SS nicht unbedingt den physischen Tod auf dem Schlachtfeld, sondern die Abtötung des Ich. Denn zweifellos war es eine der wesentlichen Aufgaben des Schwarzen Ordens, letzten Endes den esoterischen Vorstellungen, dem Glauben hinter dem Nationalsozialismus Geltung zu verschaffen. Es war wohl nur der Zusammenbruch Hitlerdeutschlands, der eine Entwicklung stoppte, in der sich die SS offen zu einer Glaubensgemeinschaft im Sinne des Wortes entwickelt hätte, eine Entwicklung, die sich innerhalb der Nationalitätenkorps klar abzeichnete. Denn Nationalsozialismus war nur die Exoterik der Religion, besser des okkult-esoterischen Glaubensamalgams, wie es der NS-Ideologe Rosenberg in seinen Tagebüchern offenlegt. Im Zusammenhang mit einer Auseinandersetzung mit Reichsminister Kerrl notiert er: «Man darf annehmen, daß über den unmittelbaren politischen und antimarxistischen sozialen Kampf hinaus Parteigenosse Kerrl von einem Erlebnis einer nationalsozialistischen Weltanschauung nicht das geringste verspürt hat. Des weiteren bemüht sich Kerrl, nachzuweisen, daß die Partei lernen müsse, zwischen Religion und Weltanschauung auf das Klarste zu unterscheiden, schiebt der nationalsozialistischen Bewegung nur

das Gebiet gleichsam exakter wissenschaftlicher Forschung zu und ist bereit, alles Seelische für eine offenbar neue Konfession zu reservieren, die, wie er ausführt, er nach 15jähriger Arbeit jetzt dem sicher beglückt darauf wartenden deutschen Volk zu übergeben gedenkt. Ich halte derartige Scheidungen nicht nur für höchst gefährlich, sondern, wenn sie heute zugestanden werden, für die Zukunft der nationalsozialistischen Bewegung geradezu für vernichtend ... Es erscheint notwendig, eine ganz andere Darstellung gegenüber diesen Kerrlschen Darstellungen zu vertreten: Eine Weltanschauung umfaßt alle religiösen Gefühle, oder aber sie steht auf einem atheistischen Standpunkt.»
Es scheint, als ob Kerrl, Reichsminister für kirchliche Angelegenheiten, wie wohl die meisten profanen Parteigenossen, über seine Bewegung nicht ganz im Bilde war!

## *Die frohe Botschaft des magischen Sozialismus*

Zurück zu Haushofer und Gurdjieff. Die Lehren des letzteren waren eine absonderliche Mischung aus griechisch-orthodoxem Mönchstum, kabbalistischer Kosmologie, Neoplatonismus, pythagoräischer Zahlenkunde und vor allem buddhistischer und lamaistischer Psychologie. Und natürlich wußte auch Gurdjieff von Menschen aus grauer, grauer Vorzeit zu künden, die entwicklungsmäßig einst weit über dem degenerierten, schlafenden Menschentum seiner Zeit gestanden hatten.
Ähnlich wie die Blavatsky wollte auch Gurdjieff von geheimen Bünden des Orients und Asiens seine Offenbarungen über den Ursprung der Welt und die

seit Hunderttausenden von Jahren verschollenen Hochkulturen erhalten haben. Nach Gurdjieff steht der Mensch in magischer Verbindung mit dem Universum und mit seinem Ursprung, aber er hat es leider vergessen. Es ist also nur eine Mutation der menschlichen Rasse vonnöten, um Wesen zu erschaffen, die sich dieser Verbindung wieder bewußt sind, die Gottmenschen nämlich, die den Kosmos und die Weltgeschicke auf ihren Schultern tragen: die frohe Botschaft des magischen Sozialismus. Später, während des Dritten Reiches, sollte übrigens die zur quasi-staatsoffiziellen Physik und Kosmologie ernannte Welteislehre des Hanns Hörbiger (1860—1931) deutlich Züge Gurdjieffscher Kosmologien tragen, so daß man sich fragt, wer von den beiden eigentlich den anderen «inspiriert» hatte.
Sicher inspirierten beide Karl Haushofer, der als «messianische Seele» und als Verehrer des Ignatius von Loyola wohl auch fasziniert war von dem Gedanken der Herrschaft über die Menschen zu deren ureigenstem Wohle. Man spricht überdies Haushofer mediale Fähigkeiten und andere außergewöhnliche Begabungen zu. Während des Ersten Weltkrieges soll er verschiedenen Berichten nach als Hellseher aufgefallen sein, der feindliche Angriffe, Unwetter und andere Ereignisse auf die Minute genau vorherzusagen verstand.
Er war es dann wohl auch, der alle diese Lehren und Kosmogonien verschmolz und auf einen Nenner und Begriff brachte: Thule.
Jetzt sind wir auf dem Weg dorthin.
Zunächst ist es ein Sagen- und Mythenkreis, in dem praktisch alles zusammenfließt und in den fast nahtlos auch die alten asiatischen Überlieferungen und alle diese geheimen Ur- und Vorzeitgeschichten

der Esoteriker eingefügt werden konnten: Atlantis, Hyperborea, das sagenhafte Thule eben, das Reich der großen Weisen in der Wüste Gobi, kurzum, die Geschichte sämtlicher, natürlich vorzugsweise arischer Ahnen, die sagenhafte Vril-Kraft, der Gralsmythos und schließlich das geheimnisumwobene Buch Dyzan, das niemand anders gesehen hatte als Madame Blavatsky und das schließlich als esoterisches Kernstück von Haushofer in den Thule-Orden eingebracht wurde.

Thule, der Gral und alle diese Mythen gehören in der Tat zu ein und demselben Kreis von überlieferten Geschichten, hinter deren Symbolik sich ein und dasselbe verbirgt, sozusagen eine transzendente Urwahrheit.

Die Sage von Thule, Hyperborea und Atlantis reicht in älteste Zeiten zurück. Schon griechische und römische Geschichtsschreiber wie Herodot, Plinius und Vergil sprechen von einem Kontinent Hyperborea als einer im Nordmeer gelegenen Eisinsel (man denke an Hörbiger), auf der nichtphysische Wesen gelebt haben sollen, aus denen die Überlieferung alsbald den Archetypus der weißen Rasse schuf. Diese Wesen fielen gewissermaßen ins Irdische — wie die im Buch Henoch beschriebenen Engel —, als sie sich mit den weißhäutigen Völkern des Abendlandes zu vermischen begannen; sie und ihre Nachkommen bewahrten sich jedoch jene feinere Art von Intelligenz, die der der übrigen Menschheit fortan überlegen war. Hauptstadt dieses arischen Atlantis namens Hyperborea war Thule, magischer Mittelpunkt der schließlich untergegangenen Welt des Ursprungs. Auch Kelten, Wikinger und Germanen beschrieben in ihren Überlieferungen jenes Paradies, das in etwa dem Land der anderen Welt im Gralsmythos entspricht. Auch asiatische Mythologien weisen in nördliche Richtung. Im 5. Jahrhundert n. Chr. glaubte die chinesische Geheimsekte der Hung an das «westliche Paradies» und verehrte den Gott der Magie, der ihrer Ansicht nach noch immer auf dem Nordpol thronte und willens war, seine Macht und somit die Macht der alten Götter auf seine Anhänger zu übertragen. Das entspricht auch genau dem Inhalt der Lehre, die in der Loge der Brüder vom Licht verbreitet wurde. Nach einer großen kosmischen Katastrophe blieben jene Wesen übrig, die irgendwie zwischen dem degenerierten Menschen und der jenseitigen Überwelt standen und die Geheimnisse Thules bewahrt hatten. Wesen, die über ein Kraftreservoir verfügten, aus dem die Eingeweihten schöpfen konnten, um die zur Weiterentwicklung notwendige Mutation der menschlichen Rasse bewerkstelligen zu können. Und sie, die Auserwählten, die Meister der Vril-Kraft, würden die Menschheit und die Welt beherrschen. Denn die Kultur und die bisherige Zivilisation sind an ihrem Ende angelangt. Die Zukunft wird der Vergangenheit die Hand reichen, Apokalypsen werden die Welt verändern, und sie werden die Herren der Apokalypse sein, die sich mit den aus ihren Höhlen emporsteigenden Übermenschen verbünden werden.

### *Knetmasse für ein neues Menschentum*

Sie glaubten daran, von der Blavatsky angefangen über Reuß, Hartmann, Crowley, Gurdjieff, die Rosenkreuzer, die Templer bis hin zu Haushofer, Hitler und Himmler, und es gibt auch heute genügend Leute, die auf eine freilich rationalistischere Weise

ständig Alfred North Withehead zitieren, wonach dem Aufstieg einer neuen Zivilisation, einer neuen Weltordnung noch allemal der Untergang der vorhergegangenen Zivilisation vorangegangen sei und folglich auch künftig vorangehen werde.
Sie waren nicht wahnsinnig. Sie waren Gläubige, und sie waren überzeugt, mit den überirdischen Mächten in Verbindung zu stehen: Sie waren die wahren Menschen, dazu ausersehen, das Gesicht der Welt zu verändern. Sie lebten in einer Parallelwelt, auf einem anderen Stern.
«Der neue Mensch ist da!» rief Hitler eines Tages dem Danziger Senatsratsvorsitzenden Rauschning zu. «Der neue Mensch lebt unter uns. Genügt Ihnen das? Ich sah den neuen Menschen. Ich sage Ihnen ein Geheimnis. Der neue Mensch, furchtlos und grausam. Ich erschrak vor ihm!» Und Rauschning bemerkt dazu: «Ich spürte etwas wie die Verzückung eines Liebenden an Hitler.» Und wer an solches glaubt, hat, wie auch Crowley es verlangt, alle bis dahin gültigen Moralvorstellungen über Bord geworfen. Sie haben auf diesem fremden Stern keine Gültigkeit. Das Leben des Menschen, des einzelnen Individuums, «dieser Gattung im Stadium biologischer Verkümmerung» bedeutet weniger als nichts. Allmählich begreift man, warum es ein Auschwitz geben konnte.
Hermann Keyserling, Indienreisender um die Jahrhundertwende, wußte, wie so etwas funktionierte, und hatte es in seinen Reisetagebüchern beschrieben: «Wenn das Psychische das Primäre ist, wenn Einbildungen dem Beweisbaren gegenüber als Wirklicheres gelten, dann schaffen Vorurteile genauso scharfe Grenzen, wie solche in der materiellen Welt eine Gattung von der anderen abschneiden;

dann sind Angehörige verschiedener Kasten unzweifelhaft Wesen verschiedener Art. Dann ... kann einer durch schlechten Umgang genauso gefährlich angesteckt werden wie durch Typhusbazillen. Ja, in noch höherem Grade.» Die Welt läßt sich von oben nach unten kehren wie die Begriffe und ist dann eine ebenso wirkliche Wirklichkeit wie die Wirklichkeit zuvor. Das um die Jahrhundertwende heraufdräuende Dritte Reich war eine Wirklichkeit, allerdings weiter von der übrigen Welt entfernt als Mars oder Jupiter. Indessen hätte es nicht unbedingt das deutsche Volk sein müssen, das dazu ausersehen war, die Knetmasse und Vorhut für ein neues Menschentum zu sein. Die Deutschen waren dazu genausowenig prädestiniert, wie es andere Völker waren, und es hätte ebensogut jedes andere Volk in den Schmelztiegel der Magier fallen können, hätten andere Umstände geherrscht. Die weltpolitische Situation und gewisse politische Absichten machten es — gewollt oder ungewollt — erst möglich.

Jedenfalls war Hyperborea ebensowenig eine deutsche Erfindung wie der Antisemitismus, der andernorts auch ohne Nazis seine Blüten trieb. Noch ehe es in Deutschland erst wirklich begann, wurden etwa in London, Paris, Berlin oder Rom insgeheim und offiziell Zeitschriften und Broschüren gedruckt und verbreitet, in denen sich anarchistische Bestrebungen mit okkultem Spiritismus, traditioneller Forschung und verquerer Mythengläubigkeit verbanden. So wurde etwa in Frankreich um 1920 herum durchaus ernsthaft darüber diskutiert, ob etwa die Litauer als unmittelbare Nachkommen der Hyperboreer anzusehen seien, da deren Sprache Gemeinsamkeiten mit dem indischen Sanskrit aufweist. Zeitschriften wie die in Paris erscheinende *Revue*

*Baltique* oder *Les Polaires* hatten den Ehrgeiz, den alten Mythos von Thule und Hyperborea mit neuem Leben zu erfüllen.
Was da heraufzuziehen begann, um sich schließlich im Deutschland der Nachkriegszeit sichtbar und wirksam zu manifestieren, begriff intuitiv der französische Philosoph René Guénon, der in seiner 1921 veröffentlichten Studie «Le Théosophisme, histoire d'une pseudo-religion» mutmaßte:
«Die falschen Messiasse, die wir bisher erlebt haben, vollbrachten nur Wunder von recht minderer Art, und diejenigen, die ihnen nachfolgten, waren vermutlich nicht allzuschwer zu verführen. Aber wer weiß schon, was das Schicksal noch für uns bereithält? Wenn man sich nämlich überlegt, daß diese Pseudo-Heilande immer nur die mehr oder weniger harmlosen Werkzeuge in den Händen derjenigen waren, die sie auf das Podest hoben, und wenn man vor allem die Reihe von Versuchen betrachtet, welche die Theosophen unternahmen, kommt man auf den Gedanken, daß es sich hier nur um Proben und Experimente handelt, die sich unter verschiedenen Formen immer wiederholen werden, bis das Ziel erreicht ist. Wir glauben übrigens nicht, daß diese Okkultisten und Spiritisten imstande sind, ein derartiges Unternehmen selbst zu einem vollen Erfolg zu führen. Aber sollte nicht hinter all diesen Bewegungen etwas anderes und Gefährlicheres stehen, das die Anführer dieser Gruppen selbst nicht kennen und dessen Werkzeuge sie doch andererseits sind?»
Tatsächlich, ein wenig nachgeholfen mußte schon werden, wie das Kapitel über die Finanzierung des Hitler-Aufstiegs zeigen wird. Einer, der kam, um ein wenig nachzuhelfen, war der Theosoph, Rosenkreuzer, Freimaurer und Freiherr von Sebottendorf, der

sich übrigens wie einige andere schon bekannte Freunde um die Jahrhundertwende in Kairo aufhielt, zu einer Zeit, als dort Hitlers Stellvertreter Rudolf Heß noch zur Schule ging. Sebottendorf tauchte plötzlich im Jahre 1917 in Berlin und München auf, als der erste Gang des großen Völkerverheizens allmählich seinem traurigen Höhepunkt zusteuerte. Er kam mit beträchtlichen Geldmitteln und mit klar umrissenen Zielen im Kopf.
Die dunkle und verwirrende Geschichte des Thule-Ordens beginnt. Später sollte der geheimnisumwitterte Freiherr mit berechtigtem Stolz sagen dürfen: «Unsere Arbeit war damals nicht vergeblich, sie war die Aussaat, sie schmiedete die Werkzeuge, mit denen Hitler arbeiten konnte und nach seiner Bestimmung arbeiten mußte ... Thule-Leute waren es, zu denen Hitler zuerst kam, und Thule-Leute waren es, die sich zuerst mit Hitler verbanden ...»

## Wir machen die Melodie, und Hitler tanzt danach

Das Jahr 1917 war in vielerlei Hinsicht ein bedeutungsvolles Jahr. Das war das Jahr, in dem Deutschland die Attacken der Alliierten bei Arras, in der Champagne und bei Ypern erfolgreich abwehrte und nach drei Jahren Wahnwitz besser dastand als die ausgeblutete Entente, bei der die amerikanische Hilfe noch nicht voll zum Tragen gekommen war. Aber ein deutsch-österreichischer Sieg war ja nun wirklich nicht ausgemacht. Hellsichtige Menschen ließen sich durch die Ereignisse auf den Schlachtfeldern auch gar nicht beunruhigen, ganz im Gegensatz zum österreichischen Kaiser, der hinterrücks den Franzosen einen Brief schrieb und um einen anständigen Frieden bat. Aber da war er an die Falschen geraten. Die Franzosen wollten einen Siegfrieden um jeden Preis, und nicht nur sie. Jetzt hatten die Alliierten endlich den handfesten Beweis, daß den Deutschen und der Donaumonarchie endgültig die Luft auszugehen drohte und es an der Zeit war, ihnen den Genickschlag zu versetzen. Ein bezeichnender Ausdruck, der übrigens von Lloyd George stammt, Heredomus-Bruder und Großsprecher der britischen Loge und seit 1916 britischer Premierminister. Nebenbei bemerkt: Der Orden von Heredom stand im Zusammenhang mit dem Cernau-Ritus, der sich direkt von den von Philipp dem Schönen verfolgten Tempelrittern herleitete und den wir bereits im Zusammenhang mit dem Rosenkreuzer, Illuminaten und Maurerbruder Theodor Reuß kennengelernt haben.

Lloyd Georges Zuversicht von wegen Genickschlag

war zweifellos begründet, denn schon lange vor Kriegseintritt hatte der amerikanische Präsident Wilson ein Geheimabkommen mit den Briten getroffen, doch noch einzugreifen, wenn die Zeit reif sein sollte. Sie war es. Später, als die Verträge von Versailles mit Unterschrift und Siegel versehen waren, prophezeite Lloyd George: «Jetzt haben wir ein schriftliches Dokument, das uns Krieg in zwanzig Jahren garantiert!» Das war nicht so erstaunlich, denn schließlich war er der eigentliche Verfasser dieser Friedensbedingungen, wenngleich einen die Präzision der Vorhersage beinahe das Fürchten lehrt. Es war natürlich Zufall, natürlich war es das. Wie jene bereits zitierte Aufforderung der britischen *Saturday Review* aus dem Jahr 1880 an die europäischen Völker, sich nach dem Schlachtfest die besten Stücke mit nach Hause zu nehmen. Man ist geneigt, dem Satz Raymond Arons zuzustimmen: «Die Gesamtheit der Ursachen, welche die Gesamtheit der Wirkungen bestimmen, übersteigt die Fassungskraft des menschlichen Verstandes.»

### *Eine alte Karte mit modernen Grenzen ...*

Der Krieg mußte schon so enden, wie er schließlich geendet hat, auch wenn man nicht unbedingt einen Zusammenhang mit all den vielen Zufälligkeiten sehen muß, von denen die Geschichte so nebenbei ganz voll ist. Auf einer seit den 1880iger Jahren bekannten, erstmals in der englischen Wochenschrift *Thruth* veröffentlichten Landkarte waren bereits jene Grenzen gezogen, die schließlich 1919 und 1945 realisiert wurden. Darin war im übrigen auch schon so etwas wie ein Ostblock vorgesehen. Verschwörungstheorie? Schwarze Magie? Nein, nein, sagen wir: die mächtige Kraft des Wünschens. Schon am 26. November 1870 haben die Logen des *Grand Orient de France* ein Dokument aufgesetzt, in dem es hieß:

«Wilhelm und seine beiden Genossen Bismarck und Moltke, Geißeln der Menschheit und durch ihren unersättlichen Ehrgeiz Ursache so vieler Mordtaten, Brandstiftungen und Plünderungen, stehen außerhalb des Gesetzes wie drei tolle Hunde.

Allen unseren Brüdern in Deutschland und der Welt ist die Vollstreckung des Urteils aufgetragen.

Für jedes der drei reißenden Tiere ist eine Million Franken bewilligt, zahlbar an die Vollstrecker oder ihre Erben durch die Zentrallogen.»

Und schon im Jahr 1912 schrieb die in Paris erscheinende Schrift *Revue Internationale des Sociétés secrètes:* «Vielleicht erklärt man sich eines Tages den Ausspruch eines hohen Maurers in Sachen Thronfolger: Er ist ungewöhnlich hervorragend; schade, daß er verurteilt ist. Er wird auf dem Weg zum Thron sterben.»

Das tat er, wie man weiß, gemeinsam mit seiner Gemahlin im Juni 1914. Es gibt wohl nur wenige Historiker, die bezweifeln würden, daß dieser Funke von Sarajevo keineswegs zu dem großen Krieg hätte führen müssen. Ein lokaler Streitfall zwischen Österreich und Serbien, den man ohne bewaffneten Konflikt hätte beilegen können. Doch mit der Kriegserklärung Österreichs an Serbien begann sich die Mobilmachungsspirale im übrigen Europa zu drehen — der Weltkrieg war da, und aus drei Feinden waren bereits sechsundzwanzig geworden, als im April 1917 auch noch die Amerikaner eingriffen: frisch und fromm, ausgeruht und bestens ausgerüstet unter der Fahne heiligster Empörung. Und jetzt wollte man erst recht nicht Schluß machen, sondern erst dann, wenn Deutschland demokratisiert sein würde. Was freilich relativ war, wie es solche Dinge immer sind, wenn man sich vor Augen hält, daß es in Deutschland seit 1871 mindestens in einigen Teilstaaten ein gemeines und freies Wahlrecht für alle gab, während etwa in England eine ganze Reihe unterklassiger Menschentypen von derlei Privilegien ausgeschlossen waren: Junggesellen ohne eigenen Haushalt, Dienstboten allgemein, Wandergesellen, Wohnungsmieter, deren Mieten umgerechnet jährlich etwa 250 Mark nicht überstiegen, was für damalige Begriffe ein Heidengeld war. Aber das nur nebenbei.

Wir schreiben also das Jahr 1917, wie gesagt, ein bedeutungsvolles Jahr. Der neugewählte französische Premierminister Clemenceau machte seinem psychopathischen Haß gegen Österreich endlich Luft und schwang sich zur endgültigen Zerschlagung der Monarchie auf, während er die Friedensmission des Prinzen Sixtus torpedierte. (Interessehalber sei hier vermerkt, mit welch emotionalen Schwierigkeiten Clemenceau zu kämpfen hatte. Raymond Poincaré vermerkte am 6. August 1914, als die deutschen [!] Armeen gegen Paris marschierten, daß Clemenceau seinen ganzen Haß gegen Österreich [!] richtete. 1917 war also auch in Paris der richtige Mann auf dem richtigen Platz.)

1917 war auch das Jahr, in dem der britische Großlogenmeister und Botschafter in Moskau, Buchanan, die Frühjahrsrevolution in die Wege leitete. Die Londoner *Times* nannte daher offiziell und treffend diese Revolution eine englische Revolution. Worauf Kerenskij hoch und teuer versprach, den Krieg fort-

zuführen, dessen der Zar womöglich schon müde geworden war.
Es war schließlich das Jahr, in dem sich der bereits erwähnte Lloyd George weigerte, dem Vetter seines Königs, nämlich dem russischen Kaiser, in England Asyl zu gewähren, was nicht zuletzt schließlich zur Abschlachtung der Zarenfamilie führte. Kerenskij bekam übrigens später nach seiner Flucht vor den Bolschewiken für seine Dienste nicht weniger als zwei Millionen Rubel.
1917 war auch das Jahr, in dem zwischen England, Frankreich und Rußland schon im Jahr 1913 abgeschlossene Geheimverträge über die Aufteilung von Deutschland, Österreich und der Türkei zumindest teilweise offiziell ratifiziert wurden.
Es war das Jahr, in dem Trotzki New York verließ, mit einem amerikanischen Paß versehen und mit 20 Millionen Dollar, die ihm der Bankier Jakob Schiff zur Verfügung gestellt hatte.
Es war das Jahr, in dem Lenin durch die Mithilfe des 1. Generalquartiermeisters der deutschen Armee, Ludendorff, und des Chefs des deutschen Geheimdienstes, Warburg, per Eisenbahn aus der Schweiz in die russische Revolution verschickt wurde. Der Chef des deutschen Geheimdienstes indessen war ein Bruder des damals zu den einflußreichsten amerikanischen Finanzkreisen gehörenden Bankiers und stellvertretenden Vorsitzenden des Federal Reserve Board, Paul Warburg. Ein anderer Warburg, Max, ansässig in Berlin und an den Finanzgeschäften der Reichsregierung beteiligt, stellte Lenin über seinen Mittelsmann Alexander Helphand alias Parvus sechs Millionen Dollar in Gold zur Verfügung.
Es war schließlich auch das Jahr, in dem der franzö-

sische Präsident der Liga für Menschenrechte, Bruder Ferdinand Buisson, die Bolschewisten aufforderte, für die Sache der Entente weiterzukämpfen, um die Stunde der Gerechtigkeit zu beschleunigen. Die Stunde kam, das weiß man. Kriege werden eben nicht gefochten, um eine Nation zu besiegen, sondern um einen Zustand hervorzurufen, sagte schon Lincolns Kriegsminister Edwin Stanton. Der Zustand sollte, wie Lord Curzon bemerkte, lediglich «eine Unterbrechung der Feindseligkeiten» sein.

### *Ein Auftrag für den Freiherrn «von der Rose»*

Inzwischen aber kämpfte der junge Hitler noch an der Westfront. Und in diesem Jahr 1917 — wann genau, ist nicht zu eruieren — kam Rudolf Freiherr von Sebottendorf nach Deutschland, als türkischer Staatsangehöriger. Der damals 43jährige Mann war eine ziemlich undurchsichtige Figur. Er soll in Hoyerswerda als Sohn eines Lokomotivführers namens Glauer geboren worden sein, und zwar am 9.9.1875, aber auch das ist nicht gewiß, denn wenn ein esoterischer Maurer sagt, er sei an einem 9.9. geboren, dann heißt das zunächst einmal nur, daß er das Geheimnis der Zahlen kennt. Anderen Aussagen zufolge soll er ursprünglich Erwin Torre geheißen haben.

Sicher ist nur, daß er sich zwischen 1897 und 1900 als Techniker in Ägypten und zwischen 1908 und 1914 in Konstantinopel aufgehalten hat. Nach Dietrich Bronder («Bevor Hitler kam») soll er von einem gewissen Termudi in die Freimaurerei eingeführt und zum Meister des Rosenkreuzer-Ordens gebracht worden sein. Anderen Quellen zufolge war er zunächst bloß der Theosophie zugetan, ehe er über die Freimaurerei zur Rosenkreuzer-Gemeinschaft kam, von der ja schon einige britische und deutsche Eingeweihte hinlänglich bekannt sind: Dr. Hartmann, Theodor Reuß und deren Bruderschaft.

Vor seiner Mission in Deutschland und auch noch in den ersten Thule-Jahren wurden einige von ihm verfaßte esoterische Schriften veröffentlicht, etwa eine Arbeit über die Praxis der türkischen Freimaurerei, eine Geschichte der Astrologie, eine Arbeit über den Talisman des Rosenkreuzers. Überdies trat er als Übersetzer einiger Schriften des Freimaurers, Theosophen und Rosenkreuzers Carl Louis Heindel bzw. Max Heindl hervor, mit dem er auch bekannt gewesen sein dürfte.

Es mag der «geistigen» Zusammenhänge wegen nicht uninteressant sein, ein paar Worte über Heindl zu verlieren, der um die Jahrhundertwende in Los Angeles seine Bekanntschaft mit Okkultisten und Mythasten machte und zu Blavatskys Theosophischer Gesellschaft stieß, an deren Spitze damals Anni Besant stand (die übrigens den englischen König Edward VII. in die Hochgrade des Alten und Angenommenen Schottischen Ritus einweihte, dessen Spitze der König schließlich einnahm). Später kam er in Kontakt mit Rudolf Steiner, der damals bei den Theosophen noch als «Meister» galt. Steiner war es, der Heindl in die Berliner Freimaurerloge «Viktoria von Preußen» aufnahm, die zur symbolischen Großloge des Schottischen Ritus gehörte. Hartmann gelang es schließlich, diesen so hohen Repräsentanten der amerikanischen Theosophie für den Rosenkreuzer-Orden einzuspannen. Nachdem er wegen eines Einspruchs von Rudolf Steiner nicht die höchsten Grade des Schottischen Ritus erlangte, gründete

Heindl eine eigene Rosenkreuzer-Gemeinschaft, auch «Heindl-Bewegung» genannt. Auch unter erhabenen Geistern gibt es eben solch Menschliches wie Eifersucht.
Damit dürfte indessen der geistige Background des Freiherrn von Sebottendorf einigermaßen erhellt sein. Mit seinem Lebenslauf ist es nicht ganz so einfach, viele Jahre liegen im sprichwörtlichen Dunkel. Sicher ist, daß in der Türkei ein Rosenkreuzer und Freiherr von Sebottendorf den an die vierzig Jahre alten Rudolf Glauer alias Erwin Torre kurz vor seinem Auftauchen in Deutschland adoptierte und ihn womöglich mit beträchtlichen Geldmitteln versah. Hatte man etwa einen Auftrag für ihn? Wurde er für ein großes, brüderliches Ziel gebraucht? Schließlich wäre er ja nicht der erste weitgereiste Dunkelmann, der für geheimdienstliche Tätigkeiten geradezu prädestiniert schien, für Tätigkeiten, die innerhalb der heutigen Geheimdienste unter Bezeichnungen wie angewandte oder praktische Massenpsychologie, Gruppensoziologie oder schlicht und einfach psychologische Kriegführung laufen würden.
Was hätte man im damaligen Deutschland denn schon als Rudolf Glauer oder Erwin Torre groß anfangen können? Noch war Kaiserzeit, und ohne «Freiherr von» kam man in der Öffentlichkeit nicht allzuweit. Als Freiherr von Sebottendorf, als Rosenkreuzer auch noch mit dem Beinamen «von der Rose» versehen, in Deutschland auftauchte, standen Glauer alle Türen offen, und es dauerte nicht lange, da wurde er auch schon in den kaiserlichen Konstantinsorden aufgenommen.

Kaum angekommen, entfaltete Sebottendorf eine bemerkenswerte Tätigkeit. Man möchte annehmen,

daß der Mann, der sich bisher mit Vorliebe mit orientalischem Okkultismus, Magie und Sterndeuterei befaßt hatte, Beziehungen zu seinesgleichen suchen würde. Mitnichten. Mit Geldern aus unbekannten Quellen reichlich versehen, suchte er ausschließlich Kontakt zu arisch-germanisch und völkisch orientierten Gruppen, die er mit arisch gewürzter Esoterik köderte, in kleinen Dosen, und das alles, als vom Schandfrieden und all den Dingen, die oberflächlich betrachtet Quelle des Hitlerismus gewesen sein könnten, noch keine Rede war. Sebottendorfs Missionstätigkeit von damals war das Fundament einer Geisteshaltung, die mehr als ein Jahrzehnt später Hermann Rauschning so empörte:
«Jeder Deutsche steht mit einem Fuß in jenem bekannten Land Atlantis, in dem er einen recht stattlichen Erbhof sein eigen nennt. Diese Eigenschaft der Duplizität der Naturen, die Fähigkeit, in doppelten Welten zu leben, eine imaginäre immer wieder in die reale hinein zu projizieren — alles dies trifft auf besondere Weise auf Hitler und seinen magischen Sozialismus zu. Alle diese kleinen, verwachsenen Sehnsüchtigen, die keine rechte Erfüllung finden: Nacktkulturisten, Vegetarianer, Edengärtner, Impfgegner, Gottlose, Biosophen, Lebensreformer, die ihre Einfälle verabsolutierten und eine Religion aus ihrer Marotte zu machen suchten, lassen heute ihre geheimen Wünsche in die vielen Gaszellen des Riesenluftballons der Partei einströmen, um mit diesem großen Schiff als neuer Luftschiffer Gianozzo einen noch höheren Flug zu wagen, als sie es bisher in ihren Konventikeln taten. Diese verkümmerte und verwachsene Romantik engbrüstiger Geister, dieser vor Gehässigkeit und Rechthaberei atemlose Fanatismus kleiner Sektierer treibt den großen gemein-

samen Fanatismus der Partei und hält ihn lebendig als gemeinsame Traumbestätigung. Für alle Zukurzgekommenen ist der Nationalsozialismus der ‹Traum von der großen Magie›!»

Dieser pathologische Befund hätte in diesem oder jenem Zusammenhang auch andernorts und zu jeder Zeit erstellt werden können. Von einer intoleranten Perspektive aus hat er in dieser Formulierung sogar durchaus aktuelle Bezüge! Auf jeden Fall hatte Sebottendorf den rechten Nerv getroffen. Er nahm den Liebenfelsschen Rassismus voll auf, geiferte über die Verjudung der Welt, vor allem der Freimaurerei, und propagierte, was jedes Germanenherz höher schlagen ließ und im übrigen durchaus dem Mythos von Thule entsprach:

«... die Legenden zu zerstören, die über die Herkunft aller Kultur aus dem Osten verbreitet wurden, während alle Kultur von Norden kam und nur vom Arier stammte. Nordeuropa, Norddeutschland ist der Stammsitz der Kulturträger, von hier haben sich von urgrauer Vorzeit an bis jetzt Ströme deutschen Blutes befruchtend ergossen, sind Wellen auf Wellen von Menschen ausgezogen, die aller Welt die Kultur brachten. Die so hoch gerühmte griechische Kultur ist ein Ableger deutschen Geistes. Die Hethiter, die Sumerer oder wie die Völker alle heißen, sind arischer Herkunft gewesen.

Wenn sich die Franzosen und Spanier und Italiener mit ihrer Kultur brüsten, dann sollten sie nicht vergessen, daß sie diese Kultur dem germanischen Blute verdanken.»

Überdies begann er nun fein säuberlich zwischen jüdischer und nichtjüdischer Freimaurerei zu unterscheiden:

«Die alte Freimaurerei war ehemals Wahrerin des

Geheimnisses, das in den Bauhütten des Mittelalters, die die gotischen Dome bauten, gelehrt wurde. Eine Unmenge arisches Weistum finden wir in den Lehren der Alchimisten und Rosenkreuzer, die sich den Bauhütten angeschlossen hatten, wieder. Mit dem Niedergang der gotischen Baukunst verschwanden auch die Bauhütten, und arisches Weistum blieb Geheimnis weniger Bewahrer. Als der Dreißigjährige Krieg zu Ende war, als sich Protestanten und Katholiken der rechten Gotteserkenntnis wegen nicht mehr gegenseitig totschlugen, da war die Zeit für Juda gekommen, den Freimaurerorden neu erstehen zu lassen. Man gründete gegen Ende des 17. Jahrhunderts die ersten Logen, die sich 1717 in York zu einer Großloge zusammenschlossen. Das Geheimnis der alten Freimaurerei war zu lehren, daß jeder Mensch an sich selber arbeiten müsse, um gut zu werden, dann strahle er nach außen hin wie eine Sonne. Dann, so lehrte uraltes, arisches Weistum, wenn der einzelne, der Führer vollkommen ist, dann werden auch von ihm aus die Verhältnisse der Umwelt vollkommen werden. Die neue freimaurerische Lehre drehte die Sache um, sie sagte: Erst schaffen wir gute Verhältnisse, dann werden auch die Menschen gut werden. Wir aber betrachten die Welt als ein Produkt des Menschen ...»
Diese griffigen Auffassungen saßen. Schließlich — wenn man schon auf deutschen Feldern pflügte oder mauerte, dann wohl doch nur auf arische Weise. Oder sollten auch für Sebottendorf die Worte René Guénons gelten: «Aber sollte nicht hinter all diesen Bewegungen etwas anderes und Gefährlicheres stehen, das die Anführer dieser Gruppen selbst nicht kennen und dessen Werkzeuge sie doch andererseits sind?»

Nein, es ist zu vermuten, daß Sebottendorf schon wußte, was er zu tun hatte.

### *Sebottendorfs «germanische Loge»*

Noch 1917 gründete Sebottendorf selbst in Berlin eine völkische Loge, in der zunächst dem Zeitgeist entsprechend eifrig Germanentum und Antisemitismus gepflegt wurde. Dort fanden bald eine Menge harmlose und ehrliche, völkisch denkende Menschen Aufnahme, deutschtümelnde Offiziere, Hausfrauen, Eisenbahner, Freikorpsleute und Adelige, denen die Zukunft des Reiches am Herzen lag. Nach außen hin wurde hier ganz auf Okkultes verzichtet, um die Leute nicht zu erschrecken, und wenn derlei zur Sprache kam, dann zunächst in «ariosophischer» Verbrämung. Bald verschmolz Sebottendorfs Grüppchen mit dem deutschen Germanenorden, der vor dem Krieg immerhin in mehr als hundert über das ganze Reich verteilten Logen aktiv gewesen war. Sebottendorf ernannte sich zum Ordenshochmeister und ging daran, das wahre Germanentum zu reorganisieren. Denn «langsam sahen die Männer, die nicht zu den Waffen eilen konnten, weil sie zu alt oder aus einem anderen Grunde kriegsuntauglich waren, daß sie betrogen worden waren. Die Sozialdemokratie, die in den ersten Tagen, von deutschen Führern geleitet, sich in Reih und Glied gestellt hatte, war wieder in jüdische Abhängigkeit gekommen. Rathenau war Wirtschaftsdiktator geworden, in allen Kriegsgesellschaften saßen Juden, immer neue Ströme östlicher Juden kamen über die polnische Grenze nach Deutschland und machten sich ansässig.»

Im Januar 1918 beschlossen die Germanen Sebottendorfs, ihren Wirkungsgrad auszuweiten und sich politisch aufzubauen. Sebottendorf übersiedelte nach Bayern, wo er mit Frau und Dienerschaft in der Zweigstraße in Bad Aiblingen ein Haus bezog. Dort gründete er die Thule-Gesellschaft, besser den Thule-Förderer- und Freundschaftskreis. «Der Name klang geheimnisvoll genug, sagte aber dem Wissenden sofort, worum es sich handelte!» notierte er in seinen Erinnerungen über die Zeit, bevor Hitler kam.
Aus eigener Tasche finanzierte der Baron inzwischen die Ordensnachrichten der Germanen. Über Inserate in Zeitungen wurde zur Teilnahme an einer «völkischen Loge» eingeladen, und allmählich fand sich im Thule-Verein so ziemlich alles, was sich an nationalen und völkischen Gruppen auch in München fand, vor allem, nachdem vom Besitzer des Hotels «Vier Jahreszeiten» die geeigneten Räumlichkeiten zur Verfügung gestellt wurden, «um ihnen allen weit die Tore zu öffnen»: den Alldeutschen, dem Hammerbund, der Nationalliberalen Partei, dem Deutschen Schulverein; «es gab keinen Verein in München, der irgendwelche nationalen Belange vertrat, der nicht in der Thule Unterkunft fand».
Wie gesagt, hier lief alles noch mehr oder weniger profan ab, und eventuelle romantische Bedürfnisse der Neulinge wurden mit einer Art Blutbekenntnis befriedigt. Wer für wert befunden wurde, in den Freundeskreis aufgenommen zu werden, der hatte fast schon eine Art Garantie in der Tasche, auch wirklich reinen Blutes zu sein. Zuerst erhielt der Interessent ein mit Runen geschmücktes Werbeblatt, in dem ihm die Bedeutung eines Eintritts mit Nachdruck deutlich gemacht wurde: «Jedes Mitglied muß

ein Jahr lang mindestens dem Freundschaftsbund angehört haben, wo es geprüft wird, ehe es dem Orden dauernd angegliedert wird», schreibt Sebottendorf. «Der Orden hat einige tausend in Logen gegliederte Mitglieder in Norddeutschland. Die in Süddeutschland zu organisieren, neue hinzuzugewinnen, ist meine Aufgabe.»
Zusammen mit seinem Aufnahmeansuchen hatte der Bewerber das Blutbekenntnis abzugeben: «Unterzeichneter versichert nach bestem Wissen und Gewissen, daß in seiner und seiner Frau Familie kein jüdisches oder farbiges Blut fließe und daß sich unter den Vorfahren auch keine Angehörigen farbiger Rassen befinden.»
Erst danach erhielt er einen mit Hakenkreuz versehenen Fragebogen, den er ausgefüllt und mit einem Bild versehen wieder abzuliefern hatte. Hatten die Nachforschungen über den Kandidaten dessen Zuverlässigkeit ergeben, dann durfte er auch zu den Versammlungen erscheinen.

### *Eingeweihte und Nichteingeweihte*

Allmählich begann Sebottendorf die Spreu vom Weizen zu trennen und tat zunächst, was in ähnlichen Gesellschaften allgemein üblich war: Er weihte etliche Auserlesene in die tieferen Geheimnisse der Thule-Gesellschaft ein, in den ersten Grad, den sogenannten Freundschaftsgrad. Die erste Weiheloge fand am 17. Ernsting statt, was gleichviel bedeutet wie 17. August. Sogar die Großlogenmeister von Berlin kamen zu diesem Ereignis nach München angereist, es ging feierlich zu: «Am Sonntage wurden dreißig Brüder und Schwestern in den ersten Grad feierlich aufgenommen. Es waren darunter Mitglieder aus ganz Bayern, die zu diesem Zweck nach München gekommen waren. Den Schmuck der Logenräume hatte Meister Griehl übernommen, der das Wahrzeichen der Thule-Gesellschaft, das fliegende Sonnenrad, in allen Räumen anbrachte. Jedes Mitglied trug eine Bronzenadel, die auf dem Schilde das von zwei Speeren durchkreuzte Hakenkreuz zeigte.»

Für die solcherart Eingeweihten, die dem Meister absolute Treue zu schwören hatten und während der Einweihungszeremonie symbolisch ihre Rückkehr als verirrte Arier zum wahren deutschen Halgadom zelebrierten, mag das ein erbauendes und erhebendes Gefühl gewesen sein. Doch sie waren nur Fußvolk. Denn mittlerweile war der Thule-Orden gegründet worden, in den nur wirklich Eingeweihte Aufnahme fanden, die auch schon auf okkultem Gebiet einige Erfahrungen aufzuweisen hatten. Es liegt überdies die Vermutung nahe, daß hier Sebottendorfs Rolle eher bedeutungslos war oder bald werden sollte.

Einige der ersten wichtigen Mitglieder des Thule-Ordens waren die Wiener Guido von List und Lanz von Liebenfels, denen man fürwahr nicht abstreiten konnte, daß sie bereits ausreichend okkultpolitische Arbeit geleistet hätten. Sie hatten anfänglich sogar die Funktionen von Ordensgroßmeister und Ordensmeister inne. Unmittelbar aus der Thule-Gesellschaft stieß der Reichstagsabgeordnete a.D. Professor Feder dazu. Ihnen dürften um 1919 der Sozialdemokrat, Antisemit, Pornographieliebhaber und Lehrer von Beruf, Julius Streicher, ferner Rudolf Heß und dessen Lehrer Karl Haushofer sowie der spätere Reichsrechtsführer Dr. Hans Frank,

Sohn eines jüdischen Rechtsanwaltes aus Bamberg, der Schriftsteller Dietrich Eckart und Dipl.-Ing. Alfred Rosenberg gefolgt sein. Mehrere spätere NS-Prominente wie Adolf Hitler, Heinrich Himmler, Hermann Göring und Hitlers Beichtvater, Otto Engelbrecht, stießen zwar ebenfalls schon zu diesem Zeitpunkt zur Thule-Gesellschaft oder zu ihr nahestehenden Kreisen. Ihre eigentliche Aufnahme in den innersten Kreis des Ordens scheint aber nicht vor 1920 erfolgt zu sein.
Das Fußvolk von Thule wäre überdies sehr erstaunt über die Oberarier der höchsten Grade gewesen, wenn man bedenkt, daß sie selbst ihre «reinrassige» Herkunft bis zu ihren sämtlichen Urgroßeltern nachzuweisen hatten. Im Thule-Orden indessen galt von vornherein, was Hermann Göring später ganz offen sagte: «Wer Jude ist, das bestimme ich!» Denn ihnen, den Eingeweihten, ging es im Grunde genommen weder um die Deutschen noch um die Juden. Beide waren Material, Transmitter auf dem Weg zum Reich der Übermenschen, Material angewandter Magie, beide auf ihre Weise; die einen als Werkzeug zur Erreichung des Ziels, die anderen als notwendiger Feindbegriff nicht einmal persönlicher Natur, der letztlich alles in sich einschloß, was, zumindest nach außen hin, gegen sie und nicht mit ihnen war: die Bolschewiken, die Großkapitalisten, die Jesuiten, die Freimaurer, die Gleichmacher, die Demokraten, die Materialisten und später, als sie endlich an der Macht waren, auch alle Arten von Okkultisten, Esoterikern, Astrologen und artverwandten Seelen. Die Masse der gutgläubig germanischen Mitläufer wäre wohl höchst verwirrt gewesen, hätte sie erfahren, welche Zukunft ihr ins arische Haus stand. Was man nämlich plante, glich einer beinahe

vollständigen Übernahme bereits bekannter Kastensysteme. Hermann Rauschning faßte diese Ziele zusammen:

«Es gelte also, einen neuen sozialen Aufbau des kommenden Europas zu organisieren. Es gelte, bewußt eine Klassenordnung wiederherzustellen oder vielmehr eine hierarchische Ordnung. Dies könne aber nicht in einem so kleinen Bezirk wie Deutschland geschehen, sondern nur noch für den ganzen Kontinent, für das ganze Universum. Das Bürgertum sei ebenso zu entwurzeln wie die Arbeiterschaft. Man müsse den Mut zum Analphabetismus ebenso haben wie zum Heidentum. Bildung und Wissen enthielten bestimmte Gefahren für die Herrenschicht. Aber sie bildeten auch im anderen Sinne große Gefahren für die Erhaltung einer Sklavenschicht. Das Ideal einer allgemeinen Bildung sei längst überholt. Nur wenn Wissen wieder den Charakter einer Geheimwissenschaft zurückerlangt hätte und nicht mehr allgemein zugänglich sei, würde es wieder die Funktion einnehmen können, die es normalerweise habe, nämlich Mittel der Beherrschung zu sein, der menschlichen Natur wie der außermenschlichen.»

Später sollte Hitler die enthüllenden Sätze von sich geben: «Das Rassisch-Biologische ist immer nur die eine Seite des ganzen Prozesses. Wir werden überhaupt sehr bald die Grenzen des heutigen engen Nationalismus hinter uns lassen. Meine Parteigenossen! Weltimperien entstehen zwar auf einer nationalen Basis, aber sie lassen diese sehr bald weit hinter sich!»

Und zum Thema Kasten und Klassen: «Wissen ist Hilfsmittel des Lebens, aber nicht sein Sinn. Und so werden wir auch konsequent sein und der breiten Masse die Wohltat des Analphabetismus zuteil werden lassen. Es gibt nur eine Bildung für jeden Stand und in ihm für jede einzelne Stufe.»

Was für den Orden galt, das sollte später für die gesamte Partei Gültigkeit bekommen. Kurz nach der Machtübernahme gab Alfred Rosenberg einige Hinweise darauf in einem Gespräch mit Rauschning, der, in Unkenntnis der eigentlichen Ursprünge des Nationalsozialismus, solchen Äußerungen stets mit großer Fassungslosigkeit gegenüberstand. Er beschreibt ein Gespräch mit Rosenberg im Münchner Ratskeller:

«Es sei an der Zeit, sagte Rosenberg, den Charakter der Partei zu ändern. Sie müsse als Massenpartei überwunden werden. Nachdem man den Zweck, nämlich die Erringung der Macht auf legalem, parlamentarischem Boden, erreicht habe, müsse ihr parlamentarischer Ursprung beseitigt werden. Die Partei habe jetzt eine andere Funktion und müsse nun auch in einem anderen Sinne geführt werden. Hitler sei zwar nicht ganz dieser Meinung und denke, erst mit dem Heraufwachsen einer jungen Generation könnten auch Form und Inhalt der Partei sich ändern. Die alte Generation müsse zunächst einmal verbraucht werden, ehe aus der Partei das neue Gebilde eines weltlichen Priesterstaates herauswachse.

Er, Rosenberg, sei indessen der Meinung, daß es der künftigen Entwicklung höchst abträglich sei, wenn man an dem bisherigen Massencharakter der Partei festhalte. Für die Masse der Mitglieder und Amtswalter würde alles bleiben wie bisher. Aber es bilde sich jetzt schon in allen Formationen ein engerer Kreis von wirklich Eingeweihten und scheide sich zwangsläufig von der Masse. Diese Tendenz müsse planmäßig weiterentwickelt werden. Die alte politische Weltanschauung des Nationalsozialismus könne für die Masse ruhig weiter Geltung behalten. Aber für den Kreis der wissenden Parteigenossen gelte es einen Ring innerhalb der Partei zu schaffen. So käme man nicht bloß zu einer klaren Form der Partei, sondern gewänne allmählich auch innerhalb der Partei den Charakter des Ordens, in dem es Stufen der Einweihung, der Verantwortung und der Mitarbeit gebe.

Es könne, so schloß er, sehr wohl sein, daß wir außenpolitisch oder wirtschaftlich schwere Rückschläge erlitten, dann müsse der wissende Personenkreis immer da sein als eine geheime Priesterschaft, die auch ohne das Hilfsmittel einer äußerlich sichtbaren Organisation die großen Ideen in eine günstigere Zeit hinüberrettete.»

Wahrhaft prophetische Worte eines Eingeweihten, die man sich merken sollte. Aus diesen Äußerungen wird jedenfalls deutlich, daß es wohl zu billig und zu einfach wäre, den Nationalsozialismus nach seinem bloßen äußeren Erscheinungsbild, nach seinen äußeren Ursachen und Wirkungen zu beurteilen.

Der Freiherr von Sebottendorf begann schon bald mit der Umorganisation der Thule-Gesellschaft, der jetzt ein weniger wichtiger Platz zugewiesen wurde, nachdem sie zunächst ihre Aufgabe als völkisches Sammelbecken erfüllt hatte. Es war nun offenbar Sebottendorfs Aufgabe, das Fußvolk zu organisieren und jene Strukturen zu schaffen, die tatsächlich der Grundstock der späteren nationalsozialistischen Partei sein sollten. «Die Thule-Gesellschaft sollte weiter bestehen, aber nicht aktiv in den zu erwartenden Kampf eingreifen, ihre Bestimmung war die innere Arbeit an sich selber. Nach außen hin sollte ein Kampfbund in Erscheinung treten, dessen

Leitung Sebottendorf sich vorbehielt.» — So der Freiherr über seine Rolle ab November 1918.
Später konnte er gewiß mit Stolz und mit Recht notieren: «Das ‹Heil und Sieg›, den Gruß der Thule-Leute, machte Hitler zum ‹Sieg-Heil›, die Thule-Zeitung machte der Führer zum ‹Völkischen Beobachter›, zum Kampfblatt der nationalsozialistischen Bewegung Großdeutschlands. Unser Thule-Zeichen, das germanische Hakenkreuz, übernahm Hitler in dieser Form als Symbol der siegenden NSDAP.»
Mehr würde Sebottendorf über die okkult-esoterische Gebärmutter des Nationalsozialismus später auch nicht mehr sagen dürfen. Es wäre ihn schon vor der Machtübernahme teuer zu stehen gekommen, hätte er über «die Arbeit an sich selbst» aus der Schule geplaudert. Aber schon seine Organisationsarbeit kann sich durchaus sehen lassen.

### *Die Keimzelle der NSDAP*

Zunächst organisierte Sebottendorf eine Zeitung, denn ohne Zeitung ist auch die engagierteste Wühlarbeit nicht sehr erfolgreich, damals wie heute. Das war zu jener Zeit nicht unbedingt einfach, da nach einer Verordnung keine neuen Zeitungen oder Zeitschriften gegründet werden durften. Der Zufall kam ihm zu Hilfe, als am 22. Juni 1918 ein Mann namens Franz Eher starb, der neben seiner Witwe auch die Herausgabelizenz für eine Fachzeitschrift für Fleischer mit dem Namen *Münchner Beobachter* hinterließ. Über ein Fräulein Käthe Bierbaumer aus der Parkstraße 335 in Bad Aiblingen, die nicht nur Thule-Schwester (wenn auch nur der Freundschaftskategorie), sondern angeblich auch Sebottendorfs privates Verhältnis war, ließ der Freiherr diesen Zeitschriftentitel für 5000 Mark erwerben. Später sollte Sebottendorf wegen Fräulein Bierbaumer Schwierigkeiten mit einigen kleinkarierten Ariern bekommen, die nicht verstehen konnten, wie ausgerechnet der Meister von Thule ein jüdisches Fräulein mittels falschen Stammbaums in die reinrassige Gesellschaft hatte einführen können. Doch gegenwärtig spielte das keine Rolle. Ab Juli 1918 erschien der *Münchner Beobachter* unter der Schriftleitung Sebottendorfs, nun nicht mehr als Fachschrift für Fleischhauer und Selcher, sondern als politisches Kampfblatt mit dem Untertitel «Sportblatt», um so Einfluß vor allem auf die Jugend zu bekommen «und die Juden irrezuführen, die sich nur für das Geschäft, aber nicht für den Sport interessieren».

Im Oktober 1918 beauftragte Sebottendorf den Journalisten und Thule-Bruder Karl Harrer, gemeinsam mit dem Arbeiter Anton Drexler einen «Arbeiter-Ring» zu bilden, um beizeiten auch die Arbeiterschaft ins Geschirr zu bekommen. Das war die Keimzelle der NSDAP. Sie war ein unmittelbares Geschöpf der Thule.

Freilich, schon während der Nazi-Zeit — und erst recht danach — sucht man in einschlägigen Werken vergeblich nach Thule im Zusammenhang mit der Gründung der NSDAP. Viele ließen sich durch das «national» und das «sozialistisch» und das allgemeine revolutionäre Geschwafel auf eine völlig falsche Fährte locken und orteten zuweilen in der nationalsozialistischen Bewegung zumindest anfänglich gar eine linke Revolution, die nur so tat, als wäre sie rechts und eben, wie Mussolinis Faschismus, auf nationale Abwege gekommen. Das Kürzel

NSDAP in dieser oder jener Zusammensetzung war nichts Neues: Schon im Mai 1918 war in Österreich eine «Deutsche Nationalsozialistische Arbeiterpartei» gegründet worden. Von den tschechischen Sozialdemokraten spaltete sich bereits 1886 eine Gruppe ab, die sich nationalsozialistisch nannte, überzeugt davon, daß Sozialismus eben nur auf nationaler und nicht auf internationaler Ebene Zukunft haben könne. In Trient kam ein marxistischer Journalist in Kontakt mit einer Gruppe dieser tschechischen Nationalsozialisten, die ihn tief beeindruckten, womöglich nicht zuletzt ihrer nationalen Tradition wegen, die sie von Hus, Žižka und dessen Taboriten herleiteten. Jedenfalls veröffentlichte er 1913 in Rom ein Buch mit dem Titel «Giovanni Huß il Veridico», nachdem er sich eine Zeitlang mit dem Verfassen von antiklerikalen Romanen wie «Die Mätresse des Kardinals» hatte durchschlagen müssen. Nun aber sann Benito Mussolini, so hieß dieser Journalist, darüber nach, wie in Italien eine sozialistische und zugleich nationale Bewegung ins Leben gerufen werden könnte. Wie man weiß, folgten diesen Gedanken erfolgreiche Taten. Im Faschismus italienischer Prägung spielte allerdings der Rassismus eine relativ untergeordnete Rolle, und der heidnisch-antichristliche Zug der deutschen Bewegung fehlte ganz, was mehr als ein Indiz dafür ist, daß der italienische und der deutsche Nationalsozialismus bis auf einige Gleichheiten in der äußeren Erscheinung wenig gemeinsam hatten.
Die andere nationalsozialistische Bewegung kam aus Deutschböhmen und faßte schließlich in Österreich Fuß. Schon 1903 wurde im unruhigen Deutschböhmen eine Deutsche Arbeiterpartei (DAP) gegründet. Ihren Anhängern war die pangermanische

Bewegung des Georg Ritter von Schönerer zu bürgerlich und zu reaktionär, obschon der «Ritter von Rosenau» lange Zeit das Idol radikaler, deutschnationaler Gruppen gewesen war. In «Mein Kampf» machte Hitler ihn und seine Ideen später zum Teil seines «granitenen Wiener Fundaments». 1909 wollte die mährische Gruppe der DAP eine Umbenennung in Deutsche Nationalsozialistische Arbeiterpartei, was aber von der Mehrheit abgelehnt wurde, aus Angst, von den tschechischen Nationalsozialisten des Plagiates bezichtigt zu werden. Im Jahr 1918 wurde die DAP dann auf ihrer großen Wiener Tagung im Mai 1918 doch feierlich in DNSAP umgetauft.

Bei dieser Partei war zunächst das Sozialistische ebenso echt wie das Deutschnationale. Das Programm forderte die übliche Mobilisierung der Massen gegen die kapitalistische Ausbeutung, es war antimonarchisch, antihabsburgisch, antiösterreichisch, republikanisch-demokratisch und gewiß auch antijüdisch, das hatte damals fast jeder im Blut. Von den markigen pangermanischen Blut-Boden-und-Volk-Sprüchen hielt man in dieser Partei indessen noch nicht allzuviel, wie der ursprüngliche Gegensatz zu Schönerer zeigt, und mit jener deutschen Bewegung, die eben aus dem Schoß der Übermenschen-Mutter Thule gekrochen kam, hatte man zu jener Zeit überhaupt nichts zu tun. Eine Bestätigung dafür ist es wohl, daß die Pioniere dieser Partei in der späteren NS-Hierarchie überaus bescheidene Stellungen innehatten, nachdem sie von der deutschen Bewegung aufgesaugt worden waren.

Daß Herrschaft über die Massen zumindest im Stadium der Mobilisierung notgedrungen nationale, kollektivistische und sozialistische Elemente in sich vereinigen mußte, das wußten freilich auch die Meister von Thule. Nur war man 1918 in München noch gar nicht so weit; da gab es zunächst erst den Arbeiter-Ring des Bruders Karl Harrer. Es wurden übrigens noch etliche andere Ringe ins Leben gerufen, die ihre Ähnlichkeit mit gewissen späteren nationalsozialistischen Abteilungen nicht verleugnen können: Wappenkunde und Familienforschung, nordische Kultur, deutsches Recht und schließlich der Kampfbund, für den Sebottendorf damals schon fleißig Waffen sammelte und kaufte: die Kernzelle der SA, der Sturmabteilung. Im Herbst 1918 ging es drunter und drüber, der Krieg faulte seinem Ende entgegen, Österreich begann sich aufzulösen, und in München wurde Revolution gemacht, die Wittelsbacher abgesetzt und der Freistaat Bayern ausgerufen. Eine, wie Gerhard Schulz in seinem «Aufstieg des Nationalsozialismus» schreibt, «phantasievolle, pittoreske wie politisch merkwürdige Persönlichkeit» wie der Dichter und Journalist Kurt Eisner wurde bayrischer Ministerpräsident. Eisner, der aus Galizien gebürtig war und mit richtigem Namen Salomon Kosmanowsky hieß, mußte Antikommunisten und Deutschnationale auf die Palme bringen, zumal selbst unter den Sozialdemokraten der Verdacht bestand, Eisner wolle sich in Genf mit der Entente anbiedern und habe Deutschland insgesamt der Schuld am laufenden Krieg bezichtigt. Anlaß genug für eingeweihte wie nichteingeweihte Thule-Brüder, aktiv zu werden. Was Sozialisten und andere linke

Revoluzzer bieten konnten, das konnte man in Thule noch allemal.
Kurz vor Weihnachten tagte in Berlin die Großloge, wo man einen Gründungsaufruf für eine Deutsche Sozialistische Partei verfaßte, in der es sinngemäß hieß: Schuld an allem Mißgeschick und an aller Mißwirtschaft und allem Übel sei der Kapitalismus. Die Sozialdemokraten kämpften dagegen freilich nur zum Schein, denn sie seien in der überwiegenden Mehrzahl selbst Kapitalisten und — eben Juden. Das Programm der Deutschen Sozialisten, zu deren ersten Vorsitzenden das Mitglied des Thule-Kampfbundes, Hans Georg Grassinger, ernannt worden war, versprach: freien Grund und Boden, keine Grundbesitzer, sondern nur mehr Pächter, Ablösung des römischen Rechts durch deutsches Gemeinrecht und schließlich Verstaatlichung des Geldwesens. Von Berlin nach München zurückgekehrt, versucht Sebottendorf aus dem Bestand des Arbeiter-Ringes für München und Oberbayern eine Arbeiterpartei ins Leben zu rufen. Man gründet zunächst am 18. Jänner 1919 in den Räumen der Thule den Nationalen Sozialistischen Deutschen Arbeiterverein, man wollte mit dem Namen Partei nicht unbedingt die Aufmerksamkeit der politischen Gegner auf sich lenken. Erst im Frühjahr 1919 wurde der Verein in «Deutsche Arbeiter-Partei» (DAP) umbenannt, zu der Monate später ein Adolf Hitler stoßen sollte. Zugleich wurde eine deutsch-sozialistische Arbeitsgemeinschaft aus der Taufe gehoben, die dann wenig später als «Deutsche Sozialistische Partei» die ersten Kontakte zu den österreichischen Nationalsozialisten herstellte.
Während Adolf Hitler noch im Schützengraben lag, marschierte in München der Kerntrupp der späte-

ren SA auf. Für das Fußvolk aus Thule hatte die Kampfzeit begonnen. Den Anlaß bildete die Ermordung des bayrischen Ministerpräsidenten Kurt Eisner am 21. Februar 1919, einen Tag, bevor ein neuer Landtag eröffnet werden sollte. Eine völlig unsinnige Tat, da Eisner bei den Wahlen eine totale Niederlage erlitten hatte. Doch da war ein junger Graf namens Arco Valley, den es wie viele andere aus besseren Kreisen zu Thule hingezogen hatte. Doch er hatte Pech gehabt. Sebottendorf schreibt süffisant: «Graf Anton Arco von Valley hatte von der Mutter her (einer geborenen Oppenheim) Judenblut in den Adern, er ist Jüdling und war daher weder von der Thule-Gesellschaft noch vom Kampfbunde aufgenommen worden. Er wollte zeigen, daß auch ein Halbjude eine Tat ausführen könne.»
Es folgte, was in solchen Fällen meistens folgt: Unruhen, Streiks, Plünderungen, politischer Radikalismus. Doch Sebottendorf taktierte vorsichtig, er war noch nicht so weit, noch fehlten Waffen. Sogar den *Beobachter* ließ er zunächst nicht mehr erscheinen, um niemanden zu provozieren. Statt dessen entfaltete er erstaunliche organisatorische Fähigkeiten: In und außerhalb Münchens werden erstaunliche Waffenlager angelegt. Ganz offen kaufen Thule-Leute Gewehre von den Kommunisten, sechzig bis achtzig Mark pro Stück, je nach Zustand. Mitglieder des Thule-Kampfbundes mischen sich unter die Roten und tun ihr übriges dazu, daß die Spartakisten verkaufen, was nicht niet- und nagelfest ist, von Pistolen über Eierhandgranaten bis zu Maschinengewehren. Darüber hinaus wissen die Thule-Leute stets über geplante Aktionen der Roten Bescheid, mehr noch: Sie warnen auch gefährdete Personen, die mit ihnen nichts zu tun haben, und gewinnen so

neue, dankbare Freunde. Manchmal sabotieren die verkappten Thule-Kämpfer die Aktionen der Bolschewisten, indem sie durch Vertauschen der Magnete deren gesamten Automobilpark lahmlegen. Und als Zugabe gibt es noch gefälschte Siegel und echte Freifahrscheine für die Eisenbahn.

Am 17. März 1919 wird der neue Landtag eröffnet und eine neue Regierung unter dem Sozialdemokraten Hoffmann gebildet. Doch die marxistischen Volksräte, unter ihnen der sowjetische Bevollmächtigte Axelrod und seine aus Galizien stammenden Genossen Levien und Levine, haben nicht die Absicht, die Macht aus der Hand zu geben. Hatten sie unter beziehungsweise mit Eisner noch Repräsentanten parlamentarischer Regierungsweise geduldet, so war jetzt Schluß damit: Am 6. April 1919 wird geputscht und die Räterepublik ausgerufen. Die Regierung Hoffmann flüchtet nach Bamberg.

Sebottendorf ist bereit, die Thule-Leute im Kampf zu erproben; der Freiherr gibt sich zuversichtlich und selbstsicher. Er schildert eine Begebenheit aus den ersten Tagen der Räteherrschaft, die ein bezeichnendes Licht auf ihn wirft: Polizeipräsident Pallabene persönlich erschien in den Logenräumen der Thule, um eine Hausdurchsuchung nach antisemitischen Flugblättern zu veranstalten. Sebottendorf war gewarnt, ein Baron Wittgenberg hatte ihm die polizeiliche Aktion gesteckt. Der Freiherr setzte zum Zeitpunkt der geplanten Polizeiaktion eine Gesangsstunde an. Als der Polizeipräsident im Vereinslokal der Thule-Brüder und -Schwestern erschien, klangen ihm vaterländische Weisen entgegen: «Beglückt darf nun dich, o Heimat, ich schauen.» Als Pallabene den Freiherrn fragte, was denn das eigentlich für ein Verein sei, gab dieser zur

Antwort: «Ein Verein zur Höherzüchtung der germanischen Rasse.» Der Polizeipräsident fühlte sich gefoppt und wollte zur Tagesordnung übergehen, worauf Sebottendorf ihn belehrte: «Ich kann Sie nicht hindern, Herr Polizeipräsident. Meine Macht reicht weiter, als Sie denken. Sehen Sie, ich bin nun sechs Monate und mehr Führer der Thule-Gesellschaft und denke, es auch noch lange zu bleiben. Sie sind seit zwei Tagen im Amt und können vielleicht noch zwei Tage bleiben, dann kommt ein anderer an die Futterkrippe. Wenn Sie mich oder einen meiner Leute oder auch alle verhaften, dann nehmen meine Leute, wo immer sie einen finden, einen Juden hoch, schleifen ihn durch die Straßen und behaupten, er habe eine Hostie gestohlen. Dann, Herr Polizeipräsident, haben Sie einen Pogrom, der auch Sie hinwegfegen wird.»
«Das ist ja irrsinnig, das ist Wahnsinn!»
«Vielleicht, aber mein Wahnsinn hat Methode. Sehen Sie, im Grunde streben wir doch einem gemeinsamen Ziel zu, nur unsere Wege sind verschieden. Warum sollten wir uns nicht tolerieren?»
«Ja, wir könnten zusammengehen.»
Das Spiel hatte Methode, und diese kleine Episode sagt eine ganze Menge aus über den Aufstieg des Nationalsozialismus. Nach dem Besuch des Polizeipräsidenten standen Kommunisten vor den Logenräumen der Thule Wache — niemand anders als die in kommunistische Sektionen eingeschleusten Kampfbündler, die die Genossen davon abhielten, den Betrieb in der Marstallstraße zu stören.
Sebottendorfs Selbstsicherheit war nicht unbegründet. «Eisners Tod und die nachfolgenden Ereignisse hatten klar gezeigt, daß es zum Kampf kommen mußte. Die Organisation des Kampfbundes war in

wenigen Stunden vollendet, und jedes Glied fügte sich reibungslos an die Stelle, die ihm angewiesen wurde!»

Sebottendorf nahm nun Kontakt mit der geflohenen Regierung Hoffmann auf, die ihn tatsächlich offiziell damit beauftragte, die Gegenrevolution zu organisieren. Doch der erste Versuch schlug fehl, die Thule-Leute konnten München lediglich einen halben Tag halten und warteten vergeblich auf 6000 Mann von der Regierung. Die geflohenen Volksräte kehrten wieder zurück, und die Regierung Hoffmann mußte sich nach Nürnberg absetzen.

Sebottendorf läßt sich jedoch nicht abschrecken. Am 19. April hat er eine offizielle Ermächtigung in der Hand:

«Durch Beschluß des Ministerrats und des Landessoldatenrates erhält Rudolf von Sebottendorf die Ermächtigung, in Treuchtlingen das Freikorps Oberland aufzustellen. Bamberg, den 19. April 1919. Gezeichnet: Landessoldatenrat Simon. Der Minister für militärische Angelegenheiten Schneppenhorst.»

Die Kader stehen, die Waffenlager, von Sebottendorf vorsorglich auch außerhalb Münchens angelegt, sind randvoll, das Freikorps steht binnen Stunden: Später gibt es vollzählig den ersten SA-Verband ab. Nach dem Freikorps Oberland wird auch noch ein Freikorps Chiemgau aufgestellt, das in einer Blitzaktion die wichtigsten Bahnknotenpunkte besetzt. Der Marsch auf München beginnt. Die Räteregierung sieht sich in die Enge getrieben, nimmt die zurückgebliebenen Thule-Mitglieder fest und läßt sie hinrichten. Doch am 3. Mai ist die Räteregierung Geschichte. Sebottendorf hält Trauerloge für insgesamt sieben Märtyrer aus Thule: Heila Gräfin von Westarp, Walter Nauhaus, Walter Deike,

Friedrich Wilhelm Freiherr von Seidlitz, Anton Daumenlang, Franz Karl Freiherr von Teuchert, Gustav Franz Maria Prinz von Thurn und Taxis. Sebottendorf: «Thule-Leute starben als erste den Opfertod für das Hakenkreuz.»

Auch das. Eben. Wie Gerhard Schulz in «Aufstieg des Nationalsozialismus» treffend über die Thule-Gesellschaft bemerkt:

«Da die Thule-Gesellschaft 1918/1919 beträchtlichen Zulauf gewann, bald zu einer Dachorganisation für alldeutsche, vaterländische und ähnliche Vereine wurde und offenbar alle Kreise aufzunehmen trachtete, die sich durch den politischen Umsturz in die Enge getrieben sahen, aber genügend politisches und materielles Vermögen besaßen, um es gegen die Entwicklung einzusetzen, kann ihre Bedeutung in der Umbruchphase gar nicht überschätzt werden. Der Verleger Lehmann spielte eine Rolle, Gottfried Feder und Dietrich Eckart, spätere Freunde Hitlers, traten schon hervor. Der ‹Münchner Beobachter›, der dann zum völkischen Beobachter der Nationalsozialisten wurde, stand ihnen zur Verfügung. Die Thule-Gesellschaft hielt aber auch zu dem starken Freikorps Oberland enge Verbindung, aus dem sich später ein Teil der SA entwikkelte. Mit ihrer Unterstützung behauptete sich in München die bis Kriegsende nicht recht gedeihende Filiale eines antisemitischen ‹Freien Ausschusses für einen deutschen Arbeiterverein› unter dem Arbeiter Anton Drexler. Mit ihm begann die Geschichte der ‹Deutschen Arbeiterpartei› als einer an den Fäden der Thule-Gesellschaft hängenden Vorläuferin der NSDAP, die am 5. Januar 1919 gegründet wurde.»

Obschon hier nicht auf die Tatsache hingewiesen

wird, daß der Drexlersche Arbeiterverein beziehungsweise Arbeiterring und die DAP praktisch identisch mit der Thule-Gesellschaft waren, und obschon Sebottendorfs Herkunft und Rolle mit dem Satz abgetan werden, er habe eine ebenso dunkle wie offenbar abenteuerliche Vergangenheit gehabt und sei Astrologe geworden, ist die Arbeit von Schulze eine der wenigen innerhalb der offiziellen NS-Literatur, in der der Zusammenhang zwischen Thule und Nationalsozialismus so klar ausgesprochen wird.

Nach dem Räte-Intermezzo von 1919 schien es für die Thule-Gesellschaft endgültig an der Zeit, in den Hintergrund zu treten; die Grundstrukturen einer einsatzfähigen Organisation waren geschaffen. «Die Thule-Gesellschaft hatte ihren Zweck erfüllt, sie mußte vergehen, damit das Neue werden konnte, das schon an der Schwelle stand», schreibt Sebottendorf.

Vor seinem Abgang von der Münchner Szene setzte er noch den Vorsitzenden der Deutschen Sozialistischen Partei, den bereits erwähnten Hans Georg Grassinger mit dem Auftrag ein, den *Münchner Beobachter* in verbesserter Aufmachung und größerem Format neu herauszubringen. Überdies organisierte er die Nachrichtenabteilung unter einem Leutnant Kraus, die nun die Verantwortlichen für die Ermordung der Thule-Leute jagte. Tatsächlich gelang es, einige der geflohenen Räterepublikaner aufzuspüren, unter ihnen Levine. In München wurde ihnen der Prozeß gemacht.

Sebottendorf hatte nicht nur Freunde in München, es gab eine Menge Leute, die mit ihm abzurechnen hatten. Die Presse warf ihm Hochstaplerei und falsche Namensführung vor, und Sebottendorf hatte das Pech, keine Papiere zu haben, die seine Adoption vom Freiherrn Sebottendorf von der Rose (nach türkischem Recht, das in Deutschland nicht galt) bestätigt hätten. Darüber hinaus wurde das Gerücht über die jüdische Herkunft der Herausgeberin des Beobachters, Käthe Bierbaumer, und Sebottendorfs Verhältnis mit ihr in Umlauf gesetzt, was spießige Thule-Arier der unteren Ränge in sektiererische Bestürzung geraten ließ.

Inwieweit man im inneren Kreis des Thule-Ordens selbst der Meinung war, Sebottendorf möge sich besser ins Dunkel seiner Herkunft zurückziehen, bleibt unbeantwortet. Er war genau wie die Thule-Gesellschaft überflüssig geworden. Jetzt gab es für die «Arbeit nach außen» die DAP und die Kampfbundleute, während längst ganz andere Leute als Sebottendorf damit beschäftigt waren, innerhalb des Ordens «an sich selbst zu arbeiten». Der Freiherr setzte sich deshalb ab und pendelte bald einmal zwischen verschiedenen Schlupfwinkeln in Bad Sachsa, Freiburg im Breisgau und in Konstanz hin und her.

In München waren an Sebottendorfs Stelle Professor Karl Haushofer, Dietrich Eckart, Alfred Rosenberg und Rudolf Heß als die großen Magier des Thule-Ordens getreten. Sie waren, wie Heß in einem Aufsatz schrieb, auf der Suche nach dem richtigen Mann, «der Deutschland auf seine alte Höhe zurückführen wird.» Der richtige Mann tauchte am 3. Oktober 1919 in München auf, wo der Gefreite Adolf Hitler in seiner Eigenschaft als politischer Agent der Nachrichtenabteilung im Reichswehrgruppenkommando 4 eine Versammlung der Deutschen Arbeiterpartei im Leiberzimmer im Sternekkerbräu besuchte: «Ein Österreicher mit einem großen Maul!» wie Drexler mit nicht unbegründetem Optimismus feststellte, der schon seit längerem auf der Suche nach einem Mann «von Überzeugung, aufrecht und ehrlich und absolut furchtlos» war, der zur treibenden Kraft «hinter uns» werden könnte.

### *«Trebitsch-Lincoln im Komplott mit Wilhelm ...»*

Doch bevor dieser Mann die Bühne des Sterneckerbräu-Stüberls betrat, tauchte in Deutschland eine weitere Persönlichkeit mit ebenso dunkler wie abenteuerlicher Vergangenheit auf, die, oberflächlich betrachtet, kaum direkte Berührungspunkte mit der Thule-Gesellschaft hatte und doch eine nicht unbedeutende Rolle spielen sollte: Trebitsch-Lincoln alias Moses Pinkeles alias Ignaz Trebitsch alias Thimotheus Lincoln, der mit Sebottendorf nicht nur die Vielzahl der Namen gemein hatte.
Alfred Rosenberg erwähnt ihn einmal unter dem Datum 14.5.1934 im Zusammenhang mit einem Protest des persischen Gesandten in Berlin, weil ihn der *Bayrische Staatsanzeiger* «in einem Atemzug mit Resa Khan» genannt hatte. Resa Khan, Angehöriger der iranischen Kosakendivision, war 1921 durch einen Staatsstreich an die Macht gekommen und 1925 schließlich Schah von Persien geworden. Nun wäre es aber gar nicht verwunderlich, wenn Trebitsch-Lincoln, von dem der Herausgeber der politischen Tagebücher Rosenbergs, Hans-Günther Seraphim, in einer Fußnote vermerkt, er sei «im Ersten Weltkrieg und in den Nachkriegsjahren als Abenteurer in Europa und Asien bekannt» geworden, auch dabei seine Finger im Spiel gehabt hätte.

Lincolns Lebenslauf ist sogar noch um etliches abenteuerlicher als der Sebottendorfs, auch wenn es bei ihm keine Hinweise für eine Mitgliedschaft in den einschlägigen Orden und Gesellschaften gibt, die Kontakte mit unsichtbaren Überwesen herzustellen pflegten. Er selbst behauptete, in Budapest als Sohn eines Getreidegroßhändlers namens Nathan Trebitsch geboren worden zu sein. Warum er sich Thimotheus Lincoln nannte, blieb offen. In jungen Jahren war er Schauspieler, wechselte dann zum Journalismus über, versuchte sich als Theologiestudent im evangelischen Missionshaus in Hamburg, arbeitete in der Folge als Evangelist für die Missionierung der Juden in Amerika, avancierte zu einem anglikanischen Diakon in Kanada. Später tauchte er als Pfarrer in England auf, um schließlich als Privatlehrer im Haus von Lord Rowntree Nachhilfeunterricht in deutscher Sprache zu erteilen. Doch das schien nicht ganz nach seinem Geschmack gewesen zu sein, denn kurz vor dem Ersten Weltkrieg trat er als einer der schillernden Ölspekulanten jener Zeit in Rumänien und Berlin auf (hatte nicht später jemand Interesse an persischem Öl?). Der Beginn des Ersten Weltkriegs verschaffte ihm eine Stelle als Zensor im britischen Kriegsministerium. Auch dort hielt es ihn nicht allzulange. Als Journalist kam er nach New York und wurde prompt in der Dechiffrierabteilung der amerikanischen Regierung in Washington eingestellt.
Wer schon einmal einen guten Agentenroman gelesen hat, weiß nun schon mehr über Trebitsch-Lincolns Tätigkeit, als erlaubt ist. Plötzlich aber gilt Trebitsch-Lincoln als deutscher Spion und als Propagandist gegen den Eintritt Amerikas in den Weltkrieg. Das war 1916. Im damals noch relativ neutra-

len Amerika wird er wegen seiner antibritischen Tätigkeit unter irgendeinem unpolitischen Vorwand verhaftet und nach England verfrachtet, wo man ihm die britische Staatsangehörigkeit abspricht, ihn also staatenlos macht. Die Anklage lautet auf Hochverrat, doch dann verurteilt man ihn doch nur wegen angeblicher Wechselfälschungen zu drei Jahren Gefängnis. Diese drei Jahre dürften nicht allzuschlimm für ihn gewesen sein, denn er verbrachte sie bei guter Pflege und Verpflegung im Gefängnisspital in Pentonsville.

Einen Monat nach der Unterzeichnung der bedingungslosen Kapitulation im Wald von Compiègne wird Trebitsch-Lincoln aus dem Gefängnisspital entlassen. Beamte der Fremdenpolizei bringen ihn nach Harwich auf das Schiff, doch da läuft etwas schief: Er wird ins Gefängnis zurückgeführt unter dem Vorwand, die ungeordneten Verhältnisse in seinem Heimatland Ungarn ließen eine Rückkehr dorthin nicht zu. Man steckt ihn angeblich in Einzelhaft, entläßt ihn aber nach elf Tagen endgültig, nachdem er verspricht, anstatt in das Heimatland Ungarn nach Deutschland zu reisen. Dort schienen die Verhältnisse ja wirklich geordnet zu sein: Das deutsche Reich war eben dabei, Republik zu werden, und der Kaiser spaltete seine ersten Klafter Holz in Doorn. Und da war er noch gut dran, denn nur knapp entging er samt seinen Generälen dem Schicksal, wie später die Nazi-Bonzen als Kriegsverbrecher vor ein internationales Tribunal gestellt zu werden.

Deutschland lag, von wegen geordneter Verhältnisse, schon säuberlich auf dem Seziertisch der neuen Weltordnung. Die Gebiete von Eupen und Malmedy mußten an Belgien abgetreten werden, Elsaß-Lothringen und das Saarkohlerevier an

Frankreich. Polen und die neugegründete Tschechoslowakei erhielten Oberschlesien, Nordschlesien, die Provinzen Posen (außer Fraustadt und Schwerin), sämtliche Gebiete acht Kilometer östlich der Eisenbahnlinie Schneidemühl—Konitz, immerhin 130 000 Quadratkilometer mit 15 Millionen Einwohnern. Ohne Volksabstimmung sollten an Polen 1 014 550 Deutsche in einem Gebiet, in dem 253 740 Polen ansässig waren, abgetreten werden. Darüber hinaus waren 5000 Lokomotiven auszuliefern und 150 000 Eisenbahnwaggons, sämtliche Verkehrsstraßen alliierter Verfügungsgewalt zu übergeben mit der Auflage, daß deren Unterhalt Deutschland oblag. Bei der Räumung der belgischen Küste waren sämtliche Flußschiffe, Schlepper, Kähne und Handelsschiffe in einwandfreiem Zustand abzuliefern. Trotz Fortsetzung der Lebensmittelblockade wurden 140 000 Milchkühe beschlagnahmt, dafür lieferten später die USA Dosenmilch. An Frankreich waren darüber hinaus noch zu liefern: 2 000 Zuchtbullen, 90 000 Milchkühe, 500 Zuchthengste, 30 000 Stutenfohlen, 1000 Schafböcke und 10 000 Ziegen sowie trotz verlorener Kohlengruben an Frankreich, Belgien und Italien 367 Millionen Tonnen Kohle. Das war übrigens nicht alles, aber die Reparationsforderungen führen zu einem anderen Kapitel.

In solcherart geordnete Verhältnisse wird also Trebitsch-Lincoln verschickt. Mit einem Heimkehrertransport deutscher Kriegsgefangener kommt er zunächst nur bis Wesel, wo ihm ein deutscher Grenzbeamter bedauernd erklärt, niemand dürfe nach Berlin reisen, der dort nicht ansässig sei. Offenbar hat bei diesem Gespräch ein Aufsichtsbeamter den Namen des Reisewilligen aufgeschnappt. Der Name

Trebitsch-Lincoln kommt ihm bekannt vor: Da war doch irgendwas ...? Er nimmt den Kontrollbeamten mit in sein Büro, und als dieser zurückkehrt, ist plötzlich alles in Ordnung: Trebitsch-Lincoln bekommt sogar einen Freifahrtsschein bis Berlin.
Sein erster Weg führt ihn zu einer Villa, an deren Eingangstür ein bescheidenes Schild verkündet, hier wohne ein gewisser Charles Newman. Es ist aber nicht Charles Newman, der die hübsche Villa mit Blick auf den Tiergarten in der Viktoriastraße bewohnt, sondern der einstige Erste Generalquartiermeister Erich Ludendorff, zeitweise praktisch deutscher Militärdiktator, der nach dem für die Deutschen nicht gerade erfolgreichen Lenin-Coup und dem Scheitern seiner militärischen und vor allem seiner politischen Ambitionen im Oktober 1918 entlassen worden ist. Im Februar 1919 ist er nach Deutschland zurückgekehrt, allerdings in Zivil, und dient seither der von einem gewissen Hauptmann Papst gegründeten Nationalen Vereinigung als Stratege und des Namens wegen als Galionsfigur. Kurzfristig hatte sich nämlich das nationalrevolutionäre Geschehen nach Berlin verlagert. Vor allem in Kreisen der Generalität wollte man mit der sich konstituierenden parlamentarischen Demokratie nichts zu tun haben, einen Kaiser wollte man wieder haben, nicht den alten Wilhelm, sondern den Kronprinzen.
Nun, die Villa am Tiergarten wurde ziemlich frequentiert. Männer in Zivil gaben sich die Türklinke in die Hand, Männer, denen man schon an der Haltung ansah, daß sie sich in Uniform wohler gefühlt hätten: der Hauptmann Papst, der Kommandant der Berliner Garnison, von Lüttwitz, Oberst Max Bauer, Kapitän Ehrhardt und der pensionierte preußische

Beamte Wolfgang Kapp, der den Lexikographen später den Namen für den Putsch liefern sollte.
Der frisch aus dem britischen Gefängnis exportierte Trebitsch-Lincoln kam in Berlin gleich nach seiner Ankunft in Kontakt mit den preußischen Offizieren, und es dauerte auch nicht lange, bis er von Oberst Bauer in die mysteriöse Villa am Tiergarten eingeführt wurde. Dort hatte man keinerlei Geheimnisse vor ihm, ganz im Gegenteil. Man beauftragte ihn mit einer heiklen Mission, die selbst zu unternehmen die Generäle zu sehr gerührt hätte: Niemand wollte dem alten Wilhelm sagen, daß man gern den Kronprinzen zum Kaiser machen wollte. Trebitsch-Lincoln sollte das tun. Er fuhr nach Amerongen, aber der Adjutant des Ex-Kaisers, General von Dommes, ließ ihn nicht vor zur Majestät. Ohne Erfolg kehrt Trebitsch-Lincoln nach Berlin zurück.
Ohne Erfolg?
In der britischen Presse überschlagen sich in diesen Tagen die Schlagzeilen:
«Lincoln im Komplott mit Wilhelm! — Besuch in Amerongen. Verhandlungen mit dem Ex-Kaiser! — Lincoln erhält eine halbe Million Pfund Sterling für die Konterrevolution!»
Man sieht: Die Geschichte schlägt manchmal erstaunliche Haken, und zuweilen kommt ein ganz unbedeutender Abenteurer, der es nicht wert scheint, in die großen Bücher der Geschichte einzugehen, zu erstaunlichen Betätigungen.
In Berlin scheinen die Staatsstreichplaner damals jedenfalls keine britischen Zeitungen gelesen zu haben. Denn nun schickte man Trebitsch-Lincoln zum Kronprinzen ins holländische Wieringen. Dort wurde er endlich empfangen, und der Kronprinz zeigte sich durchaus geneigt.

Das war im September 1919. Nun hatte man ein konkretes Ziel. Trebitsch-Lincoln ging von nun an in der Ludendorffschen Villa aus und ein, wo die Putschpläne allmählich ihrer Durchführung entgegenreiften. Doch erst mußten Verbündete gefunden werden. Über Kapp suchte man Kontakt zu russischen Monarchisten und vor allem zu dem russischen General Biskupski, der den Umsturz unterstützen sollte. Trebitsch-Lincoln wurde beauftragt, eine Verbindung mit dem ungarischen Diktator Horthy herzustellen, und reiste unter abenteuerlichen Begleitumständen nach Budapest. Allerdings blieb seine Mission erfolglos, und als er Anfang März 1920 nach Deutschland zurückkehrte, waren die Kapp-Putschisten in hellster Aufregung. Die Entente hatte überraschenderweise befohlen, die dem General von Lüttwitz unterstehenden Marinebrigaden des Kapitän Ehrhardt aufzulösen, den Kern der monarchistischen Truppen. Die Offiziere hätten eben doch englische Zeitungen lesen sollen. Hysterisch geworden, gänzlich unvorbereitet und reichlich naiv marschierten sie mit ihren Truppen in der Nacht zum 13. März 1920 gegen Berlin und besetzten die Stadt. Kapp erklärte sich zum neuen Reichskanzler. Offensichtlich waren aber die damaligen Militärs noch nicht solche Profis in Sachen Staatsstreich, wie es die heutigen Soldaten in manchen Ländern sind. Man ließ die Reichsregierung mitsamt dem Reichspräsidenten Bauer nach Dresden und Stuttgart entfliehen und vergaß, die Reichsbank zu besetzen, die die Schalter dicht machte. Kein Sold für die Soldaten, kein Geld: Am Morgen des 17. März gab Kapp auf und setzte sich mit Lüttwitz in Richtung Schweden ab.

An diesem Tag begegneten sich Adolf Hitler und

Trebitsch-Lincoln. Am frühen Morgen des 17. März flog eine Militärmaschine unter dem Piloten Leutnant Ritter von Greim von München nach Berlin ab. Die einzigen Fluggäste waren der Dichter, Schriftsteller und Thule-Ordensbruder Dietrich Eckart und der mittlerweile zum Propagandaleiter der DAP avancierte Adolf Hitler. Die Hintergründe dieses Fluges sind rätselhaft. Wer waren die Auftraggeber des Fluges? Was hatte Eckart in der Maschine zu suchen, der schließlich kein Militär war? Was wollten die Thule-Brüder in Berlin?

Wie auch immer: Wegen eines heftigen Gewitters mußte die Maschine in Jüterbog, rund siebzig Kilometer südwestlich von Berlin, landen. Die Fahrt nach Berlin war nicht ungefährlich, Spartakisten hatten bereits Straßenbarrikaden errichtet. Als Hitler und Eckart endlich in Berlin eintreffen, teilt Trebitsch-Lincoln ihnen mit: «Haut's wieder ab nach München. Es ist schon alles vorbei. Kapp ist geflohen.»

Später schreibt Hitler für seine Auftraggeber in der Nachrichtenabteilung des Reichswehrkommandos 4 als einzigen Eindruck über die Lage in Berlin: «Als ich den Pressechef der Regierung Kapp sprach und sah, wußte ich, daß dies keine nationale Revolution sein konnte und diese auch erfolglos bleiben mußte, denn dieser Pressesprecher war ein Jude.»

Ob Trebitsch-Lincoln ein Jude war, bleibe dahingestellt. Immerhin dürfte er einen Teil der für den Putsch vorgesehenen Gelder mit nach München gerettet haben. Denn nach Bronder («Bevor Hitler kam») kaufte Adolf Hitler persönlich 1921 den *Völkischen Beobachter* mit 100 000 Mark in bar, wovon Trebitsch-Lincoln nicht weniger als 80 000 Mark beigesteuert haben soll. Tatsächlich wundert man

sich, woher Hitler damals das Geld hatte: Denn er zahlte nicht nur 100 000 Mark für den Beobachter, sondern übernahm damit auch gleich Schulden in der Höhe von nicht weniger als 250 000 Mark.
Dies war der Zeitpunkt, als das Spurenverwischen zu Thule in vollem Gange war. Trebitsch verließ wie Sebottendorf Deutschland und tauchte bald darauf in China auf, wo er bei diversen Putschversuchen der Militärs als Ratgeber beteiligt war. Nach der Machtübernahme durch die Nationalsozialisten kehrte er wieder zurück und arbeitete für die SS-Führung unter Heinrich Himmler. Manchmal behauptete er, in Wirklichkeit Lama Djordi Den zu sein. Es ist nicht undenkbar, daß auch Trebitsch-Lincoln sich wie Gurdjieff, Crowley oder etwa Haushofer übersinnliche Erkenntnisse in einem tibetanischen Kloster geholt hat. Immerhin war es Trebitsch, der noch während des Krieges für die SS Verbindungen zu tibetanischen Klöstern hergestellt hatte. Während dieser Zeit soll es übrigens in Berlin einen tibetanischen Mönch gegeben haben, der unter dem Namen «der Mann mit den grünen Handschuhen» bekannt war und regelmäßige Zusammenkünfte mit Hitler gehabt haben soll. Der Mann hatte den Ruf, der «Bewahrer der Schlüssel zu sein, die das Reich Agarthi öffnen». Was natürlich zunächst einmal esoterisch zu verstehen ist, wenngleich die späteren Absichten Himmlers bezüglich Expeditionen nach Tibet darauf schließen lassen, daß man durchaus an eine reale Existenz des Reiches Agarthi glaubte.
Im übrigen scheinen magische Verbindungen nicht unbedingt nur eine nationalsozialistische Spezialität gewesen zu sein. Wie 1962 der amerikanische Ethnologe W.S. Lewis nach einer Reise in die Mon-

golei erzählte, verdankte Molotow, einst Leutnant unter Stalin und Gegner Chruschtschows, seine sprichwörtliche Willenskraft und geradezu erstaunliche Immunität seinen Beziehungen zum Bogdo Chan oder Hutuku, dem letzten Oberhaupt der Lamas Zentralasiens und lebenden Buddha in derselben Eigenschaft wie der Dalai-Lama von Tibet. Das mag freilich eine phantasievolle Geschichte aus der Zeit des Kalten Krieges sein; ähnliche Berichte gab es ja auch von Trotzki und Lenin, von denen 1918 die in Berlin erscheinende russische Zeitung *Der Weckruf* in der Nummer 18 dieses Jahres berichtete, sie hätten einmal im Kreml so etwas Ähnliches wie ein schwarzmagisches Ritual veranstaltet. Nun, das mag alles erfunden worden sein, aber wie ein altes Sprichwort sagt, in jeder Geschichte steckt ein wahrer Kern.

Trebitsch-Lincoln jedenfalls war zuletzt im Dezember 1942 offiziell im Auftrag der Führer des Dritten Reichs in Ostasien. Als er im Dezember mit einer planmäßigen Linienmaschine der Lufthansa zurückkehrte, wurde er auf dem Flughafen Tempelhof erwartet und ins Reichssicherheitshauptamt gebracht. Dort überreichte er Himmler einen kleinen Koffer mit einem geheimnisvollen Pulver aus dem Kloster Lai-Len für Dr. Morell, den Leibarzt Hitlers. Trebitsch erhielt für diese Mission von Himmler persönlich zwei Millionen Pfund. Daß derlei Arzneien zum Alltag der NS-Prominenz gehörten, mag der Hinweis bestätigen, den der britische Historiker James Leasor in seinem Buch über den mysteriösen Englandflug von Rudolf Heß liefert. Nachdem Heß nach seiner Landung von britischen Heimwehrleuten gefangengenommen worden war, fand man in seinem Gepäck allerlei medizinische Spezereien:

«Eines war ein Elixier, das nach Hess' Angaben von einem tibetanischen Lama stammte.»
Trebitsch-Lincoln verschwand 1943 von der Bühne der Geschichte. Im Oktober dieses Jahres meldete der japanische Rundfunk, er sei in einem Krankenhaus in Schanghai gestorben. Im *Völkischen Beobachter* bekommt er einen ehrenden Nachruf, dort heißt es allerdings, er sei in dem etwas weniger exotischen österreichischen Graz verstorben. Nach dem Ende des Zweiten Weltkriegs jedenfalls ließ der amerikanische Geheimdienst das Grab von Trebitsch-Lincoln auf dem europäischen Friedhof von Schanghai öffnen. Und man staunte: Der Sarg in dem Grab war leer ...
Dieser Vorgriff führt bereits weit in das Zentrum von Thule, von Hyperborea, vom Dritten Reich.

### *Ein umherirrender Hund auf der Suche nach seinem Herrn*

Im München des sich zu Ende neigenden Jahres 1919 wartete man inzwischen noch auf einen geeigneten Mann, vielleicht sollte man besser sagen: ein geeignetes Medium. Nach dem Friedensschluß wurden innerhalb der Reichswehr Spezialdienststellen geschaffen, die die Aufgabe hatten, die Stäbe und Truppen von revolutionären Einflüssen freizuhalten. Die Agenten dieser Dienststellen waren mit der Beobachtung subversiver politischer Aktivitäten innerhalb der Einheiten ebenso betraut wie mit der Infiltration sozialistischer Organisationen. Der Chef der Nachrichtenabteilung im Reichswehrkommando 4 in München, Hauptmann Karl Mayr, holte zu diesem Zweck auch den Gefreiten Adolf Hitler

vom 2. Infanterieregiment, vermutlich wegen dessen mustergültigen Verhaltens an der Front. «Er kam mir vor wie ein umherirrender Hund auf der Suche nach seinem Herrn!» berichtete später Hauptmann Mayr in seinen Erinnerungen «I was Hitlers Boss». Und er fand, daß Hitler bereit gewesen sei, sich auf Gedeih und Verderb mit jemandem zu verbünden, der ihm mit Freundlichkeit begegnete. Die Frage nach der Zukunft des deutschen Volkes habe für Hitler damals überhaupt keine Rolle gespielt.
Hitlers Vorstellungen dürften zu jener Zeit eher chaotisch gewesen sein, zumindest in politischer Hinsicht, und sein Antisemitismus indifferenter Ausfluß des allgemeinen Zeitgeistes und der lokalen Umstände, hatten doch wirklich überall Juden die Hände im Spiel: Eisner, dann Toller, Levine, Levien, russische Kommunisten noch dazu, in Berlin die Rosa Luxemburg, in Budapest Bela Kuhn, in Moskau Trotzki, Kamenew, Sinowjew. Und daß dies so etwas wie eine Verschwörung war, hatte nicht zuerst Hitler, sondern längst vor ihm sein späterer Widerpart Churchill in London gemutmaßt. Im Juli 1919 etwa meinte Churchill bei einem Treffen im Londoner englisch-russischen Club, es komme darauf an, in Rußland den General Denikin gegen die Bande jüdischer Anarchisten zu unterstützen. Und wenige Monate später meinte er im Unterhaus: «Kaum war Lenin erschienen, als er auch schon obskuren Leuten, die in New York, in Glasgow, in Berlin und in anderen Ländern Zuflucht gefunden hatten, mit dem Finger winkte und dann die führenden Geister einer äußerst mächtigen, ja der mächtigsten Religionsgemeinschaft überhaupt um sich versammelte.» Churchill mochte nicht ganz so unrecht gehabt haben, aber er hätte dabei eher an die Brüder

vom Grand d'Orient denken sollen, von deren Ableger-Loge «Art et Travail» Lenin und Trotzki ihren Ausgang genommen haben und wo die Mitgliedschaft wie in ähnlichen brüderlichen Vereinigungen nicht unbedingt eine Frage jüdischer Herkunft war. Aber das war natürlich nicht Bruder Churchills Intention, wie er auch unerwähnt ließ, daß in diesem Jahr 1919 nicht weniger als zwei Drittel der Abgeordneten des US-Kongresses Freimaurer waren, wobei die meisten mit der Logenzugehörigkeit eher den Zweck schnelleren Vorankommens in der Gesellschaft verfolgten. Auch die damals in den USA in Gang gekommene anti-jüdisch-bolschewistische Stimmungsmache mit ihrem Lärm um eine angeblich rein jüdische Finanzierung der russischen Revolution dürfte, wie ein anderes Kapitel zeigen wird, eher den Sinn gehabt haben, von den eigentlichen Drahtziehern abzulenken. Verfolgt man die geistigen wie geographischen Wurzeln der durchaus religionsartigen Bewegung, die in direktem Zusammenhang zu Thule führt, kann man Churchill zumindest in bezug auf den Begriff Verschwörung zustimmen, den er in diesem Zusammenhang gebrauchte.
Hitlers politische Vorstellungen dürften sich erst konkretisiert haben, als er wie die anderen als Militärspitzel ausersehenen Soldaten zu Kursen an der Münchner Universität abkommandiert wurde: Einer seiner Dozenten dort war das Gründungsmitglied der Thule-Gesellschaft und Bruder des Thule-Ordens, Dr. Gottfried Feder, der mittlerweile eine deutsche «Kampfliga zur Brechung der Zinsknechtschaft» gegründet hatte.
Während dieser Vorlesungen reifte in Hitler der Gedanke zur Gründung einer neuen Partei: «Nachdem ich den ersten Vortrag Feders gehört hatte, zuckte

mir auch sofort der Gedanke durch den Kopf, nun den Weg zu einer der wesentlichsten Voraussetzungen zur Gründung einer neuen Partei gefunden zu haben», schreibt er in «Mein Kampf».
Aufmerksam geworden auf Hitlers rednerisches Talent, setzte Hauptmann Mayr den Gefreiten als Aufklärungsredner im Durchgangslager für heimkehrende Kriegsgefangene in Lerchfeld ein, um den verbitterten und um alle ihre Hoffnungen betrogenen Soldaten eventuelle sozialistisch-spartakistische Flausen auszureden.
Inwieweit bereits durch Dr. Feder die Thule-Leute auf den fanatischen Phrasendrescher aufmerksam geworden sind, bleibt unbeantwortet. Der erste direkte Kontakt mit den Thule-Leuten kam am 3. Oktober 1919 zustande, als er von seinem Vorgesetzten beauftragt wurde, eine Versammlung der Deutschen Arbeiterpartei im Sterneckerbräu zu besuchen.
Erstaunlich ist in diesem Zusammenhang, wie Hitler-Biographen und NS-Historiker wie etwa John Toland bemüht sind, die DAP zu verniedlichen und sich Wort für Wort auf Hitlers diesbezügliche Aussagen in «Mein Kampf» verlassen, um dann konstatieren zu können: «Hitler erkannte ganz klar, daß er diese kleine Gruppe nach seinen Bedürfnissen formen konnte.» Daß die DAP nur eine kleine Teilorganisation der Thule-Gesellschaft war, scheint da völlig unerheblich zu sein. Um ja keinen Verdacht auf den geheimbündlerischen Ursprung der späteren nationalsozialistischen Bewegung aufkommen zu lassen (was ja viel zu viele Fragen aufwerfen und das bisherige Bild vom Dritten Reich ganz und gar über den Haufen werfen könnte), wird zuweilen nahezu krampfhaft der Eindruck erweckt, Hitler sei auf eine völlig unbedeutende, unbedarfte und ver-

bindungslose Minigruppe gestoßen, aus der er, der große Zampano, dann die Massenbewegung hervorgezaubert habe.

Erstaunlicherweise deckt sich diese Legende durchaus mit den späteren Bestrebungen der Nationalsozialisten und Hitlers selbst. In «Mein Kampf» beispielsweise erwähnt er seinen ersten Besuch bei der DAP gar nicht, was als Hinweis dafür gewertet wird, wie wenig beeindruckend die Angelegenheit für Hitler gewesen wäre.

Tatsächlich aber erstattet er Hauptmann Mayr folgendermaßen Bericht: «Versammlung der Deutschen Arbeiterpartei. Ort: München, Sterneckerbräu, Leiberzimmer. Personen: 24. Anwesende: hauptsächlich aus der unteren Schicht der Bevölkerung und zwei Soldaten. Vortragender: Herr Feder. Gesinnung: National. Der Vortrag des Herrn Feder war von allgemeiner politischer Art. Im Anschluß an den Vortrag war eine Aussprache, an der auch ich teilnahm. Ich bitte Herrn Hauptmann, diesem Verein oder Partei beitreten zu dürfen, da diese Männer den Gedanken des Frontsoldaten sprechen!»

## *Hitler und die heilige Zahl 7*

Das paßt gar nicht zu der vielfach verbreiteten und aus «Mein Kampf» übernommenen Version eines Sechs-Mann-Grüppchens, zu der dann als 7. Mitglied Herr Hitler gestoßen sei. Wen wundert's: Die Sieben ist in der Freimaurerei und im Okkultismus eine der heiligen Zahlen, ja die magische, kosmische Zahl, das «Vehikel des menschlichen Lebens» der Pythagoräer überhaupt. Hitler erhielt übrigens bei seinem Parteieintritt die Mitgliedsnummer 555, eine

Zahl, in die man durchaus auch esoterische Bedeutungen hineininterpretieren kann: die Fünf als Zahl des Pentagramms, Zeichen eines bei den Goldenen Dämmerern gebräuchlichen magischen Rituals (der Fünfzackstern ist übrigens das Hoheitszeichen der USA und der Sowjetunion und Bestandteil der Hoheitszeichen so ziemlich aller seit 1945 neugegründeten Staaten und Zwergstaaten), die Fünf als Zahl der fünf Sinne, der fünf Wandelsterne, des Kreuzes und dergleichen mehr.

Nach der «Mein Kampf» und den offiziellen NS-Geschichtsschreibungen nachvollzogenen Version soll Hitler damals gedacht haben, es handle sich bloß um einen dieser Vereine, die zu jener Zeit «nur so aus dem Boden schossen, um nach einiger Zeit sang- und klanglos wieder zu verschwinden.»

Nach dieser Version soll dies alles nicht erst am 3. Oktober 1919, sondern schon im September passiert sein. Hitlers zweiter Auftritt bei einer Versammlung der DAP im Münchner Hofbräukeller auf Anordnung des Majors Hierl habe am 12. September stattgefunden, dort habe er «etwa 20 bis 25 Anwesende» getroffen und sich fürchterlich gelangweilt, «bis plötzlich ein Professor zu Worte kam, der erst an der Richtigkeit der Federschen Gründe zweifelte, sich dann aber, nach einer sehr guten Erwiderung Feders, auf den Boden der Tatsachen stellte, nicht aber ohne der jungen Partei auf das angelegentlichste zu empfehlen, als besonders wichtigen Programmpunkt den Kampf um die Lostrennung Bayerns von Preußen aufzunehmen. Der Mann behauptete mit frecher Stirn, daß in diesem Falle sich besonders Deutsch-Österreich sofort an Bayern anschließen würde und ähnlichen Unsinn mehr. Da konnte ich nicht anders, als mich ebenfalls zu Wort zu melden und dem gelahrten Herrn meine Meinung zu sagen.»

Ja, und dann drückte ihm «jener Arbeiter» eine Broschüre in die Hand, als Hitler sich nach seinem Auftritt «vor dem langweiligen Verein» zum Gehen wandte. Es war Anton Drexler, der ihm seine Schrift «Mein politisches Erwachen — Aus dem Tagebuch eines deutschen sozialistischen Arbeiters» überreicht hatte, in der dieser die programmatischen Schwerpunkte der DAP festgelegt hatte.

Hitler und die spätere NS-Propaganda waren bestrebt, Drexlers Bedeutung herabzumindern und auch die Bedeutung der DAP zum Zeitpunkt seines Eintretens. Denn er mußte ja nicht nur derjenige sein, der die ganze Bewegung prägte, zwangsläufig mußte er auch der Messias sein, auf den alles gewartet hatte. Sein Genie mußte es gewesen sein, «unter dem fassungslosen Blick der Mitglieder, die in kleinen Verhältnissen zu Hause und zufrieden waren, den langweiligen Verein an die Öffentlichkeit» zu drängen (so Joachim C. Fest in seiner Hitler-Biographie). So kommt es, daß in Hitlers eigener Version sowie in der «offiziellen» NSDAP-Geschichte «Anton Drexler unter demselben Namen wie 1904 die deutschböhmischen Arbeiter am 5. Jänner 1919 eine eigene Partei gründete» (Joachim C. Fest), obwohl sowohl der Arbeiterzirkel bzw. Arbeiterring als auch der «Freie Arbeiterausschuß für einen guten Frieden» und der «Nationale Sozialistische Arbeiterverein», der dann in DAP und später in NSDAP umbenannt wurde, erwiesenermaßen nichts anderes waren als von dem Journalisten Karl Harrer und Anton Drexler organisierte Bewegungen innerhalb der Thule-Gesellschaft. So kommt es, daß die NS-Geschichte erzählt, «seit dem Jahresende 1920 ver-

fügte die NSDAP, die im September 1919 noch nicht einmal einen armseligen Stempel besaß, über ihre erste eigene Zeitung, den *Völkischen Beobachter*» (so Werner Maser in «Hitler, das Ende einer Führerlegende»), obwohl der Beobachter nachgewiesenermaßen das Organ der Thule-Gesellschaft unter Sebottendorf gewesen ist.
So kommt es, daß «schon bald nach seinem Eintritt in die DAP» sich Hitler daranmachte, «die furchtsame, unbewegliche Stammtischrunde zu einer lärmenden, öffentlichkeitsbewußten Kampfpartei umzuwandeln» (so Joachim C. Fest), obwohl zugleich, ohne näher auf den Ursprung der Thule-Gesellschaft und ihren Zusammenhang mit der DAP einzugehen, festgestellt werden muß: «Sebottendorfs Gründung nahm noch während des Krieges, im Jänner 1918, eine ungezügelte, vor allem antisemitisch akzentuierte Propagandatätigkeit auf» (wiederum Joachim C. Fest).
So kommt es, daß sich Hitler, wie John Toland nach «Mein Kampf» zitiert, von dieser Partei gar nicht angezogen gefühlt habe. Nachdem er von jener angeblich am 12. September veranstalteten Versammlung in die Kaserne zurückgekehrt war, habe er sich damit die Zeit vertrieben, Brotreste an die Kasernenmäuse zu verfüttern.
Erst am Morgen habe er sich an die Broschüre erinnert, die ihm «dieser Arbeiter» aufgezwungen habe. Kurzfristig sei er überrascht und fasziniert gewesen, und einige Tage lang seien ihm dann die darin vorkommenden Ausdrücke wie «Nationalsozialismus» und «Neue Weltordnung» im Kopf herumgespukt. Doch sein Interesse habe schnell wieder nachgelassen, und er sei sehr überrascht gewesen, als er einige Tage später auf einer Postkarte die Mit-

teilung erhalten habe, er sei als neues Mitglied in die Deutsche Arbeiter-Partei aufgenommen worden. Freilich, der spätere Führer mußte gerufen worden sein. Gewiß durfte später das offizielle Führerbild nicht den Eindruck erwecken, der «umherirrende Hund, der auf der Suche nach einem Herrn» war, hätte endlich jemanden gefunden, der ihm mit Freundlichkeit begegnete: «Der Mensch hat a Gosch'n, den kunt ma braucha!» wie Drexler sich begeistert hinreißen ließ.
Später wurde für «Mein Kampf» eine kurzfristige Erblindung Hitlers nach einer Rauchgasvergiftung im Oktober/November 1918 in ein mystisches Erweckungserlebnis umgedichtet, um die vorangegangenen Jahre der Apathie und Boheme nahtlos und einleuchtend mit der plötzlichen Führergenialität zu verbinden. Da war Hitler in einer plötzlichen Vision aufgefordert worden, Deutschland zu rächen und wiederherzustellen: «Wäre diese Stunde der Prüfung nicht gekommen, so hätte kaum jemand geahnt, daß in dem bartlosen Knaben ein Held verborgen ist. Der Hammerschlag des Schicksals, der den einen zu Boden wirft, schlägt bei dem anderen plötzlich auf Stahl.» Und: «Ich aber beschloß, Politiker zu werden!»
Nun denn: Hitler kam offenbar doch erst im Oktober 1919 zur Thule-DAP und war seinem Bericht an Hauptmann Mayr zufolge sogleich entschlossen, diesem langweiligen Verein beizutreten, an dessen erster Versammlung mit Beobachter Hitler immerhin 24 Personen teilgenommen hatten. Den Auftrag, erneut die Versammlung der DAP zu besuchen, erhielt er einige Zeit später. Jene «langweilige» zweite Versammlung der Partei, die Hitler später spöttisch als Skatclub mit sieben Köpfen bezeichnet, muß am

16. Oktober stattgefunden haben. Denn der *Münchner Beobachter* berichtet darüber am 22. Oktober: «Herr Hitler von der DAP behandelte mit zündenden Worten die Notwendigkeit des Zusammenschlusses gegen den gemeinsamen Völkerfeind und begründete insbesondere die Unterstützung einer deutschen Presse, damit das Volk erfahre, was die Judenblätter verschweigen.»
Zu dieser Zeit hatte Hitler bereits um Aufnahme in die Partei ersucht: «Ich bin 30 Jahre alt, habe von 1914 bis 1918 als Frontsoldat im Felde gestanden, bin ausgezeichnet mit dem EK 1. Mein Beruf ist Kaufmann, möchte aber Werberedner werden, man spricht mir diese Begabung zu.»
Er wurde aufgenommen. Allerdings schien es da anfänglich Schwierigkeiten gegeben zu haben, denn, wie gesagt, es war Angehörigen der Reichswehr nicht gestattet, in politischen Parteien mitzuarbeiten. Doch siehe da, es taucht unvermutet in Hauptmann Mayrs Büro in München der einstige Generalquartiermeister Ludendorff auf, der eben mit Trebitsch-Lincoln dabei ist, für Kapp und seine preußischen Offiziere einen Putsch zu organisieren, und ersucht darum, Herrn Hitler in jene Partei eintreten und sie aufbauen zu lassen. Es gab also Leute, die über diesen Hitler und dessen Talente schon bestens informiert waren. Hauptmann Mayr konnte dem einst mächtigsten General nicht widersprechen. Die Reichswehr bewilligte Hitler für seine politische Tätigkeit in der DAP sogar einen wöchentlichen Zuschuß von 20 Mark.
Zu dieser Zeit redete der Hauptmann Mayr den Reichswehrspitzel und Gefreiten Hitler schon mit dem innerhalb militärischer Unterordnungsverhältnisse höchst ungewöhnlichen «Sehr verehrter Herr

Hitler» an, wie aus einem Brief hervorgeht. Man sieht, jedermann begegnete Hitler mit Freundlichkeit. Und in der Tat: Hitler erkannte ganz klar, daß er diese kleine Gruppe ganz nach seinen Bedürfnissen formen konnte.

Oder um Rauschning wiederum zu zitieren: «Was Hitler wirklich will, steht nicht in ‹Mein Kampf›!»

Aber noch mußte er ein wenig gestoßen und vor allem geschliffen werden. Wie aus den zur Verfügung stehenden Unterlagen aus jener Anfangszeit der NSDAP hervorgeht, bedurfte es später einiger Überredungskunst, um den Führer an die Spitze zu stellen. Thule-Ordensbruder Gottfried Feder notierte am 9. März 1921: «... Jede revolutionäre Bewegung muß einen diktatorischen Kopf haben. Deshalb halte ich auch gerade unseren Hitler für unsere Bewegung als den geeignetsten ...» Der erste NSDAP-Vorsitzende, Thule-Freundschaftsbruder Anton Drexler, hatte Hitler schon 1920 mehrmals erfolglos gebeten, seine Stelle zu übernehmen und die Partei endlich diktatorisch zu führen. Aber noch war Lernzeit.

Die Räumlichkeiten der Thule betrat Hitler zum ersten Mal am 13. November 1919, als die DAP einen propagandistischen Großkampftag vorbereitete. Hitler war einer der vorgesehenen Redner und legte sich dabei richtig ins Zeug, danach wußte er: «Ich konnte reden!» Der politische Nachrichtendienst der Münchner Polizeidirektion, die die angeblich so unbedeutende Gesellschaft auch schon längst beobachtete, protokollierte unter dem 13. November, der Kaufmann Hitler habe sich seines Themas Brest-Litowsk und Versailles in meisterhafter Weise entledigt und werde berufsmäßiger Werberedner.

Jetzt wurde er offiziell zum Propagandaleiter der

DAP ernannt, allerdings noch nebenberuflich, er war noch immer Soldat, und die Einladungen für die DAP-Versammlungen tippte er in der Kaserne auf der Kompanieschreibmaschine.

Kein Zweifel, Hitler war talentiert. Der «Österreicher mit dem großen Maul» erwies sich als der richtige Demagoge für die DAP, mit der die Thule-Gesellschaft auf Arbeiterfang gegangen war. Die Schlagworte waren ihm vorgegeben — sie lagen ohnehin in der Luft und wurden zudem pausenlos im *Münchner Beobachter* wiederholt, der übrigens bereits seit dem 9. August mit einer Reichsausgabe als *Völkischer Beobachter* erschien: «Es sollte nicht übersehen werden, daß die ersten Ansätze der nationalsozialistischen Weltanschauung in den politischen Ideen der Deutschen Arbeiterpartei bereits vorgeformt waren. Die überlieferten Zeugnisse aus Hitlers Tätigkeit zeigen keine sachlichen Gegensätze zu den politischen Vorstellungen der DAP-Gründer», vermerkt Wolfgang Horn («Der Marsch zur Machtergreifung»). Wie sollten sie auch, schließlich hatte Hitler während seiner Spitzelausbildung bei Thule-Bruder Feder gelernt. Es war damals wie in der späteren NS-Zeit das handliche Schlagwortvokabular, das mit wenigen und einprägsamen Strichen eine bessere Zukunft versprach und alles Übel und Undeutsche auf den griffigen Feindbegriff Jude brachte. Und Hitler verstand es in der Tat, Angelesenes und Aufgelesenes und Halbverarbeitetes ohne jede intellektuelle Hemmung zusammenzuzwingen und als suggestiv überaus wirksame verbale Wurfgeschoße seinen Zuhörern an den Kopf zu schleudern.

Nun, offensichtlich hatte Hitler am 13. November in den Räumen der Thule seine Prüfung bestanden,

und von diesem Augenblick an nahmen sich seiner führende Mitglieder des Thule-Ordens an, um aus ihm den Führer zu machen, als der er das «Reich» begründen sollte.
Man mag sich tatsächlich fragen, warum die Thule und ihre Deutsche Arbeiterpartei ausgerechnet auf einen Mann wie Hitler kam und warum sie überhaupt von der Prämisse ausging, daß das «Reich der Zukunft» nur unter der Führung «eines starken Mannes», eines Führers eben, aufgebaut werden könnte. Doch die Führer-Erwartung der DAP, die zuweilen als Indiz für die «Hilflosigkeit» angesehen wird, «mit der sie den politischen Veränderungen der Nachkriegszeit gegenüber stand» (Wolfgang Horn) hat System. Das Rätsel um die heute noch die NS-Forschung verblüffende Kenntnis Hitlers der «Psychologie der Massen» läßt sich durchaus lösen, wenn man sich den okkult-esoterischen Hintergrund der Thule-Gesellschaft vor Augen führt. Der eine mag es Magie nennen, der andere angewandte Psychologie, was auf dem Schulungsprogramm der höheren Grade steht und stand. Man kann einen Gurdjieff, einen Crowley oder den bedeutendsten Hochgradmaurer und Schöpfer des Systems, des bereits mehrmals erwähnten Alten und Angenommenen Schottischen Ritus, Albert Pike, mit Fug und Recht als Meister der Psychologie bezeichnen. Und man darf annehmen, daß Sebottendorf, Eckart, Haushofer, Rosenberg oder Heß wohl auch Kenntnis von der «Psychologie der Massen» hatten und mit dem gleichnamigen, 1895 erschienenen Werk des Franzosen Le Bon vertraut waren. Es reichen einige Zitate aus dieser Arbeit, um die oben angestellten Fragen zu beantworten:
«Das Überraschendste an einer psychologischen

Masse ist: Welcher Art auch die einzelnen sein mögen, die sie bilden, wie ähnlich oder unähnlich ihre Lebensweise, Beschäftigungen, ihr Charakter oder ihre Intelligenz sind, durch den bloßen Umstand ihrer Umformung zu Masse besitzen sie eine Art Gemeinschaftsseele, vermöge deren sie in ganz anderer Weise fühlen, denken, handeln. Es gibt gewisse Ideen und Gefühle, die nur bei den zu Massen verbundenen einzelnen auftreten oder sich in Handlungen umsetzen ...

So parteilos man sich die Masse auch vorstellt, so befindet sie sich doch meistens in einem Zustand gespannter Erwartung, der die Beeinflussung begünstigt ...

Eben die Vergemeinschaftlichung der gewöhnlichen Eigenschaften erklärt uns, warum die Massen niemals Handlungen ausführen, die eine besondere Intelligenz beanspruchen ...

In dem Augenblick, da sie zu einer Masse gehören, werden der Ungebildete wie der Gelehrte gleich unfähig zur Beobachtung ...

In den Massen verlieren die Dummen, Ungebildeten und Neidischen das Gefühl der Nichtigkeit und Ohnmacht. An seine Stelle tritt das Bewußtsein einer rohen, zwar vergänglichen, aber ungeheuren Kraft.

Sobald eine gewisse Anzahl lebender Wesen vereinigt ist, unterstellen sie sich unwillkürlich einem Oberhaupt, einem Führer ...

In der menschlichen Masse spielt der Führer eine hervorragende Rolle. Sein Wille ist der Kern, um den sich die Anschauungen bilden und ausgleichen ...

Meistens sind die Führer keine Denker, sondern Männer der Tat. Sie haben wenig Scharfblick und könnten auch nicht anders sein, da der Scharfblick im allgemeinen zu Zweifel und Untätigkeit führt. Man findet sie namentlich unter den Nervösen, Reizbaren, Halbverrückten, die sich an der Grenze des Irrsinns befinden ...

Die Massen erkennen die Macht an und werden durch Güte, die sie leicht für eine Art Schwäche halten, nur mäßig beeinflußt. Niemals galten ihre Sympathien den gütigen Herrn, sondern den Tyrannen, von denen sie kraftvoll beherrscht werden ...!

Für die Masse muß man entweder ein Gott sein, oder man ist nichts ...

Um die Massen zu überzeugen, muß man sich zunächst genau Rechenschaft geben über ihre Gefühle, die sie beseelen, muß den Anschein erwecken, daß man sie teilt, dann versuchen, sie zu verändern, indem man mittels angedeuteter Ideenverbindung gewisse zwingende Bilder hervorruft ...

Welche Ideen den Massen auch suggeriert werden können, zur Wirkung können sie nur kommen, wenn sie sich in ihrem Geist in bildhafter Form widerspiegeln. Beim Studium der Einbildungskraft der Massen fanden wir, daß sie namentlich durch Bilder erregt wird. Diese Bilder stehen nicht immer zur Verfügung, aber man kann sie durch geschickte Anwendung von Worten und Redewendungen hervorrufen. Werden sie kunstgerecht angewandt, so besitzen sie wirklich die geheimnisvolle Macht, die ihnen einst die Adepten der Magie zuschoben. Sie rufen in der Massenseele die furchtbarsten Stürme hervor ...

Die Macht der Worte ist so groß, daß gutgewählte Bezeichnungen genügen, um den Massen die verhaßtesten Dinge annehmbar zu machen ...

Die Masse ist unfähig, das Persönliche vom Sachlichen zu unterscheiden ...

Da die Masse nur durch übermäßige Empfindungen erregt wird, muß der Redner, der sie hinreißen will, starke Ausdrücke gebrauchen. Zu den gewöhnlichen Beweismitteln gehört Schreien, Beteuern, Wiederholen, und niemals darf er den Versuch machen, einen Beweis zu erbringen ...
Alle politischen, religiösen und sozialen Glaubenslehren finden bei den Massen nur Aufnahme unter der Bedingung, daß sie eine religiöse Form angenommen haben, die sie jeder Auseinandersetzung entzieht ...
Die große Triebkraft der Völkerentwicklung war nie die Wahrheit, sondern der Irrtum ...
Es scheint manchmal, als ob die Völker geheimen Kräften unterworfen wären, gleich jenen, die die Eichel in eine Eiche umwandeln oder den Kometen zwingen, seine Bahn einzuhalten ...»
Mehr ließe sich in so kompakter und präziser Form vom psychologischen Standpunkt aus über das «Phänomen Hitler» und das «Rätsel Nationalsozialismus» wohl kaum sagen.

### *Das Noviziat bei Meister Eckart*

Es war wohl in mehrfacher Beziehung das Erfolgserlebnis, «reden zu können», und nicht die später selbstverfertigte Erleuchtungs-Legende aus der Lazarett-Zeit in Pasewalk, die Hitlers Entschluß zum Eintritt in die Politik markiert. Denn nun nahmen ihn die obersten Thule-Brüder in die Arme. Zunächst vor allem Dietrich Eckart und Alfred Rosenberg, dessen leidenschaftliche antibolschewistische Artikel in Eckarts eigener Zeitschrift und im *Völkischen Beobachter* Hitler schon damals fasziniert hatten. Rosenberg, ein Emigrant aus dem Baltikum, war schon Ende 1918 oder Anfang 1919 zu Dietrich Eckart und zur Thule-Gesellschaft Sebottendorfs gestoßen. Beide gehörten, wie der Student Rudolf Heß und dessen Professor, Karl Haushofer, zu den ersten Ordensbrüdern.

Seltsam mutet es an, wenn Werner Maser hingegen schreibt: «Hitler führte der Partei durch seine Rednergabe rasch Persönlichkeiten zu, die es ohne sein Engagement mit Gewißheit von sich gewiesen hätten, mit der Deutschen Arbeiterpartei oder der daraus entstandenen NSDAP in Verbindung gebracht zu werden. Einer von ihnen war der namhafte Münchner Verleger J.F. Lehmann ... Der nachmalige Reichsminister Alfred Rosenberg und Ernst Röhm, der sehr einflußreiche Reichswehroffizier und spätere Stabschef der SA, entschieden sich dank Hitlers Auftreten für die Partei, die vor allem Hitlers Mentor und Freund, dem Journalisten, erfolgreichen Dichter und Dramatiker Dietrich Ekkart bemerkenswerte Geldbeträge, Beziehungen zu Behörden, Finanziers und einflußreichen Persönlichkeiten des Geisteslebens verdankte.»

Der Verleger Lehmann war schon Ende 1918 Mitglied der Thule und brachte im November seine Alldeutschen bei der Thule-Gesellschaft ein. Sebottendorf schreibt: «Das aktivste und vorwärtstreibende Element des ganzen Kreises war der Verlagsbuchhändler Lehmann, der immer und immer wieder mit neuen Gedanken und Plänen kam. Lehmann war als Alldeutscher in München bekannt und wurde von allen Parteien dementsprechend gehaßt. Er hatte für alle Fälle Waffen beschafft, und in der Thule war ein Hauptdepot.»

Der «namhafte Münchner Verleger» (Maser) mußte

also keineswegs auf Hitler warten. Und wie nicht zuletzt Gerhard Schulz («Aufstieg des Nationalsozialismus») bestätigt, gilt dies ebenso für Dietrich Ekkart und auch für seinen «Mitstreiter gegen Jerusalem», Rosenberg. Konrad Heiden («Adolf Hitler») vermerkt 1936: «Dietrich Eckart übernimmt Adolf Hitlers geistige Führung. Hitler lernt von ihm schreiben und sogar sprechen.» Ähnliches geht auch aus Otto Dietrichs Memoiren («Mit Hitler in die Macht, 12 Jahre mit Hitler») hervor.

Eckart war zwar einundzwanzig Jahre älter als Hitler, in jeder Beziehung von geistiger Kultur und dem späteren Führer bildungsmäßig weit überlegen. Doch er, ein richtiger Bohemien, verstand es, sich seinem Schützling und Lehrling anzupassen. Zyniker, Scharlatan und Meister der Polemik, der sowohl in der Sprache der Gosse und der Wirtshäuser als auch auf der Bühne der gehobeneren Gesellschaft seine Ansichten brillant zu formulieren verstand, fand in Hitler den geeigneten Schüler. Aus ihm wollte er den Führer der Zukunft machen, «hart genug, um das Hämmern von Maschinengewehren zu ertragen.» Und außerdem, davon war Eckart überzeugt, müsse er Junggeselle sein, denn «nur so kriegen wir die Weiber!»

Der spätere Führer blühte in Gesellschaft seines Mentors innerlich wie äußerlich auf. Eckart war es, der Hitler zunächst einmal einen ordentlichen Trenchcoat und andere vernünftige Kleidungsstücke besorgte, seine Grammatik und Aussprache korrigierte, ihn durch vornehme Restaurants schleifte und in die vornehmere Gesellschaft einführte: «Das ist der Mann, der einmal Deutschland befreien wird.»

Ob man das in den besseren Partykreisen Münchens

zunächst für einen Scherz hielt, ist nicht bekannt. Hitler jedenfalls sollte es wirklich bald selber glauben. Zum Lehrprogramm gehörten natürlich auch Kunst, Literatur und Musik sowie alle aktuellen Fragen der Politik. Doch auch die Geheimdoktrin der Thule und die Propagandadoktrin waren Bestandteil der Unterweisungen, die Eckart zum Teil in einer merkwürdigen Broschüre mit dem Titel: «Der Bolschewismus von Moses bis Lenin» aufgezeichnet hat. Das Ergebnis dieser Schulung für Eingeweihte, die nach Eckarts Tod Haushofer vollenden sollte, registrierte später der Danziger Senatsratsvorsitzende Hermann Rauschning:
«Hitler ist nicht im üblichen Sinne abergläubisch. Seine Vorliebe für Horoskope und die Nachtseiten der Natur hängt mit seiner Überzeugung zusammen, daß der Mensch mit dem All in einer magischen Verbindung steht. Das Politische ist ihm nur der Vordergrund einer Umwälzung, die er in den allergrößten Maßstäben erlebt. Lesefrüchte einer apokryphen Literatur geben ihm das Material zu seiner Lehre. Aber wichtiger als die Lehre ist der dahinterstehende Wille.»
Monate später, man erinnert sich, flogen Eckart und Hitler zum womöglich gar nicht so zufällig mißglückten Kapp-Putsch nach Berlin, wo er im übrigen von seinem Mentor in den Salon der Helene Bechstein, der Frau eines reichen Kleiderfabrikanten, eingeführt wurde. Die war von dem «jungen Messias» hellauf begeistert und führte ihn den besseren Kreisen Berlins vor. Denn mittlerweile war man auch in Kreisen der Großloge des Germanenordens, in der bekanntlich Sebottendorfs «Völkische Loge» aufgegangen war, auf das Talent Hitler aufmerksam geworden. Mag sein, daß es nun an der Zeit schien,

den «Mann, der Deutschland befreien wird», gehobeneren Ordenskreisen vorzustellen. Das war im März 1920. Während Trebitsch-Lincoln, Oberst Bauer und Konsorten nach München flohen, Kapp und General Lüttwitz sich ins Ausland absetzten, schienen Eckart und Hitler keine Befürchtungen zu hegen, von den Spartakisten hopsgenommen zu werden.

### *«Wir brauchen einen Diktator!»*

Unterdessen hatte die zusammengebrochene Revolte rechter Offiziere den Weg freigemacht für eine Revolte von links. Überall im Reich schürten Kommunisten die Aufstände, in Sachsen etablierte sich eine Sowjetrepublik, und im Ruhrgebiet formierte sich eine Rote Armee von immerhin 50 000 Arbeitern. Das kommunistische *Ruhr-Echo* forderte: «Deutschland muß eine Sowjetrepublik werden und im Verein mit Rußland das Sprungbrett für den kommenden Sieg der Weltrevolution und des Weltsozialismus sein.»

Nun, Sprungbrett wurden diese Zustände jedenfalls für die DAP, die im Februar in NSDAP umbenannt worden war. Von nun an ging's bergauf, zumal Hitler nun endgültig, nach seiner Rückkehr aus Berlin, aus der Reichswehr entlassen wurde, um «berufsmäßiger Werberedner» zu werden.

Die NSDAP begann zu funktionieren. Zwar hatte die Münchner Öffentlichkeit von der ersten öffentlichen Versammlung der DAP am 20.Januar 1920 kaum Notiz genommen, und es war gewiß nicht jenes Ereignis, das die Parteidichtung später als mit dem Anschlag der Lutherschen Thesen vergleichbar

feierte. Immerhin war es so etwas wie ein Startschuß für den Marsch ins Reich: Hitler verlas das von Drexler, Dr. Feder und Genossen entworfene Parteiprogramm, das in der Tat beinahe alle Punkte der späteren NSDAP-Politik in ihren Grundzügen enthielt. Doch Hitlers Rolle war damals keineswegs so groß, wie es oft hingestellt wird, denn sonst wäre es kaum vorstellbar, daß das grellrote Plakat, das die Versammlung ankündigte, Hitlers Namen gar nicht erwähnte. Noch war er nur Trommler, erst ein Jahr später, im Juli 1921, mußte er mehr oder weniger dazu gedrängt werden, den Vorsitz der DAP zu übernehmen. Drexler, Eckart, Dr. Feder und Rosenberg hatten seit langem auf Hitler eingeredet, sich endlich als Diktator an die Spitze der Partei zu stellen, aber wie stets wich der «Führer» vor Entscheidungen und Verantwortung zurück.
Während die «Anhänger» Hitlers im Frühsommer 1921 darauf warteten, daß Hitler die Führung übernehme, setzte er sich nach Berlin ab. Erst als ihm das unbedarfte NSDAP-Mitglied Ehrensberger in einem Flugblatt vorwarf, im Auftrag dunkler Hintermänner zu handeln, und es den Anschein hatte, daß die NSDAP-Führung, des ständigen Drängens müde, entschlossen schien, auf Hitler zu verzichten, übernahm er endlich «die eiserne Führung der Partei».
Eine Woche nach der DAP-Versammlung vom 24.Januar war die Partei in NSDAP umbenannt worden, «in Anlehnung an die verwandten sudetendeutschen und österreichischen Gruppierungen», wie Joachim Fest in seiner Hitler-Biographie schreibt. Fest fährt fort: «Die Partei übernahm gleichzeitig das Kampfsymbol der Gesinnungsfreunde jenseits der Grenze, das Hakenkreuz.»

Nun ja, Thule ist eben ein fernes, fremdes Land, ein fremder Planet. Muß nur wiederholt werden, daß die DAPler seit der Organisierung des Arbeiterringes Harrer/Drexler unter dem Hakenkreuz der Thule-Gesellschaft politisiert hatten, mehr noch, unter der Fahne, hinter der bald darauf die ersten SA-Verbände marschieren sollten.
Folgende Episode hat zweifellos mehr als anekdotischen Charakter: Während der Trauerloge um die von den Münchner Räterepublikanern erschossenen Brüder und Schwestern von Thule — also geraume Zeit vor der Gründung der NSDAP — war der Tisch des Meisters mit einer erbeuteten roten Fahne bedeckt, von der man die gelben Zeichen Hammer und Sichel entfernte und an deren Stelle ein kreisrundes, weißes Tuch aufsteckte, auf dem das Hakenkreuz dargestellt war.
In der Parteilegende für die profanen Mitläufer würde es dann später freilich heißen, Hitler habe nicht nur die NSDAP erfunden, sondern auch die Idee gehabt, es müsse eine Parteifahne geschaffen werden, «die mit dem flammendroten Banner der Kommunisten in Wettstreit treten könne.»
Das war nicht mehr notwendig. In diesem Zusammenhang ist es erwähnenswert, daß Hitler nicht zufälligerweise genau wie sein Mentor und Ordensmeister Eckart die deutschen Kommunisten ihrer Hingabe an die Sache wegen bewunderte. Eckart hatte sogar in einem Artikel mit der Überschrift «Deutscher und jüdischer Bolschewismus» den deutschen Bolschewismus ausdrücklichst empfohlen. Der Kapp-Putsch und das darauf folgende Ende der kommunistischen Herrschaft in Mitteldeutschland hatten die Linke in größte Verwirrung gestürzt und mochten so in mehrfacher Hinsicht zum folgen-

den Aufstieg der NSDAP beigetragen haben. «Parteitrommler» Hitler jedenfalls tat alles, um idealistische deutsche Kommunisten auf den rechten Weg zu bringen und für die DAP beziehungsweise NSDAP zu gewinnen, und alle, die nach so etwas wie einem deutschen Sozialismus suchten. «Nicht Deutschland wird bolschewistisch werden», sagte Hitler später einmal zu Rauschning, «sondern der Bolschewismus wird eine Art Nationalsozialismus werden. Übrigens gibt es mehr Verbindendes als Trennendes zwischen uns und dem Bolschewismus. Vor allem die rechte, revolutionäre Gesinnung, die auch in Rußland überall dort lebt, wo keine jüdischen Marxisten ihr Wesen treiben. Ich habe diesem Umstand immer Rechnung getragen und Anweisung gegeben, daß man ehemalige Kommunisten sofort in die Partei aufnimmt. Aus den kleinbürgerlichen Sozialdemokraten und Gewerkschaftsbonzen wird nie ein Nationalsozialist, aus Kommunisten immer.»

Gewiß. Die Verbindung Deutschland/Sowjetunion hatte ja durchaus etwas Geburtshelferisches (Ludendorff/Lenin/Warburg) an sich. Und wenn es auch öffentlich nie ausgesprochen wurde, so haben Hitler und Goebbels in zahlreichen Erklärungen die enge Verwandtschaft hinsichtlich Taktik und Machttechnik mit den Bolschewisten geradezu gefeiert. John Toland registriert im Zusammenhang mit dem Zirkusauftritt Hitlers (Kundgebung im Zirkus Krone) am 9. März 1927: «In dieser und in den folgenden Reden schien Hitler sich auf jener sozialistischen Linie zu bewegen, die Gregor Strasser vertrat; er benutzte in seinen Attacken auf den Kapitalismus und das dekadente Bürgertum sogar die Terminologie der Linken.»

Man wollte eine richtige Massenbewegung sein.

## *Thule wird liquidiert*

Zu dem Zeitpunkt, als die NSDAP endlich an die Öffentlichkeit ging und sich abzeichnete, daß mit Hitler der richtige Mann gefunden war, schien es auch für den Freiherrn von Sebottendorf an der Zeit, Thule zu liquidieren. Während Hitlers Abwesenheit nach dem Kapp-Debakel begann Sebottendorf aus dem Hintergrund den Besitz des *Völkischen Beobachters,* seit eh und je propagandistisches Sammelblatt für sämtliche Thule-Kinder DAP, DSP, NSDAV und NSDAP, von der Thule-Gesellschaft zu trennen und der Partei zuzuschieben. Am 20. März 1920 wurde die Liste der Teilhaber am Verlag des Beobachters um mehrere Personen, darunter Gottfried Feder und Freiherr Franz von Freilitsch, erweitert. Im Dezember 1920 zeichnete dann auch NSDAP-Vorsitzender Anton Drexler neben Käthe Bierbaumer als Gesellschafter. Es war also keineswegs so, daß Hitler von heute auf morgen den Beobachter für die Bewegung gekauft hätte. Erst am 16. November 1921, und nicht schon 1920, wie vielfach kolportiert, erschien im Registeramt des Amtsgerichtes München der österreichische Schriftsteller Adolf Hitler als Vorsitzender der Nationalsozialistischen Arbeiterpartei und erklärte, alle Anteile an Verlag und Zeitung zu besitzen. Er setzte Josef Pickl als Geschäftsführer des *Völkischen Beobachters* und seinen ehemaligen Feldwebel Max Amann als Leiter des Verlages Franz Eher & Nachfolger ein. Dietrich Eckart wurde zum verantwortlichen Schriftleiter des *Völkischen Beobachters* bestellt.

Erst jetzt war die Nabelschnur zur Thule-Mutter durchgetrennt. Sebottendorf verschwand von der Bildfläche, um kurz nach der Machtübernahme Hitlers nochmals in Berlin aufzutauchen, wo er eine Jubel-Loge abhielt. Die Thule-Gesellschaft, die Fußvolkorganisation des Ordens, trat noch einmal propagandistisch in Erscheinung, nachdem im November 1923 die NSDAP zerschlagen worden war. 1930 schließlich wurde die Gesellschaft endgültig als Verein gelöscht, weil es keine Mitglieder mehr gab: Es gab ja die NSDAP.

Sebottendorf hielt sich in den folgenden Jahren in der Türkei, in Nordamerika und in Mexiko auf. Noch einmal, allerdings nicht auf deutschem Boden, trat er in Erscheinung, nachdem sein Ordensbruder Heß nach England geflogen war, um den Krieg, den so keiner von ihnen erwartet hatte, zu beenden. Über den britischen Intelligence Service versuchte Sebottendorf Kontakt zu Aleister Crowley aufzunehmen, um über den britischen Magus Einfluß auf den Hochgrad-Maurer Churchill zu nehmen. Hitler und die anderen deutschen Brüder mußten aber endgültig einsehen, daß die Begeisterung Churchills für den großen Führer zwischen Reichsmordwoche und 1939 bloß ein Täuschungsmanöver gewesen war. (Man staune über Churchills Artikel «The Truth About Hitler» im *Strand Magazine,* November 1935, und über sein Buch «Step by Step», geschrieben 1937.)

Was anschließend mit Sebottendorf geschah, bleibt unklar. Mit Sicherheit steht nur sein Ende fest. In seinen Erinnerungen «Von hier bis Babylon» schreibt der ehemalige deutsche Abwehragent Herbert Rittlinger: «Am 9.Mai 1945, dem ersten Tag nach Kriegsende in Europa, zog man ihn (Sebottendorf) tot aus dem Bosporus.»

Doch bis es soweit war, sollte der Thule-Orden, anfangs eine zwar kleine, aber mächtige Knetmaschine, unter Führung von Karl Haushofer als großem Magier und Meister (so Heß nach Jack Fishman) tatsächlich die Wirklichkeit in Deutschland und Europa auf unbegreifliche Weise verändern.

Die Geschichte des Thule-Ordens liegt weitgehend im dunkeln. Seine Spuren finden sich aber vor allem im Schwarzen Orden, innerhalb der SS, in ihren eindeutig okkult-esoterischen Elementen, in ihrem Aufbau, ihren Zielen. Über den Thule-Orden gibt es kaum greifbares Quellenmaterial, was zum Teil wohl daran liegt, daß sich die bisherige NS-Forschung mit diesem Aspekt des Dritten Reiches kaum auseinandergesetzt hat. Hinzu kommt, daß die meisten Thule-Brüder 1945 ihr Wissen mit in ihren Freitod oder mit zum Galgen genommen haben. Und die Überlebenden und deren Nachfolger schweigen. Denn Schweigen ist eines der höchsten Gesetze aller solcher Bünde, und auf Verrat steht der Tod, wie einige Thule-Brüder noch in der Blütezeit des Nationalsozialismus erleben mußten. Manche, die zuviel gewußt haben, wie etwa der Thule-Bruder Pater Dr. Gerhard Stempfle, wurden schon im Zuge der Röhm-Affäre liquidiert. Und das keineswegs auf Hitlers Anweisung, der, als er vom Tod des Paters erfahren hatte, wütete: «Diese Schweine, jetzt haben sie mir auch meinen Stempfle umgebracht!»

Nach den Angaben des Historikers Pierre Mariel («Das heidnische Europa im 20. Jahrhundert») soll Dietrich Eckart den späteren Führer des Reiches 1922 in die höheren Grade des Ordens eingeweiht haben. Offenbar war die okkulte Primanerzeit zu Ende, und Karl Haushofer und Rudolf Heß sollten die weitere Betreuung des Thule-Novizen übernehmen. Hitler hatte noch eine Menge zu lernen. Die unfreiwillige Klausur in der Festung Landsberg bot Gelegenheit dazu.

Zwar mag zum Rücktritt von der Führung der nun verbotenen NSDAP beigetragen haben, daß nach dem in die braunen Hosen gegangenen Marsch auf die Feldherrnhalle vom November 1923 das Parteivolk ins Trudeln geriet und im allgemeinen arge Zweifel an Hitlers Führergenialität sich breitmachten, die «freiwillige» völlige Isolation Hitlers von seinen Freunden hatte andere Gründe: In Landsberg bot sich Gelegenheit, Hitler das Einmaleins der Politik im allgemeinen und der Haushoferschen Lehren im besonderen einzupauken.

Im *Völkischen Kurier* vom 7.Juli 1925 läßt Herr Hitler den Freunden mitteilen, «daß er sich nun jeder politischen Tätigkeit enthält. Herr Hitler bittet insbesondere seine ehemaligen Anhänger, von Besuchen in Landsberg absehen zu wollen. Der Grund für diesen Entschluß liegt in der Unmöglichkeit, augenblicklich irgendeine praktische Verantwortung übernehmen zu können, sowie in der allgemeinen Arbeitsüberlastung. Herr Hitler schreibt zur Zeit an einem umfangreichen Buch und will sich so die dafür nötige freie Zeit sichern.»

Nun war es keineswegs Zufall, daß Haushofers

Schüler Rudolf Heß die Zeit mit Hitler in der Festung absaß: Auf Veranlassung von Haushofer erst stellte sich Heß freiwillig den Behörden. In Landsberg verbringt er nun täglich Stunden mit Hitler und entwickelt ihm Haushofers Theorien. Gemeinsam mit Heß verquickt hier Hitler die zur politischen Propaganda verwendbaren Thesen Haushofers mit den Gedanken Rosenbergs zu einem Ganzen. Heß sorgt für die richtige Formulierung, ja, und «entlastete den Führer von der mühseligen Arbeit an der Schreibmaschine.» So entsteht «Mein Kampf». Hitlers Stempfle, Thule-Bruder und auf den braunen Weg gekommener Pater, redigiert das umfangreiche Werk.
Natürlich vermochte Haushofer öffentlich keinen Zusammenhang zwischen seiner eigenen Theorie und Hitlers Plänen für Eroberungen im Osten zu erkennen und meinte, es liege auf der Hand, daß er am Entstehen des Buches nicht beteiligt gewesen sei. Freilich hätte es dem Führer nicht geschmeichelt, ständig fremde Ideen zu artikulieren. Wie bedeutend der Einfluß Haushofers war, zeigt die Tatsache, daß er während der NS-Zeit bei den ausländischen Regierungen tatsächlich als «Graue Eminenz» galt. Und nach dem Krieg stand der Geopolitiker samt seinem Institut für Geopolitik auf der Liste jener «Ziele», deren sich die Nachrichtendienste unbedingt versichern wollten, wie W.v. Schramm, «Geheimdienst im Zweiten Weltkrieg», aufzeigt.
Die Thesen, daß Deutschland nicht nur nach wirtschaftlicher Autarkie, sondern vor allem auch nach Erweiterung des deutschen Lebensraumes trachten müsse — Thesen, welche die strategische Grundlage nationalsozialistischer Ökonomie und vor allem der Außenpolitik bildeten —, stammten zweifellos aus

Haushofers Küche. «Der Einfluß der Schulung des Autodidakten Hitler durch die Geopolitiker Kjelleń und Haushofer, den Hitler persönlich kannte ..., erscheint eindeutig, wenn sich auch kaum sagen läßt, wie weit dieser Einfluß reichte», konstatiert Gerhard Schulz.

Insofern trifft Haushofers Aussage zu, daß in «Mein Kampf» nicht steht, was gewollt und geplant wurde, und wenn, dann so, daß Verwirrung gestiftet wurde: Lehnte Hitler, wie in Kapitel 4 beschrieben, die Idee eines Lebensraumkrieges gegen Rußland ab, entlarvte er auf den Seiten 738 und 739 das außenpolitische Konzept: «Wenn man jedoch der Überzeugung huldigt, daß die deutsche Zukunft, so oder so, den höchsten Einsatz fordert, muß man ... schon um dieses Einsatzes willen ein dessen würdiges Ziel aufstellen und verfechten ... müssen wir Nationalsozialisten unverrückbar an unserem außenpolitischen Ziele festhalten, nämlich dem deutschen Volk den ihm gebührenden Grund und Boden auf dieser Erde zu sichern ... Der Grund und Boden, auf dem dereinst deutsche Bauerngeschlechter kraftvolle Söhne zeugen können, wird die Billigung des Einsatzes von Söhnen heute zulassen, die verantwortlichen Staatsmänner aber ... freisprechen von Blutschuld und Volksopferung ... Wir stoppen den ewigen Germanenzug nach dem Süden und Westen Europas und weisen den Blick nach dem Land im Osten. Wenn wir aber heute in Europa von neuem Grund und Boden reden, können wir in erster Linie nur an Rußland und die ihm untertanen Randstaaten denken.»

Das ist ganz eindeutig der Haushofersche Lebensraumgedanke, der, wie Joachim C. Fest resümiert, «offenbar über Rudolf Heß in die Ideenwelt Hitlers geraten» ist. «Heß hatte auch, offenbar schon im Jahre 1922, den persönlichen Kontakt zwischen Hitler und seinem Lehrer Haushofer vermittelt, der den ursprünglich fruchtbaren Ansatz einer politischen Geographie, die von dem Engländer Sir Halford Mackinder begründete Geopolitik, zu einer imperialistischen Expansionsphilosophie weiterentwickelt hat... Osteuropa und das europäische Rußland, durch riesige Landmassen vor jedem Zugriff geschützt und unverwundbar gemacht, waren danach die Zitadelle der Weltherrschaft, wie der Begründer der Geopolitik verheißen hatte: Wer immer das Herzland beherrscht, beherrscht die Welt! Es scheint, als habe gerade der eigentümlich magische Rationalismus solch halbwissenschaftlicher Formeln der besonderen Struktur des Hitlerschen Denkens entsprochen: Auch die Erkenntnis hatte für ihn ihre Dunkelbereiche.»

Ex occidente lux: Der Gurdjieff-Schüler, Japan- und Tibetfreund, Himalaja-Reisende und Kitchener-Biograph Haushofer war stets und immer gegen einen Krieg mit England. Ebenso wie Heß und in der Folge auch Hitler, der bis zuletzt davon überzeugt war, England und die USA würden sich in einen europäischen Krieg nie mehr einmischen. Daran glaubten die Brüder in Deutschland selbst dann noch, als die Briten schon das gegenseitige Luftkriegsmassaker vom Zaun gebrochen hatten, nachdem sie Eventualpläne für eine Luftoffensive gegen Deutschland schon seit 1936 gewälzt hatten (vielfach belegt durch Basil Liddell-Hart, «War Limited», in *Harpers Magazine,* März 1946, siehe auch J.M. Spaight, Hauptassistent im englischen Luftfahrtsministerium, in «Bombing Vindicated» und in «The Battle of Britain» sowie David Irving, «Die Zerstörung

Dresdens» oder J.C.F.Fuller «The Second World War»).
Das war auch einer der Gründe für den späteren Englandflug von Heß, der offenbar wie die anderen Thule-Brüder nicht glauben konnte, daß man sie als Hampelmänner der Weltgeschichte mißbraucht haben sollte (siehe das Kapitel über die Finanzierung Hitlers).
Wir kennen inzwischen das «Herzstück» des Mythos von Thule, dem magischen Mittelpunkt der schließlich untergegangenen Welt des Ursprungs, und von den großen Weisen, die übriggeblieben waren, um darauf zu warten, bis die Leute vom fremden Stern sich mit ihnen zu den Herren der Welt erheben würden. Es war Haushofer, der stets darauf hinwies, zu den «Quellen» zurückzukehren, und für ihn waren Osteuropa, Turkestan, der Pamir, die Wüste Gobi und Tibet die magischen Herzregionen der Welt. Es war sicherlich kein Zufall, daß sich in München und Berlin schon 1926 kleine Kolonien von Hindus und Tibetanern bildeten und daß man nach dem Einmarsch der Russen in Berlin die Leichen von über tausend Menschen entdeckte, die eindeutig aus der Himalaja-Region stammten und offenbar als Freiwillige auf deutscher Seite gekämpft hatten.
Rudolf Heß, Frühmitglied der Thule, Haushofers Schüler an der Münchner Universität, seit den Landsberger Klausur-Tagen Hitlers Privatsekretär und später dessen Stellvertreter, war Haushofer und dessen Ideen völlig ergeben.
Man hat ihn zuweilen nicht zu Unrecht als rätselhaft, sicherlich aber zu Unrecht als harmlosen, begabten Idealisten, treuen und ergebenen Erfolgsmann Hitlers bezeichnet, zu scheu und zu wenig ehrgeizig, um selbst nach der Macht zu streben. Theoso-

phen, später Anthroposophen wie Steiner, Astrologen und anderen esoterisch-okkulten Dingen zugetan, war Heß sicherlich an anderen, höheren Machtbegriffen orientiert. Und sicherlich war er nicht das patscherte «Hesserl», von dem der Führer nicht wollte, daß er sein Nachfolger würde, weil das Hesserl ihm dann leid getan hätte.
Nicht nur, daß er sich schon als Thule-Bruder tapfer, wenngleich überlegt, an den Straßenschlachten der Nachkriegszeit beteiligt hatte, er propagierte in dem preisgekrönten Essay über den Mann der Zukunft die Lösung von Konflikten mit Blut und Eisen. Schon lange war er auf der Suche nach dem Mann, der Deutschland wieder hochbringen sollte: Dieser Mann, so hatte er in seinem Aufsatz geschrieben, müsse ein Diktator sein, er dürfe weder vor Demagogie, Straßenaufmärschen noch, wie «jeder wirklich große Mann», vor Blutvergießen zurückscheuen. Um das Ziel zu erreichen, müsse dieser Führer bereit sein, «über seine nächsten Freunde hinwegzustampfen», mit «erbarmungsloser Härte» auf das Recht verzichten und Völker und Nationen «mit stählerner Faust in samtenem Handschuh» lenken, oder, wenn notwendig, mit Grenadierstiefeln auf ihnen herumtreten. Nun, das hätte auch Dietrich Eckart sagen können. Als Heß dann Hitler das erstemal sah, war er auch sogleich sicher, den Mann gefunden zu haben, den er sich gewünscht hatte.
Nach den Landsberger Schulungsjahren kam plötzlich ein anderer Hitler zu seinen alten Genossen. Das war die Zeit, da echte Sozialisten wie Strasser, etliche norddeutsche Gauleiter und vor allem Goebbels, von den Thule-Brüdern wegen seines miesen Charakters stets gehaßt, wegen seiner demagogischen Meisterschaft stets gebraucht, offen gegen die

Meister von München rebellierten. Es war Thule-Mann Feder, von Goebbels als Zinsknecht und Aufwertungskaktus beschimpft, der dafür sorgte, daß Hitler den Rebellen die Luft nahm: Er sagte die Wahrheit. Er entpolitisierte die Partei, deren Programm er zur «Gründungsurkunde unserer Religion und Weltanschauung» erklärte. Daran zu rütteln, würde Verrat an allen bedeuten, «die im Glauben an unsere Idee gestorben sind.» Hitler hatte in Landsberg noch mehr gelernt, und das stellte er wenige Tage später, am 28. Februar 1926, während eines Vortrags im Hamburger Hotel Atlantic unter Beweis: Diesmal überzeugte er die Zuhörer nicht durch die bisher gewohnte schäumende Rhetorik, durch schweißtreibende, entfesselte Emotionalität, sondern durch kalte Logik und sachliche Argumentation. Der Lehrling war offenbar zum Gesellen avanciert.

Am 26. Dezember 1923, während Hitler bereits in der Festung Landsberg saß, starb in München Dietrich Eckart. Vor seiner Agonie verrichtete er ein Gebet vor einem schwarzen Meteoriten, den er «meine Kaaba» nannte. Er vermachte ihn Professor Oberth, dem Pionier der Astronautik. Kurz zuvor hatte er noch ein langes Manuskript an Karl Haushofer abgeschickt, vermutlich einen Bericht über Adolf Hitler.

Wenige Minuten, bevor er stirbt, sagt er: «Folgt Hitler! Wir haben ihm die Mittel gegeben, mit IHNEN in Verbindung zu treten ... beklagt mich nicht, meine Freunde. Ich werde mehr Einfluß auf die Geschichte gehabt haben als jeder Deutsche. Er wird tanzen, aber die Musik zu seinem Tanz haben wir komponiert ...»

Adolf Hitler tanzte. Und viele tanzten mit.

## Der Kampf der Götter

Hier oben fühlte sich der Führer meistens wohl: auf dem Obersalzberg. Diese Landschaft hatte es ihm angetan, seit ihn Dietrich Eckart hierhergebracht hatte: grüne Bergketten, Seen, saftige Wiesen, weidende Kühe, blauer Himmel, Kiefernwälder. Und mochte dickster Nebel über München und über dem Chiemsee lasten, hier oben schien die Sonne, und die Luft war rein, frisch, die allerfeinste Form der Nahrung, wie der vegetarische Führer meinte, ja, die Luft war voll mit Prana, der Kraft des Lebens, die der Wissende in vollen Zügen einzuatmen versteht. An solchen Tagen ging der Führer selbst bei Minusgraden in kurzen Lederhosen spazieren, denn die gaben ihm eine Art Gefühl von Freiheit. Da konnte er sich vielleicht manchmal ein Gefühl des Stolzes nicht verkneifen, wenn er auf einem Hügel stand und seinen Besitz betrachtete. Er war nun auch Schriftsteller geworden. Mit dem Verkauf von «Mein Kampf» über seinen eigenen Eher-und-Nachfolger-Verlag, vor allem aber mit den Honoraren für die in der amerikanischen Hearst-Presse und von der *New York Times* unter einem Pseudonym erschienenen Artikel hatte er sich immerhin das Haus Wachenfeld erwerben können, um das herum schließlich der Berghof entstehen sollte.
Doch hin und wieder in dieser Idylle kam etwas über ihn: Da wacht er plötzlich nachts auf, stößt krampfhafte Schreie aus. Er ruft um Hilfe, sitzt wie gelähmt auf dem Bettrand. Er ist von einer Panik erfaßt, die ihn so zittern läßt, daß das ganze Bett mitzittert. Er stößt wirre und unverständliche Laute aus; er keucht, als sei er am Ersticken. Ein anderes Mal

steht Hitler aufrecht mitten in seinem Zimmer, schwankt und sieht mit einem Ausdruck größten Entsetzens um sich. «Da ist er!» ruft er. «Da ist er! Er ist gekommen!» stammelt er immer wieder. Seine Lippen sind bleich. Der Schweiß rinnt ihm über die Stirn. Plötzlich gibt er sinnlose Zahlen und unverständliche Wörter, Satzfetzen von sich. Er benutzt grotesk zusammengesetzte Ausdrücke, die sonderbar und fremdartig klingen.

Dann wird er wieder still, bewegt aber weiterhin die Lippen, man massiert ihn und gibt ihm etwas zu trinken. Plötzlich keucht er wieder: «Da! Da in der Ecke! Er ist da!» Er stampft mit dem Fuß auf den Boden und schreit. Man versucht ihn zu beruhigen und ihm klar zu machen, daß gar nichts Außergewöhnliches geschehen sei, und allmählich beruhigt er sich und schläft ein. Als er nach wenigen Stunden wieder erwacht, ist er einigermaßen normal ...

Diese Szene mag übertrieben und ausgeschmückt sein, wird aber von Louis Pauwels unter Berufung auf Hermann Rauschning überliefert, dem eine Person, «die absolut zuverlässig» war, diese Krisen Hitlers geschildert haben soll. Offenbar entstammt diese Passage der englischen Ausgabe von Rauschnings Gesprächen mit Hitler, in der 1940 in Zürich erschienenen deutschen Ausgabe mußten «aus formalrechtlichen Gründen» vom Verleger etliche Kürzungen und Veränderungen vorgenommen werden. Diese Beschreibung erinnert durchaus an Zustände, die durch allzu intensive Beschäftigung mit okkultmagischen Dingen hervorgerufen werden können. Angesichts der «grotesk zusammengesetzten Ausdrücke, die sonderbar und fremd klingen», ist man versucht, an die Zauberer vom Orden der Goldenen Dämmerung zu denken: Sie führten Beschwörungen in der sogenannten henochischen Sprache durch, «die Sprache der Engel», deren barbarische Laute schon in der vorzeitlichen Magie des versunkenen Atlantis/Hyperborea erklungen sein sollen. Hitler wäre nicht der erste gewesen, der dabei durchgedreht hat, und die Schilderung mutet nachgerade eher harmlos an.

## *Der Mensch als werdender Gott*

Sie waren da, die neuen Menschen, die Übermenschen, mitten in Deutschland. Die Wesen, die — so glaubten die Brüder von der Vril-Gesellschaft und die Loge der Brüder des Lichts — mit übermenschlichen Kräften begabt waren und die Auserwählten der menschlichen Rasse einer Mutation zuführen würden. «Da gab es das Auge des Zyklopen», schreibt Rauschning, «das Scheitelauge mitten auf dem Haupt, das jetzt zur Zirbeldrüse verkümmerte Organ einer magischen Einfühlung in das All. Solche Ideen faszinierten Hitler. Er liebte es bisweilen, sich leidenschaftlich damit zu beschäftigen. Er sah sein eigenes, wundersames Leben als eine Bestätigung verborgener Kräfte. Er steigerte den Sinn seiner Berufung zu der übermenschlichen Aufgabe, der Menschheit die Wiedergeburt zu einer neuen Gestalt zu verkünden.»

Das war die Religion hinter dem Nationalsozialismus: die Religion vom Menschen, der Gott wird. Der Mensch als der werdende Gott.

«Was aber die Urstimme des Menschen hört», sagt da ein Hitler, den die Rauhbeine der politischen Kampfgenossen wohl mit Spott bedacht hätten, «was sich der ewigen Bewegung weiht, das trägt die

Berufung zum neuen Menschentum. Verstehen Sie nun die Tiefe unserer nationalsozialistischen Bewegung? Kann es etwas geben, das größer und umfassender ist? Wer den Nationalsozialismus nur als politische Bewegung versteht, weiß nichts von ihm. Er ist mehr noch als Religion: Er ist der Wille zur neuen Menschenschöpfung ...»

«Jetzt erst begriff ich den tieferen Sinn seines Sozialismus», berichtet Rauschning konsterniert: die Vorwegnahme einer Scheidung zwischen dem neuen Herrenmenschen und den Herdenmenschen. Der neue Massenmensch nichts als die Vorform jener von Hitler genannten Verkümmerungsform des Menschen. Das war die Frage, um die es Hitler bei den Menschen vom fremden Stern ging: Konnte man den Prozeß der Auslese kontrollieren? Konnte man ihn durch politische Mittel beschleunigen? Hitler war davon überzeugt: «Die Politik ist heute ohne biologische Begründung und ohne biologische Ziele völlig blind. Nur der Nationalsozialismus hat die volle Erkenntnis der notwendigen Aufgaben.»

Das waren die Dinge, mit denen sich Hitler beschäftigte. Delirierend fühlte er sich in seltenen, unerhörten Stunden auf seinem Berghof als der größte Genius und der größte Gesetzgeber der kommenden Menschheit. Denn war es ein Zufall, daß er in der knappen Zeitspanne von sieben Jahren so Unerhörtes hatte schaffen können? Sieben, die heilige Zahl. Sie spielte in Hitlers Plänen stets eine Rolle.

«Noch die nächsten sieben Jahre möchte er um die äußere, größere und die bleibende Gestalt des germanischen Großreiches ringen und dann abermals sieben Jahre dem Letzten, Höchsten widmen, der Prophetie, der Verkündigung des neuen Glaubens, mit dem er erst sein Werk vollenden würde. Denn

wenn dem christlichen Zeitalter nun die Jahrtausende des Hitlerischen Zeitalters folgen sollen, so geschieht dies nicht um einer äußeren, politischen Ordnung willen, sondern aus der Verkündigung der neuen Heilslehre, auf die die Menschheit wartet. Woran Nietzsche zugrunde ging, was seiner Lehre den schrillen Widerspruch gab: die Verkündigung des Willens zur Macht mit der dionysischen Lebensfreude: das wird Hitler zuwege bringen. Dreimal sieben Jahre, die beiden heiligen Zahlen verbunden, das wird seinem Leben Erfüllung geben.»
Und an anderer Stelle notiert Rauschning: «Hitler ist Prophet. Weit über die Bedeutung eines Politikers strebt er in die Gefilde eines übermenschlichen Daseins als der Prophet einer neuen Menschheit.»
Weltwende, das war Hitlers stets wiederkehrendes Thema: die von den Nichtwissenden in ihrem Ausmaß nicht zu erfassende Umwälzung des ganzen Lebens. Der Mensch als der werdende Gott, der Mensch in ungeheurer Wandlung begriffen: Das ist das Abrakadabra, die Quintessenz okkulter und esoterischer Geheimlehren von der Theosophie, von den Goldenen Dämmerern, von Crowley bis Gurdjieff bis zum Bhagwan aus Poona, der nicht ohne Grund Hitler bewundert: der Mensch als etwas, das überwunden werden muß. Der Mensch, der ewig über sich und seine Grenzen hinausstreben muß, um nicht zu verkümmern, zu vertieren, unter die Schwelle des Menschentums zu sinken. Der Mensch, der sich selbst loswerden muß, um eine neue Stufe zu erklimmen.
Das kann man ebensogut bei Crowley und anderen Erweckern lesen: Die grundsätzliche Aufgabe des Menschen sei es, eine höhere Evolutionsstufe zu erreichen. Der Mensch sei in seiner gegenwärtigen

Stufe kein Endprodukt, sondern er befinde sich in der Entwicklung.
Der «Stein der Weisen», das ist nichts Geringeres als die Unsterblichkeit, die Übermenschlichkeit. Und der Wille ist der Kern der magischen Formel, die solches erlangen läßt. Der Mensch, der sich bewußt und willentlich überwindet, «ist der enthüllte Gott», oder wie Crowley es ausdrückt: «Es ist kein Teil von mir, der nicht von den Göttern ist. Deus est homo, der Mensch ist Gott.»
Das war auch die Religion der Menschen vom fremden Stern. «Magisch sichtig zu werden», schreibt Rauschning in bezug auf Hitler, «das schien ihm als das Ziel menschlicher Fortentwicklung. Er selbst fühlte sich bereits an der Schwelle dieses magischen Wissens und schrieb ihm seine Erfolge und seine Bedeutung zu.»
Buchstäblich über Jahrtausende hinweg vollziehe sich ein Umwandlungsprozeß mit dem Menschen. Die solare Periode, verkündete Hitler, neige sich ihrem Ende zu. In den ersten großen Menschengestalten einer neuen Art kündige sich das Kommende schon an. Wie sich nach der unvergänglichen Weisheit der alten nordischen Völker die Welt immer wieder verjüngen müsse, indem das Alte mit seinen Göttern untergehe, wie die Wendepunkte der Sonne ihnen als Sinnbild des Lebensrhythmus galten, nicht in der geraden Linie eines ewigen Fortschritts, sondern in der Spirallinie, so wende sich nun der Mensch scheinbar zurück, um sich wiederum eine Stufe höher zu erheben: die Rückkehr zu den Quellen. Und Rauschning notiert einen der esoterischen Vorträge des Führers:
«Wir stehen am Ende des Zeitalters der Vernunft. Der selbstherrlich gewordene Geist ist eine Krank-

heit des Lebens geworden. Unsere Revolution ist nicht bloß eine politische und soziale, wir stehen vor einer ungeheuren Umwälzung der Moralbegriffe und der geistigen Orientierung des Menschen. Wir beenden den Irrweg der Menschheit. Die Tafeln vom Sinai haben ihre Gültigkeit verloren. Das Gewissen ist eine jüdische Erfindung. Es ist wie die Beschneidung, eine Verstümmelung des menschlichen Wesens. Eine neue Zeit der magischen Weltdeutung kommt herauf, der Deutung aus dem Willen und nicht dem Wissen.»

Wir kennen das aus Crowleys und Gurdjieffs Werken: «Tu was du willst soll sein das Gesetz.» Und auch dem Propheten des Wassermannzeitalters, eines magischen Bewußtseins haben die Götter empfohlen:

«Erbarmen laß beiseite, verdamme die Mitleidigen! Töte und foltere, schone nicht; auf sie!»

Der Panzer der überkommenen Gesetze und Moralvorstellungen, Vorurteile, Vorlieben und Begriffe mußte laut Gurdjieff durchbrochen werden, um aus dem Roboterdasein aufzuwachen. Ähnliches notiert Rauschning:

«Hitler sprach von der Notwendigkeit des Terrors und der Grausamkeit. Er habe durchaus keinen Gefallen an all diesen Veranstaltungen wie Konzentrationslager und Geheimpolizei, aber das wären nun einmal Notwendigkeiten, die nicht zu umgehen wären. Ohne Wille zur Grausamkeit ginge es nicht.»

Und er zitiert:

«Zuviel Grausamkeit ist von Übel. Das stumpft ab. Wichtiger noch als der Terror ist die systematische Umwandlung der Begriffswelt und der Empfindungsschemata der Masse. Man muß sich auch noch die Gedanken und Gefühle der Menschen unterwer-

fen. Das wird uns heute in der Zeit des Radios unvergleichlich nachhaltiger glücken, als das in früheren Zeiten möglich war.»
Das waren keine Träume oder Spintisierereien eines bloß Verrückten, das war die Wirklichkeit der Menschen von Thule, die Hitler artikulierte und über die er nachdachte, da oben in seinem Berghof, im Antlitz des Watzmanns, über alle Welt erhaben, unerreichbar, auf du und du mit der Ewigkeit.
Da versagt dem Führer vor der Fülle der ihn überstürzenden Gesichte immer wieder die Sprache, da verzerrt sich sein Gesicht, da kommt ihm vor Erregung der Schaum über die Lippen, treten ihm die Augen fast aus den Höhlen, da knackt er in der Erregung mit den Fingern, wenn er seine Visionen in Worte zu kleiden versucht, die Wirklichkeit zu werden scheinen:
«Ich stehe allem mit einer ungeheuren, eiskalten Vorurteilslosigkeit gegenüber. Die Vorsehung hat mich zu dem größten Befreier der Menschheit vorbestimmt. Ich befreie den Menschen von dem Zwange eines Selbstzweck gewordenen Geistes; von den schmutzigen und erniedrigenden Selbstpeinigungen einer Gewissen und Moral genannten Chimäre und von den Ansprüchen einer Freiheit und persönlichen Selbständigkeit, denen immer nur ganz wenige gewachsen sein werden ... Das ist die Stufe der heroischen Jugend. Auf ihr wächst die Stufe des Freien, des Menschen, der Maß und Mitte der Welt ist, des schaffenden Menschen, des Gottmenschen. In meinen Ordensburgen wird der schöne, sich selbst gebietende Gottmensch als kultisches Bild stehen und die Jugend auf die kommende Stufe der Reife vorbereiten.»

Man hat alle möglichen Versuche unternommen, um diesen Hitler zu erklären, seine Anfälle und Ausfälle, seine von sämtlichen offiziellen Doktrinen abweichenden Ansichten, seine Vorliebe für okkulte Dinge. Man hat allerlei medizinische Erklärungen zu Hilfe genommen, Hypothesen wie etwa jene, Hitlers «magischer Blick» sei auf eine Hirnhautentzündung in der Jugend zurückzuführen oder auf eine Abnormalität der Pupillen aufgrund einer Parkinsonschen Krankheit. Man hat ihm Monorchismus angedichtet, der beim Herannahen der Pubertät eine Persönlichkeitsveränderung bewirkt habe, alle anderen möglichen Krankheiten, die sich etwa auf das Kleinhirn ausgewirkt hätten, vom Tripper oder der Syphilis bis hin zu der Vermutung, Hitlers Wesen hätte irgendwie etwas mit dem Fehlen seines linken Hodens zu tun haben können, den die sowjetischen Ärzte vergeblich im Hodensack und im kleinen Becken gesucht hatten, als sie die vermutliche Hitler-Leiche obduzierten. Andere wiederum vermuten, daß das Wesen des Dritten Reiches und des Hitlerschen Nationalsozialismus überhaupt auf sexuelle Abartigkeit, Sadomasochismus und Homosexualität zurückzuführen sei, und stützen sich dabei vorwiegend auf Gerüchte sowie auf nachrichtendienstliches Propagandamaterial etwa des OSS aus dem Zweiten Weltkrieg (beispielsweise Walter C. Langer «The Mind of Adolf Hitler — The secret Wartime Report» oder Robert G.L. Waite «The Psychopathic God, Adolf Hitler»). Danach soll Hitler ausgefallenen sexuellen Perversionen gefrönt und sich am wohlsten gefühlt haben, wenn seine auserwählten Damen auf ihn pinkelten. Aber dieses Material ist keineswegs schlüssig, die entsprechenden Aussagen keineswegs bewiesen, obschon es natürlich bemerkenswert ist, daß sechs von jenen sieben Frauen, zu denen Hitler angeblich intime Beziehungen gehabt hatte, Selbstmord verübten oder zumindest versucht haben sollen, sich das Leben zu nehmen.

Doch der von den Hitler-Biographen wiederum als Beleg für seine sexuelle Abartigkeit verwertete Umstand, daß Hitler sich normaler sexueller Betätigung enthalten habe sowie Eva Brauns Aussage: «Er braucht mich nur zu bestimmten Zwecken» könnten durchaus auch anders gedeutet werden. Bislang ist es noch niemandem eingefallen, sich mit den sexualmagischen Praktiken auseinanderzusetzen, die in den okkult-esoterischen Zirkeln im Wien der Jahrhundertwende ebenso üblich waren wie sie als Ritual in den höheren Einweihungsgraden innerhalb des Hermetischen Ordens der Goldenen Dämmerung, des Ordo Templi Orientis oder etwa von den Anhängern Aleister Crowleys praktiziert wurden, welcher nicht umsonst den Ruf des verderbtesten und perversesten Menschen seiner Zeit gehabt hat.

Es würde durchaus nicht erstaunen, wenn sich manche solcherart benützte unbedarfte Dame daraufhin das Leben genommen hätte. Auch die ansonsten geübte Enthaltsamkeit des Führers wäre als Indiz für diese Annahme zu werten: Der Sexus als die größte magische Kraft der Natur, als Schlüssel für die «porta hermetica», Instrument des Werkes der Kontaktaufnahme mit den Wesen auf der höheren Ebene. Im bewußten, ritualisierten Akt der Vereinigung sieht die Sexualmagie einen alchemistischen Prozeß, der Energien freisetzt, die, richtig gelenkt,

den Menschen verändern und ihn befähigen, die Wurzeln des Daseins zu begreifen.
Wie auch immer: Schon Dietrich Eckart wußte, «wie man die Weiber» kriegt, und die Erotik als Instrument des Werkes spielte nicht zuletzt auch in der NS-Propaganda eine wesentliche Rolle. Schon Rauschning hatte das beobachtet: «Die bis zur pseudoreligiösen Ekstase gesteigerte begeisterte Hingabe der Frauen war das für ihn unentbehrliche Stimulans, um seine Lethargie zu überwinden ... Er verdankt ihrer zynischen Benutzung nicht wenig von seinen politischen Erfolgen. Wieviel von seinem Verhältnis zu Frauen echte Sublimierung erotischer Spannung war, wieviel bloß kaltschnäuzige Berechnung, weiß ich nicht.»
Aber vieles an Hitler und am Nationalsozialismus wird erklärbar, wenn man die Verwurzelung dieser Bewegung, ihre unmittelbare Herkunft aus dem magisch-okkulten Bereich berücksichtigt. Rauschning überliefert folgende Episode:
«Eine kluge Frau aus Hitlers Bekanntenkreis warnte in einer Stunde, da Hitler aufgeschlossen schien: ‹Mein Führer, wählen Sie nicht die Schwarze Magie. Heute stehen Ihnen noch beide offen, die Weiße wie die Schwarze. Aber wenn Sie sich einmal für die Schwarze entschieden haben, wird sie nie mehr aus Ihrem Schicksal verschwinden. Wählen Sie nicht die schnellen und leichten Erfolge. Ihnen steht die Macht offen über ein Reich reiner Geister. Lassen Sie sich nicht von Ihrem wahren Wege durch erdgebundene Wesen, die Ihnen die Schöpferkraft rauben, abbringen!›»
Aber Hitler hatte, sofern er überhaupt jemals eine Wahl hatte, schon längst den Weg zur linken Hand, den Weg der Schwarzen Magie, den Weg der Macht

gewählt, von dem Augenblick an, da er mit dem Orden von Thule in Berührung gekommen war. «Hitler lieferte sich Kräften aus, die ihn mit sich fortrissen. Kräfte dunkler, zerstörender Gewalt. Indem er noch meinte, die freie Wahl des Entschlusses zu haben, hatte er sich längst einem Zauber ausgeliefert, den man wohl mit gutem Grunde und nicht bloß im bildhaften Vergleich als eine dämonische Magie bezeichnen konnte. Und statt eines Mannes, der sich im Höhersteigen von Stufe zu Stufe der Schlacken einer dunklen Vergangenheit entledigte und freier und klarer wurde, sah man ein Wesen, das mehr und mehr zum Besessenen wurde, mit jedem Schritt gebundener, knechtischer, ohnmächtiger, der Raub von Mächten, die sich seiner bemächtigten und ihn nicht mehr losließen.»

Intuitiv erfaßte Rauschning, dem der Schlüssel zum Wesen Hitlers und zu seinen Gedanken fehlte, das Wesen Hitlers als Medium: «Aber der eigentliche Grund dafür, daß Hitler den Weg in den Abgrund ging, lag in einer Schlaffheit seines Willens. Der Augenschein, daß Hitler ein großer Willensmensch ist, trügt. Im Grunde seines Wesens ist er schlaff und apathisch und bedarf der nervösen Reize, um aus seiner chronischen Lethargie sich zu krampfhaften Willensimpulsen zu steigern.»

Und er kommt dem Thema ziemlich nahe, als er feststellt: «Man ist gezwungen, an Medien zu denken. Die meiste Zeit sind sie ganz gewöhnliche unbedeutende Menschen. Plötzlich fallen wie aus dem Himmel Kräfte auf sie, die sie weit über das Maß des Gewöhnlichen hinausheben. Diese Kräfte haben mit ihrer eigentlichen Persönlichkeit nichts zu tun. Sie sind wie Besucher von anderen Sternen. Das Medium ist besessen. Wenn der Bann gebrochen ist, fällt es wieder in seine Mittelmäßigkeit zurück. Und auch bei Hitler ist es unzweifelhaft so, daß gewisse Kräfte durch ihn hindurchgehen. Fast dämonische Kräfte, denen der Mensch, der Hitler heißt, nur die augenblickliche äußere Hülle bietet. Durch dieses Zusammentreffen des Gewöhnlichen mit dem Außerordentlichen ergibt sich jene unerträgliche Zwiespältigkeit, die man empfindet, sobald man mit Hitler in Berührung kommt.»

Das ist der Kern okkulter Lehren. Von den Goldenen Dämmerern angefangen über die Loge der Brüder vom Licht bis zum Thule-Orden ging es darum, die Überwesen zu bewegen, sich endlich an die Oberfläche zu bequemen, um das neue Zeitalter des neuen Menschentums einzuläuten.

Sind die geheimen Mächte, die übermenschlichen Wesen aus der Väter grauer Vorzeit durch einen Pakt versöhnt, können sie nur durch die Vermittlung eines Beschwörers zur Wirkung gebracht werden. Die Beschwörer wiederum bedürfen eines Mediums, durch welches sich diese Kräfte manifestieren.

Der Verstand weigert sich, solcherlei zu akzeptieren, aber man muß auch heutzutage bloß in diesen oder jenen Ashram gehen, um Ähnliches in dieser oder jener Form zu sehen und zu erleben. Man kann diese offenkundigen Zusammenhänge als lächerlich abtun und sich damit begnügen, das Phänomen Hitler als letztlich unerklärbar abzutun.

Die Welt des Dritten Reiches war eine andere, keine menschliche Welt, weder sie noch ihr Medium Hitler sind durch rationale Analyse oder mit bloßer Psychologie zu erklären, sie muß hier kapitulieren. Hitler tanzte nach einer Musik, die er nicht selbst komponiert hatte. Er ist das Ergebnis eines Amalgams neuheidnischer Magie mit einem luziferischen Orient. Unvermutet hat sich in den zwanziger Jahren eine Tür zu etwas anderem aufgetan, laut und sichtbar, auch wenn man damals wie heute so getan hat und tut, als hätte man nichts anderes gesehen und gehört als das übliche Getöse kriegerischer und politischer Wirren.

Die Schöpfer einer anderen Kultur, eines neuen Menschentums waren angetreten, dem alten Menschen und seinen alten Göttern den Kampf anzusagen: den Tafeln vom Berg Sinai. «Man stempelt uns zu Geistesfeinden!» rief Hitler aus. «Jawohl, wir sind das. Aber in einem viel tieferen Sinne, als sich diese dummstolzen Wissenschaftsbürger nur träumen lassen.»

Was eben noch galt, sollte der versinkenden Nacht angehören. Denn: «Der neue Mensch lebt unter uns. Er ist da!»

Und was Hitler, ob verrückt oder wahnsinnig oder nicht, in solchen Nächten gesehen haben mochte, wenn er sich zitternd vor einem unsichtbaren Überwesen in eine Ecke verkroch, die von Rauschning überlieferte Schilderung weist frappierende Parallelen zu einem Manifest auf, das der Begründer des «Golden Dawn», Samuel Mathers, bereits 1896 an die Mitglieder zweiten Grades richtete:

«Hinsichtlich dieser Geheimen Führer, auf die ich mich beziehen und die mir die Weisheit zweiten Grades, die ich Euch weitergebe, übermitteln, kann ich nichts sagen. Ich kenne nicht einmal ihre irdischen Namen, und ich habe sie nur selten in ihrer physischen Gestalt erblickt. Diese physischen Begegnungen fanden zu festgesetzten Zeiten und an vorher bestimmten Orten statt. Ich persönlich bin der Ansicht, daß sie menschliche Wesen sind, die auf dieser

Erde leben, jedoch über erschreckende und übermenschliche Kräfte verfügen. Meine Beziehungen mit ihnen haben mir gezeigt, wie schwer es für einen Sterblichen, so fortgeschritten er auch sein mag, ist, ihre Gegenwart zu ertragen. Ich möchte damit nicht behaupten, daß die Wirkung, die sie bei diesen seltenen Begegnungen auf mich ausübten, etwa die einer schweren Depression gewesen sei, so wie sie bei der Aufhebung des Erdmagnetismus auftritt. Im Gegenteil, ich fühlte mich im Kontakt mit ihnen von einer so unerhörten Kraft durchdrungen, daß ich sie nur mit der Empfindung eines Menschen vergleichen kann, in dessen unmittelbarer Nähe während eines Gewitters ein Blitz niedergegangen ist. Außerdem war dieses Gefühl von heftigen Atembeschwerden begleitet. Bei den nervösen Zusammenbrüchen war mein Körper von kaltem Schweiß bedeckt, und das Blut strömte mir aus Nase und Mund und bei einigen Gelegenheiten auch aus den Ohren.»

## *Jede Tat ist sinnvoll, auch das Verbrechen*

«Hitler ist kein Diktator!» schreibt Rauschning. «Er ließ sich von Kräften hinter ihm, oft wider sein besseres Wissen, treiben. Die Summe dieser Kräfte war es, mit der er immer weiter vorwärts kam ... Er zog die Summe der Kräfte und brachte sie auf sich als den Generalnenner. Er hielt sich zwar oben, aber er verlor die Unabhängigkeit der Entscheidung.»
Denn zweifellos: Hinter dem Medium Hitler stand der Orden von Thule, in der Diktion des Okkultismus eine Energiegemeinschaft, eine magische Zentrale. Er wurde offenkundig von etwas anderem angetrieben als von dem, was er selbst darstellte. Von

einem Gedanken, der viel größer war als das, was sein eigenes Gehirn zu produzieren imstande war.
Es gibt genügend Indizien dafür, daß hinter Hitlers betonter und im Kreise seiner SA-Horden zur Schau getragenen Grausamkeit und Unerbittlichkeit die Trostlosigkeit einer erzwungenen und künstlichen Unmenschlichkeit oder auch Übermenschlichkeit stand, nicht die Amoralität der reinen Bestie, die schließlich als Naturkraft wirkt.
So berichtet Rauschning über die Reaktion Hitlers, als die ersten Berichte über Konzentrationslagergreuel an ihn herangetragen wurden, im konkreten Fall, wie Rauschning schreibt, «viehische Handlungen von einer ausgesuchten Lust an Grausamkeit» an jüdischen Bürgern in Stettin.
«Er gebärdete sich wie ein ungezogener Knabe. Er zeterte in schrillen, hohen Tönen, stampfte mit dem Fuß auf, schlug mit den Fäusten auf Tisch und Wände. Schaum vor dem Mund, in maßlosem Jähzorn keuchte und stammelte er so etwas wie: ‹Ich will nicht. Alle weg. Verräter!› Es war beängstigend, ihn anzusehen. Die Haare zerzaust um das Gesicht, stiere Augen, das Gesicht verzerrt und puterrot. Ich fürchtete, daß er umfallen müsse, daß ihn der Schlag treffen würde. Aber plötzlich war alles vorbei... ‹Lächerlich!› begann Hitler mit verrosteter Stimme. ‹Haben Sie gesehen, wie die Masse zusammenströmt, wenn sich zwei auf offener Straße prügeln? Grausamkeit imponiert. Grausamkeit und rohe Kraft.›»
Nach dem sogenannten Röhm-Putsch, nach der Liquidation der SA-Führung, als sie ihm auch «seinen Stempfle» umbrachten, war Hitlers Reaktion ähnlich. Nach dem blutigen Ereignis konnte er kaum mehr schlafen. Ruhelos irrte er nachts umher.

Schlafmittel nützten nichts, er nahm sie auch nicht, aus lauter Furcht, vergiftet zu werden. Mit Weinkrämpfen wachte er immer wieder auf. Dann verbrachte er die Nächte in Decken gehüllt auf einem Sessel, von Schüttelfrost gebeutelt. Manchmal wollte er alles hell erleuchtet und viele Menschen um sich haben, um gleich darauf niemanden sehen zu wollen als Rudolf Heß, den einzigen, dem er schließlich noch vertraute. Alles, so lamentierte er, sei ohne sein Wissen geschehen. Er habe die ganze schreckliche Wahrheit nicht gewußt, klagte er, um bald darauf mit martialischer Geste wieder den harten Mann hervorzukehren, den Hitler hinter dem Hitler:

«Mich hat keine Entwicklung überrascht. Ich werde mit derselben unerschütterlichen Gewißheit das gigantische Ziel unserer Revolution erreichen ... und wer sich meinen Anordnungen nicht fügt, der wird vernichtet. Nicht erst, wenn seine Aufsässigkeit bereits sichtbar und in aller Welt Munde ist, sondern wenn ich auch nur den Verdacht einer Insubordination habe. Ich gehe unbeirrt und unberührt meinen Weg!»

Und um an anderer Stelle zu sagen:

«Jede Tat ist sinnvoll, selbst das Verbrechen ... Der Ausdruck Verbrechen stammt noch aus einer überwundenen Welt. Es gibt positive und negative Aktivität. Jedes Verbrechen steht turmhoch über der bürgerlichen Regungslosigkeit.»

Getrieben von einer furchtbaren, nervösen Angst, nicht zum Ziel zu kommen, seine ihm von der «Vorsehung» aufgetragene Aufgabe nicht erfüllen zu können, trieb es Hitler rastlos umher. Noch lange war er nicht soweit, um den Menschen die wahre Religion zu offenbaren, in deren Namen die Magier des

Dritten Reiches angetreten waren, um die Dinge von oben nach unten zu kehren, um Platz für die Auserwählten zu schaffen.
Für die Priesterschaft des okkulten Reiches von Thule freilich galten ohnedies keine irdischen Gesetze. Um das große Ziel eines neuen menschlichen Evolutionssprunges zu erreichen, war jedes Mittel recht und erlaubt:
«Es gehört die ganze Borniertheit dieser überlebten Klassen dazu, um sich darüber zu entrüsten, daß wir uns nicht an die Gepflogenheiten und Übereinkünfte des politischen Lebens halten. Ich erkenne kein Moralgesetz in der Politik an. Politik ist ein Spiel, in dem jeder Trick erlaubt ist und in dem die Spielregeln je nach Geschicklichkeit der Spieler sich ständig ändern.»

### *Übermenschen, Untermenschen und Sklaven*

Geschicklichkeit in diesem Sinne kann man den Thule-Priestern wirklich nicht absprechen. Und ebensowenig ihr gutes Gewissen. Wie alle fanatischen Sektierer der Weltgeschichte und wie alle Propheten, die sich von einem Höheren berufen glaubten, gingen sie daran, der Vorsehung unter die Arme zu greifen: «Und schont weder Frauen noch Kinder noch Greise!» wie es die Götter stets ihren erwählten Dienern zu empfehlen pflegen.
Tatsächlich wurden die wenigsten gewahr, was mit ihnen wirklich geschah. Nicht nur die Knetmasse des deutschen Volkes, auch und vor allem die nationalsozialistischen Kämpfer an vorderster Front, die Generation, «die erst einmal verbraucht werden» mußte, um das «neue, fremdartige Gebilde eines

weltlichen Priesterstaates herauswachsen zu lassen».
Für den zunächst zu erwartenden politischen Kampf waren freilich keine Leute zu gebrauchen, die tiefschürfende Überlegungen über die Aufzucht einer Gottmenschen-Rasse anstellten. Hitler und seine Dunkelmänner waren sich sehr wohl bewußt, daß in diesem Stadium des Dritten Reiches Menschen notwendig waren, deren Gedanken nicht viel weiter als über den angelernten Nationalsozialismus hinausreichten. Es reichte, wenn sie wußten, wie man die Masse in Disziplin und Ordnung hielt und ihr dies notfalls einbleute. Originalton Adolf Hitler:
«Man wirft mir vor, daß ich mich mit ehrgeizigen und streberischen Elementen umgebe. Welche Albernheiten. Soll ich mit Betschwestern mein Reich bauen? Männer, die nicht ehrgeizig sind, sollen mir vom Leibe bleiben. Nur wer sein persönliches Fortkommen mit der allgemeinen Sache verknüpft, so daß keins mehr vom anderen zu trennen ist, nur auf den kann ich mich verlassen. Leute, die von Patriotismus nicht bloß reden, sondern ihn zum einzigen Motiv ihres Handelns machen, sind mir suspekt. Ich brauche Leute, die fest zupacken und sich nicht erst besinnen, wenn sie jemanden niederschlagen sollen. Es kümmert mich einen Dreck, ob sie ein paar Wertsachen für eigene Rechnung mitgehen lassen. Sie sind Landsknechte und sollen es auch bleiben.»
Das sollten sie in der Tat. Sie hatten schon ihren Platz im Kastensystem der neuen Weltordnung, der Magier von Thule, ebenso wie die breite Masse, mochte sie arisch sein oder nicht. Und Hitler wußte zweifellos, wie man sie zu behandeln hatte, er war durch eine gute Schule gegangen. Wenn Goebbels

ein perfekter Demagoge war, so war Hitler ein perfekter Massenpsychologe. Seine diesbezüglichen von Rauschning überlieferten Äußerungen lesen sich in der Tat wie ein Auszug aus einem Lehrbuch über die Behandlung der Massen und weisen eine frappierende Ähnlichkeit mit den Erkenntnissen des bereits zitierten Le Bon auf:
«Die Masse ist wie ein Tier, das Instinkten gehorcht. Sie stellt keine verstandesmäßigen Überlegungen an. Ich habe die Masse fanatisiert, um sie zum Werkzeug meiner Politik machen zu können. Ich habe die Masse erweckt. Ich habe sie über sich selbst hinausgehoben, ich habe ihr einen Sinn und eine Funktion gegeben. Man hat mir vorgeworfen, daß ich die niedrigen Instinkte der Masse wachrufe. Was ich tue, ist etwas anderes. Wenn ich zur Masse mit vernünftigen Überlegungen komme, so versteht sie mich nicht. Aber wenn ich in ihr entsprechende Empfindungen wecke, dann folgt sie den einfachen Parolen, die ich ihr gebe. In einer Massenversammlung ist das Denken ausgeschaltet. Und weil ich diesen Zustand brauche, weil er mir den größten Wirkungsgrad meiner Reden sichert, lasse ich alle in die Versammlungen schicken, wo sie mit zur Masse werden, ob sie wollen oder nicht. Intellektuelle und Bürger so gut wie Arbeiter. Ich mische das Volk. Ich spreche zu ihm als Masse ... Und merken Sie sich: Je größer die Masse ist, desto leichter lenkbar ist sie. Und je mehr Menschen sich mischen, Bauer, Arbeiter, Beamter, desto eher stellt sich der typische Charakter der Masse ein. Geben Sie sich nie mit Intelligenzversammlungen und Interessentenvereinigungen ab. Was Sie hier durch verstandesmäßige Aufklärung erreichen, ist morgen durch eine entgegengesetzte Belehrung wieder ausgelöscht. Was Sie

aber dem Volk im Massenzustand sagen, in dem aufnahmewilligen Zustand fanatischer Hingabe, das bleibt wie eine in der Hypnose gegebene Parole, das ist unauslöschbar und hält gegen jede vernünftige Belehrung stand!»
Keine Frage, daß die Drahtzieher von Thule nichts dem Zufall überließen und genau wußten, was sie wollten. Und der Erfolg gab ihnen schließlich auch recht: Die Masse tanzte, ohne eigentlich recht zu wissen, auf wessen Fest sie das Tanzbein schwang. Deutschland schien einen Messias zu haben, auch wenn es zunächst ziemlich trist und irdisch zuging.
«Ich kann der Masse ruhig viel schlimmere Entbehrungen zumuten. Aber ich muß ihr die geeigneten Hilfsvorstellungen geben!»
An Hilfsvorstellungen mangelte es wahrlich nicht, mit denen die breite Masse bearbeitet wurde. Und die wenigsten ahnten, was der deutsche Schriftsteller Hans Heinz Ewers in dieser Bewegung begeistert registrierte: «Den stärksten Ausdruck der schwarzen Mächte.»
Was den Menschen als Beginn des ewigen Deutschlands und eines großartigen nationalsozialistischen Staates vorgegaukelt wurde, war nur der Anfang dessen, was der magische Sozialismus für sie wirklich bereithalten sollte, das waren die ersten magischen Vorbereitungen für die Ankunft der Übermenschen, der Menschen nach dem Menschen: «Das ist die große umwälzende Bedeutung unseres langen und zähen Kampfes um die Macht, daß in ihm eine neue Herrenschicht geboren wird, berufen, nicht bloß die Geschicke des deutschen Volkes, sondern die der Welt zu lenken.»
Wenn sich 1934, nach der Machtübernahme der NSDAP, viele von den alten Kämpen fragten, wo

denn nun eigentlich die national-sozialistische Revolution geblieben sei, wenn SA-Führer wie Röhm oder Hitlers großer Gegenspieler Gregor Strasser der Meinung waren, nach der Phase der Machtergreifung sei es nun endlich an der Zeit, eine wirkliche Revolution durchzuführen, eine wirkliche soziale Neuordnung — wie kleinkariert war das doch gegen die Absichten jener, die Tausendjähriges im Sinne hatten. Es ging ja nicht um das, was sich die ehemals sozialistischen Massen der Arbeiter, Kleinbürger und Angestellten, die jetzt in die nationalsozialistische Bewegung integriert waren, davon erhofften. Sie hatten nicht begriffen, konnten es nicht und durften es auch nicht, daß dies keine Revolution für sie gewesen war und auch nie sein sollte. Es war eine Revolution gegen die Masse, gegen die Verkümmerungsform des alten Menschen, es ging um die Zerstörung all dessen, was bisher als Grundlage jeder gesellschaftlichen und staatlichen und menschlichen Ordnung gegolten hatte: Die Masse, die Mitläufer, sie alle waren im Grunde genommen nichts anderes als Hitler selbst: Medium, Experimentiermaterial, Mittel zum Zweck. Und der Sozialismus war eines der Lockmittel für diese scheinbar plan- und ziellose Revolution.
«Mein Sozialismus ist nicht Klassenkampf», sagt Hitler, «sondern Ordnung ... Äußerlich schließe ich die Revolution ab. Aber wir verlegen sie ins Innere. So wie wir all unseren Haß auf Eis legen und an den Tag denken, an dem wir die Maske abwerfen werden, um ganz als die dazustehen, die wir ewig sind und ewig bleiben!»
Was 1934 viele National-Sozialisten zu dem Ruf provozierte: «Weg mit dem Hampelmann!» oder: «Ein toter Hitler dient dem Nationalsozialismus besser

als ein lebender!» waren bescheidene Anzeichen dessen, was erst noch kommen sollte.
Aber darüber, betonte Hitler immer wieder, könne er nicht weiter reden. Es gebe noch Stufen, von denen man nicht sprechen dürfe, auch er nicht. Und im übrigen denke er dies alles erst als sein Geheimnis weiterzureichen, wenn er nicht mehr am Leben sei. Etwas ganz Großes werde dann folgen. Eine überwältigende Offenbarung. Aber um seine Mission zu erfüllen, müsse er selbst zunächst den Opfertod gestorben sein.
«Was ich im Sinne habe», sagte Hitler zu Rauschning, «kann ich Ihnen noch nicht sagen. Jedenfalls nehmen Sie die Überzeugung mit, daß der Sozialismus, wie wir ihn verstehen, nicht das Glück des einzelnen betrifft.»
Um das Glück ging es denn auch wirklich nicht. Und wenn auch Hitler über seinen Tod hinaus mit der großen Offenbarung zurückhielt, so genügt doch das Bekannte, um sich davon ein erschreckendes Bild machen zu können.

## *Die Planlandschaften der Zukunft*

Was der magische Sozialismus der Thule-Brüder an Überraschungen für die Welt bereithielt, war in seinen Grundzügen schon lange erkennbar, ehe Hitler an die Schalthebel der Macht kam, um sie in den Dienst einer Konzentration von Mystik und Magie zu stellen.
Es kam nicht darauf an, etwa die Ungleichheit der Menschen zu beseitigen, wenigstens innerhalb der germanischen Herrenrasse. Ganz im Gegenteil ging es darum, sie zu vertiefen und sie «wie in allen gro-

ßen Kulturen durch unübersteigbare Schranken zum Gesetz zu machen.»

In der Gestalt des Industriearbeiters etwa die neue führende Gesellschaftsmacht zu sehen, wie es der Sozialismus tat, das war für die Planer des Dritten Reiches schlichter Ausdruck der Feigheit des kapitulierenden Bürgertums. Sie hatten anderes im Sinn: Bürgertum und Arbeiterschaft gelte es zunächst einmal zu entwurzeln, um sie schließlich als Klasse der ewig Unmündigen mit der Wohltat des Analphabetismus zu beglücken.

«Wie die künftige Sozialordnung ausschauen wird, meine Parteigenossen», das sagte Hitler in engerem Kreis schon vor 1933, dem Jahr der Machtergreifung, ganz deutlich:

«Eine Herrenschicht wird es geben, eine historisch gewordene. Es wird die Menge der hierarchisch geordneten Parteimitglieder geben. Sie werden den neuen Mittelstand abgeben. Und es wird die große Masse der Anonymen geben, das Kollektiv der Dienenden, der ewig Unmündigen, ob sie ehemals Vertreter des alten Bürgertums waren oder Großagrarier, Arbeiter oder Handwerker. Darunter wird es noch die Schicht der unterworfenen Fremdstämmigen geben, nennen wir sie ruhig die moderne Sklavenschicht.»

Und über all dem sollte schließlich jener Hochadel stehen, der das Wissen um das wahre Wesen der Dinge wieder zur Geheimwissenschaft gemacht haben würde, damit es wieder, wie Walter Darré es haben wollte, «die Funktion einnehmen könne, die es normalerweise habe, nämlich Mittel der Beherrschung zu sein, der menschlichen Natur wie der außermenschlichen.»

Das war die soziale Ordnung, auf deren Grundlagen

die weltweite, ja kosmische Revolution sich gründen sollte, das irdische Fundament des Thule-Reiches. Und schon damals waren die Vorarbeiten für etwas geleistet, das zum Teil erst in den Kriegsjahren Wirklichkeit werden sollte und den Nachgeborenen ebenso grotesk und absurd wie teuflisch vorkommen mag: das Ariervolk als Zuchtmaterial für eine neue Menschengattung, als Spielmaterial einer biologischen Metaphysik oder metaphysischer Biologie. Und Himmler-Lehrer, King's College-Schüler und NS-Blut-und-Boden-Ideologe Darré sagte auch, aus welchem Reservoir die Neuzüchtung kommen sollte: «Aus dem Menschenreservoir der SS werden wir den neuen Adel führen.»
Schon 1932 war Darré — wie Himmler ein gelernter Landwirt — damit beschäftigt, so etwas wie ein Stutbuch beziehungsweise Herdebuch für die neue, planmäßig zu züchtende Rasse anzulegen, «nach denselben Grundsätzen, wie sie jede landwirtschaftliche Züchtervereinigung verwendet.»
Schon damals war klar definiert, was später im Lebensborn gewissermaßen fabrikmäßig und industriell vonstatten ging oder nach dem großen Sieg vonstatten gehen sollte: Innerhalb der SS durfte nur nach eingehender biologischer Prüfung geheiratet und begattet werden.
Zu jenem Zeitpunkt waren auch schon Haushofers Theorien von Herzland und Lebensraumpolitik im Stadium konkreter Planung. In der Planungsstelle des Königsberger Gauleiters Koch, einem Freund des Hitler-Rivalen Strasser, arbeitete ein junger Professor namens Grünberg an geradezu phantastischen Planlandschaften der nationalsozialistischen Zukunft.
Rauschning berichtet:

«Er hatte in seinem Institut Karten entwerfen lassen mit Verkehrslinien, Kraftfeldern, Kraftlinien, Autostraßen, Bahnlinien, Kanalprojekten. Genau geplante Wirtschaftslandschaften erstreckten sich über den ganzen Osten bis zum Schwarzen Meer, bis zum Kaukasus. Auf diesen Plänen waren bereits Deutschland und Westrußland eine riesige wirtschaftliche und verkehrspolitische Einheit. Selbstverständlich nach Deutschland orientiert, von Deutschland geplant und geführt. Es gab in dieser Planwirtschaft kein Polen mehr, geschweige denn ein Litauen. Hier war das Verbindungsstück eines riesigen kontinentalen Raumes, der sich von Vlissingen bis Wladiwostok im Fernen Osten erstrecken sollte.»

Es ist also keineswegs so, daß der Führer erst 1943, wie Goebbels in seinen Tagebüchern vermerkte, «der unumstößlichen Gewißheit Ausdruck gab, daß das Reich einmal ganz Europa beherrschen werde ... Wer Europa besitzt, der wird damit die Führung der Welt an sich reißen.»

Diese Vision vom Lebensraum Ost hatte ohne Zweifel ihre Grundlage in den Theorien Mackinders und Haushofers. Wenn Haushofer beim Nürnberger Prozeß meinte, Hitler habe über Heß seine Theorien rezipiert, ohne sie zu verstehen, dann muß die Frage gestellt werden, was denn dann damit gemeint gewesen sein sollte: «Who rules eastern Europe commands the Heartland. Who rules the Heartland commands the World-Island. Who rules the World-Island commands the World.» («Wer über Osteuropa gebietet, beherrscht das Herzland. Wer über das Herzland gebietet, beherrscht die Weltinsel. Wer über die Weltinsel gebietet, beherrscht die Welt.») — (H. J. Mackinder, zitiert nach L. Gruch-

mann: «Nationalsozialistische Großraumordnung.»)
Nun, Hitler scheint jedenfalls tüchtig rezipiert zu haben, denn was später in den Oststaaten vor sich gehen sollte, war in seinem und anderen Köpfen bereits Realität, ehe sich überhaupt die Möglichkeit abzeichnete, dies auch in der Praxis zu realisieren: «Wir haben die Pflicht zu entvölkern. Es wird eine Technik der Entvölkerung geben müssen. Was heißt entvölkern? werden Sie fragen. Ob ich ganze Volksstämme beseitigen werde? Jawohl, so ungefähr, darauf wird es hinauslaufen. Die Natur ist grausam, darum dürfen wir es auch sein. Wenn ich die Blüte der Deutschen in die Stahlgewitter des kommenden Krieges schicke, ohne auch nur um das kostbare deutsche Blut, das vergossen wird, das leiseste Bedauern zu verspüren, sollte ich dann nicht das Recht haben, Millionen einer minderwertigen, sich wie Ungeziefer vermehrenden Rasse zu beseitigen, nicht indem ich sie ausrotten lasse, sondern indem ich systematisch verhindere, daß sich ihre große natürliche Fruchtbarkeit auswirkt. Beispielsweise, indem ich die Männer jahrelang von den Frauen getrennt halte. Erinnern Sie sich an die abfallenden Geburtenkurven während des Ersten Weltkrieges ...? Übrigens würde ich mich gar nicht scheuen, mich öffentlich dazu zu bekennen. Von französischer Seite hat man dem deutschen Volk nach dem Weltkrieg vorgeworfen, daß es zwanzig Millionen Deutsche zuviel gebe. Wir nehmen dieses Wort auf. Wir bekennen uns zu solch planmäßiger Steuerung der Bevölkerungsbewegungen.»
Doch vom tieferen Sinn hinter all diesen unmenschlichen Übermenschlichkeiten erfuhren weder die Deutschen noch die Kämpfer für den Nationalsozia-

lismus, wenngleich die national-sozialistische Bewegung nach der Machtübernahme und vor allem nach der Installierung des SS-Staates als Hohlform der zukünftigen Gesellschaft immer deutlicher von den esoterischen Inhalten bestimmt wurde.

## *Rassismus als Mittel zum Zweck*

Genau wie der «Sozialismus» war auch der Begriff «national» als angebliches Programm nur Maskerade, Täuschung und Propaganda; eigentlich trifft dies auf das ganze arische Rassengetue zu. Es gab eine Rassentheorie für die Propaganda, diejenige, welche die Historiker beschrieben und die die Gerichte als die Verfechter des menschlichen Gerechtigkeitssinns verurteilt haben. Doch der «esoterische Rassismus» hatte mit der äußeren Erscheinung des NS-Rassismus wenig zu tun.
Der unbedarfte, rassenbewußte Nationalsozialist freilich hätte damit wenig anzufangen gewußt. Wer das Parteiprogramm wörtlich verstehe, äußerte sich Hitler einmal, und nicht bloß als den großen Prospekt im Hintergrund der Bühne, der möge bei den einfältigen Seelen bleiben. Wie man weiß, sollte der Orden, in den die nationalsozialistische Bewegung nach Ansicht Rosenbergs übergehen sollte, nicht unbedingt etwas mit dem Großteil der Parteigenossen zu tun haben. Denen war es bestimmt, Analphabeten zu bleiben.
«Ich werde dieses Programm nie ändern», sagte Hitler, «und es ist für die Masse berechnet.» Es zeige die Richtungen einiger Bestrebungen des Nationalsozialismus an, nicht mehr und nicht weniger. «Es ist wie das Dogma in der Kirche. Erschöpft sich die

Bedeutung der Kirche in ihren Dogmen oder nicht vielmehr in ihrer Tätigkeit mitsamt dem Ritus?»
Die Masse, so Hitler, braucht etwas für die Phantasie, und sie braucht feste und bleibende Lehrsätze. Nur die Eingeweihten wissen, wo es lang geht. So mochten die gutgläubigen Nationalsozialisten und mehr oder weniger reinrassigen Arier noch während des Krieges daran glauben, sie kämpften für die Zukunft der deutschen Nation. Aber Hitler, der Mann aus Thule, war über derlei Engstirnigkeit längst hinaus, als so mancher Deutsche an ein tausendjähriges Reich des Friedens geglaubt haben mochte:
«Der Begriff der Nation ist leer geworden. Ich habe mit ihm aus zeitgeschichtlichen Gründen noch beginnen müssen ... Der Tag wird kommen, an dem von dem landläufigen Nationalismus nicht viel übriggeblieben sein wird, auch bei den Deutschen nicht.»
Es ging schließlich um die Weltrevolution kosmischen Ausmaßes. Dafür war auch der Rassendünkel letztlich nur Mittel zum Zweck:
«Diese Professoren und Dunkelmänner, die ihre nordischen Religionen stiften, verderben mir das Ganze. Warum ich das dulde? Sie helfen zersetzen, das ist es. Sie stiften Unruhe. Und allein Unruhe ist schöpferisch. An sich hat das Getue keinen Wert. Aber immerhin, es mag seinen Gang gehen.»
Heinrich Himmler war in diesem Zusammenhang um eine Spur deutlicher. Er meinte, es sei höchst gleichgültig, ob sich die Vorgeschichte der germanischen Stämme so oder so abgespielt habe: «Die Wissenschaft geht von Annahmen aus, die alle paar Jahre wechseln. Es spielt daher keine Rolle, wenn die Partei heute eine Annahme als Ausgangspunkt

bestimmt, auch wenn sie zunächst den zeitüblichen wissenschaftlichen Anschauungen zuwiderläuft. Worauf es einzig und allein ankommt und wofür diese Leute bezahlt werden, sind geschichtliche Vorstellungen, die unserem Volk den notwendigen Nationalstolz stärken. Wir haben bei diesem ganzen zweifelhaften Betrieb nur das einzige Interesse, daß wir das, was wir als Zukunftsbild für unser Volk hinstellen, in seine Vergangenheit hineinprojizieren . . .»

Rauschning zitiert Hitler: «Dann aber gewährt es uns auch einen besonderen heimlichen Genuß, zu sehen, wie die Leute um uns herum nicht gewahr werden, was mit ihnen wirklich geschieht! . . . Sie starren gebannt auf ein paar Äußerlichkeiten, auf Besitz und Einkommen und Rang und überkommene Begriffe. Inzwischen sind sie selbst aber in einen neuen Zusammenhang geraten, eine gewaltige Ordnungskraft hat sie in ihren Bann geschlagen. Sie haben sich selbst gewandelt.»

Und an anderer Stelle: «Ich weiß natürlich so gut wie alle diese neunmalklugen Intellektuellen, daß es im wissenschaftlichen Sinn keine Rasse gibt. Ich als Politiker brauche einen Begriff, der es erlaubt, die bisher auf geschichtlichen Zusammenhängen beruhende Ordnung aufzulösen und eine ganz neue, antihistorische Ordnung zu erzwingen und gedanklich zu unterstützen. Ich muß die Welt von ihrer historischen Vergangenheit befreien. Die Nationen sind die manifeste Form unserer Geschichte. Also muß ich diese Nationen in eine höhere Ordnung umschmelzen, wenn ich den Wust einer absurd gewordenen geschichtlichen Vergangenheit abstreifen will. Und dafür ist mir der Rassenbegriff gut. Er löst das Alte auf und gibt die Möglichkeit neuer Verbindungen. Mit dem Begriff der Nation hat Frankreich seine große Revolution über seine Grenzen geführt. Mit dem Begriff der Rasse wird der Nationalsozialismus seine Revolution bis zur Neuordnung der Welt durchführen ... Und ich werde durch ganz Europa und durch die ganze Welt diese neue Auslese in Gang bringen, wie sie in Deutschland der Nationalsozialismus darstellt. In jeder Nation, der ältesten und festgefügtesten, wird sich der Zersetzungs- und Umschichtungsprozeß abspielen.»

Im Antisemitismus sah Hitler das bedeutungsvollste Stück seines propagandistischen Arsenals, fast überall von todsicherer Wirkung. Auch der Antisemitismus mit all seinen Begleiterscheinungen war ihm ein revolutionäres Hilfsmittel: «Die Propaganda des Antisemitismus ist in allen Ländern das geradezu unentbehrliche Hilfsmittel für die Verbreitung unseres politischen Kampfes. Sie werden sehen, in wie kurzer Zeit wir die Begriffe und Maßstäbe der ganzen Welt einzig und allein mit dem Kampf gegen das Judentum umstürzen werden.»

Schon bald hatte Hermann Rauschning Lug und Trug im nordischen Mythos geortet: «Hitler interessierte in Skandinavien nicht das reine arische Blut, nicht der nordische Mythos vom Wikingerhelden ... Ihn interessierten ausschließlich die Erzgruben in Schweden und Finnland.» Und hinsichtlich der Auslandsdeutschen, ob deutsche Staatsbürger oder nicht, «erkannte ich, welches verbrecherische Spiel hier mit dem Auslandsdeutschtum zur allgemeinen Revolutionierung der Welt getrieben wurde»: Sie wurden im Namen der Herrenrasse in jenen Riesenapparat gepreßt, der nach Hitlers Konzept des Psychokrieges schon vor einem eventuellen Krieg die betreffenden Länder von innen her zermürben

sollte. Für Parteigenossen der höheren Kategorie galt insgesamt folgende Lesart:
«Wie die Juden erst aus der Zerstreuung heraus zu der umfassenden Weltmacht werden konnten, die sie heute sind, so werden wir als das wahre Volk Gottes aus der Zerstreuung in alle Welt zu der allgegenwärtigen Macht werden, zum Herrenvolk der Erde.»

### *Magie gegen Intellekt*

Sieht man von den Juden als Sammelbegriff für alle Feinde, die es zu bekämpfen galt, ab, kommt Rauschnings Aussage dem Kern der nationalsozialistischen Sache schon nahe: Zwei grundverschiedene Welten standen sich gegenüber, zwei grundverschiedene Wirklichkeiten, zwei verschiedene «Götterwelten»: die Welt der Magie und die Welt der kartesianischen Vernunft, ein mystisches und ein rational erklärtes Universum. Die dunklen Mächte einer magischen Welt und der Gott der Juden und der Christen.
Und während die Trommler des künftigen Reiches von Hitler bis Goebbels von Deutschlands wiedererwachender Größe, von Revanche und Rache, von deutscher Macht und Zukunft kündeten und über ihre Erzfeinde und Geschwüre am ansonsten gesunden Volkskörper räsonierten, vollzog sich die Rückwendung einer rationalistischen Zivilisation aus dem Bereich der Vernunft zu dem der traumwandlerischen Sicherheit, zu dem einer überrationalen Magie: «Die neue Zeit der magischen Weltdeutung kommt herauf, der Deutung aus dem Willen und nicht dem Wissen!» Eine Konzentration von kalter Berechnung, Mystik und Magie begann in Europa

das abendländische Bewußtsein ins Wanken zu bringen, begann das Leben zu verändern, die Wirklichkeit, ja auch die Wissenschaft und die Technik. «Das, was man die Krisis der Wissenschaft nennt, ist nichts anderes, als daß die Herren von sich aus einzusehen beginnen, wie sie sich auf dem Holzweg mit ihrer Objektivität und Unabhängigkeit befinden. Die einfache Frage, die jedem Wissenschaftstrieb vorausgeht, lautet: Wer will etwas wissen, wer will sich in der Umwelt orientieren? Damit ist es alsdann zwingend, daß es nur die Wissenschaft einer Menschengattung und eines bestimmten Zeitalters geben kann. Es gibt sehr wohl eine nordische Wissenschaft und eine nationalsozialistische, die im Gegensatz stehen müssen zu der liberalistisch-jüdischen, die ja ihre Funktion überhaupt nicht mehr erfüllt, sondern sich selbst aufzuheben im Begriff ist.»

Alles ist relativ. Wie wirklich ist die Wirklichkeit? Hitler-Gedanken, die einer gewissen Aktualität in Zeiten neuer Wissenschaftsmüdigkeit und Mythengläubigkeit nicht entbehren, wenn auch das eine und das andere nicht ein und dasselbe sein muß.

Plotin und Indisches jedenfalls las man auch in Thule. Und sogar den Sohar, der gleich dem Hermes Trismegistos sagt: «Was oben ist, das ist auch unten.»

Plotin schreibt von den natürlichen und übernatürlichen Beziehungen zwischen Mensch und Kosmos: «Dieses Universum ist ein einziges Tier, das alle Tiere in sich enthält ... Die Dinge wirken aufeinander, auch ohne in direkter Berührung zu stehen, und notwendigerweise wirken sie auch auf Entfernung ... Die Welt ist ein einziges Tier, und darum ist es nicht anders möglich, als daß sie in Einklang mit sich selbst steht; es gibt in ihrem Leben keinen Zufall, sondern nur Harmonie und einheitliche Ordnung.»

Entweder ist alles in Ordnung, oder man muß die Ordnung der Dinge wiederherstellen.

Hans Buchheim («Anatomie des SS-Staates») zitiert Himmler:

«Diese Welt haben nicht wir Menschen geschaffen, sondern wir sind nur ganz kleine Bakterien oder Bazillen auf diesem Planeten. Wir können diese Gesetze vielleicht ableugnen, wir können sie nie beseitigen. Wir können sie ablehnen, wir werden uns aber dann den Folgen nicht entziehen können, die aus einer solchen Ablehnung entstehen, nämlich, daß wir selbst als Schwache zugrunde gehen . . .»

Und in den SS-Burgen wurde den Initianden schließlich das kosmische Mysterium gedeutet:

«Als einzig Lebendes gibt es nur den Kosmos, das Universum, alle Wesen einschließlich des Menschen sind nur verschiedene Formen, die sich im Verlauf der Zeitalter des lebenden Universums immer mehr erweitern.»

Im Reich von Thule war dies alles keine bloße Frage des Glaubens, es war eine Frage der Wissenschaft. Denn das war ja das Erstaunliche: Magisches Denken hat sich mit deutscher Methodik, Logik und Genauigkeit, hat sich mit Wirtschaft und Technik verbündet, Mathematik wurde zur Mathemagie. Oder auf eine kurze Formel gebracht: Okkultismus plus Elektrizität plus Panzerdivisionen.

## *Die Gegenwelt aus Eis und Feuer*

Die esoterischen Geheimlehren des Thule-Ordens hat ebenfalls ein Österreicher auf einen wissenschaftlichen Nenner gehoben: Hans Hörbiger. Der 1931 verstorbene Maschinenbauingenieur war der Begründer der nationalsozialistischen Mathemagie, er schuf die Anti-Wissenschaft, die Gegen-Kosmologie zum geltenden Weltbild der «liberalistisch-jüdischen Vernunftmenschen», von denen Hitler sagte, sie hätten mit dem Menschen und der Natur nichts gemein, ja sie seien etwas völlig anderes, «weiter vom Tier entfernt als wir Arier selbst».

Ein deutscher Schriftsteller, Elmar Brugg, schreibt noch (wieder) 1952 in seinem Buch zu Ehren des Schöpfers der Welteislehre («Spießbürger gegen Genie»): «Die Welteislehre Hans Hörbigers ist nicht nur eine wissenschaftliche Großtat, sie ist eine Lebenserkenntnis von größter Bedeutung, denn sie weist den innigen Zusammenhang zwischen Kosmos und allem irdischen Geschehen nach ... Nach den Hörbigerschen Erkenntnissen der Welteislehre ist das Universum kein toter Mechanismus, dessen Teile sich allmählich abnützen, um schließlich auseinander zu fallen, sondern ein Organismus in des Wortes wunderbarster Bedeutung, gleichsam ein lebendes Wesen, das den Odem seiner lodernden Kraft immer wieder auf neue Geschlechter seiner Menschenformen pflanzt.»

Das klingt frei nach Plotin und Adolf Hitler und — nach Gurdjieff, mit dessen kosmologischer Weltanschauung die Welteislehre erstaunlich viel gemein hat. Und sie belegt in der Tat die Richtigkeit der Weltsicht des magischen Sozialismus des Dritten Reiches.

Der zunächst mit der Erfindung eines neuen Gebläseventils bekanntgewordene Hörbiger erklärte kurzerhand, das Universum bestehe im wesentlichen aus Eis. Alles kosmische Geschehen beruhe auf dem andauernden Kampf zwischen dem Eis und dem Feuer, zwischen Anziehungs- und Abstoßungskraft. Diese ständig wechselnde Spannung zwischen zwei einander entgegengesetzten Prinzipien, der ewige Kampf im Himmel gewissermaßen, gelte auch für die Erde, für die gesamte Menschengeschichte, und das Universum sei ein lebender Organismus, bei dem jeder Teil auf den anderen einwirkt. Ein Jesuit namens Josef Steinmayr, der in einer österreichischen Zeitung einen Nachruf auf Hörbiger verfaßte, konnte seine Bewunderung nicht verhehlen:
«Die Begrenztheit der Schwerkraft, sowie die Leugnung des leeren Weltraumes im bisherigen Sinn ergeben mit Hörbigers Grundannahme das Fundament für das kolossale Gebäude, das Hörbiger und seine Anhänger mit technischer Meisterschaft errichtet haben. Auch die größten Gegner der Welteislehre müssen zugeben, daß Hörbiger seine Ableitungen mit bewundernswerter Konsequenz durchgeführt hat.»
So entstand ein System des physischen Weltgeschehens, das radikal mit den bisherigen Ergebnissen und Ansichten brach, nicht bloß auf dem Gebiete der Astronomie, sondern auch in der Geologie und Meteorologie.
Die Lehre stand im Widerspruch zu allen Grundsätzen der damaligen offiziellen Wissenschaften. Aber sie war noch mehr. Hörbigers Theorie warf auch alle bis dahin bestehenden Theorien über die Geschichte der Kulturen, das Auftauchen und die Entwicklung des Menschen über den Haufen. Sie bietet

eine Totalschau der Entwicklung des Kosmos, erklärt die Entstehung des Sonnensystems, die Geburt der Erde, des Lebens und des Geistes, und das mag der Grund sein, warum diese Lehre auch heute noch Millionen Anhänger in aller Welt hat, diese Lehre und andere, wie etwa die ähnliche Kosmologie eines Immanuel Velikowsky.
Vor allem aber stützte die Welteislehre die Esoterik des Nationalsozialismus, sie lieferte den Nachweis der magischen Verbindung zwischen Mensch und Kosmos, und das war auch der Sinn dieser Wissenschaft. Sie war angetreten gegen die seelenlose abendländische Wissenschaft, angetreten, um sie zu erschüttern und zu zerstören, damit die Magie, der einzige wirklich dynamische Wert, wieder zum Leben erwachen könne.
Himmler, Rosenberg, Haushofer und Hitler waren nicht ohne Grund Förderer der Welteislehre, die auch unter dem gewöhnlichen Volk eine große Zahl von Anhängern fand. Zudem lieferte sie eine einleuchtende Grundlage für die nationalsozialistische Rassentheorie, sowohl der esoterischen als auch der exoterischen, der propagandistischen.
Hörbiger verband technische Perfektion mit ältesten Mythen, wie man sie in nahezu allen orientalischen Überlieferungen und esoterischen Lehren findet: die Idee von einst hochentwickelten Menschen, die vor Jahrtausenden, ja vor hunderttausend Jahren einen anderen Himmel gesehen hatten als den unseren, andere Monde, andere Sternenkonstellationen, die Geschichte von untergegangenen Hochkulturen, verschwundenen Übermenschen.
Das machte ihre Anziehungskraft aus, die selbst namhafte Wissenschaftler und vor allem Techniker zu Hörbiger-Fans machten, etwa Lenard, der

gemeinsam mit Röntgen die berühmten Strahlen entdeckte, oder den Physiker Stark, dessen Untersuchungen über die Spektroskopie weltweit bekannt waren, oder Oberth, dem Dietrich Eckart bekanntlich seine «Kaaba», seinen schwarzen Meteoriten vermacht hatte.

In aller Welt gibt es alte heilige Texte oder zumindest mündliche Überlieferungen, die die Erdgeschichte entsprechend Hörbigers Theorie schildern, von den Tolteken in Mexiko über die Malekulas in Neuguinea bis zu den Geschichten von den biblischen Riesen. Auch das Buch Dyzan der Frau Blavatsky, das ja auch eine der esoterischen Grundlagen der Thule-Religion bildete, entspricht, in deren Interpretation zumindest, der Hörbigerschen Esoterik, berichtet von Zeiten, da der Mensch hoch über dem Menschen stand, über Zeiten, in denen er zum Tier geworden ist.

Man hat es bisher auch versäumt, sich Gedanken über den Zusammenhang von Hörbigers Welteislehre und der Geschichte von den verschiedenen Monden und Apokalypsen und der Philosophie vom Übermenschen und den periodischen Mutationen des Menschen zu machen. Der Zusammenhang ist indessen eindeutig.

Nach Hörbigers Erleuchtung über den Gang der Weltgeschichte gab es vor Millionen Jahren im Kosmos einen gewaltigen, heißen Körper, millionenmal größer als unsere gegenwärtige Sonne. Diese glühende Masse geriet in Kollision mit einem riesigen Planeten, der sich durch Ansammlung kosmischen Eises gebildet hatte. Der ewige Kampf zwischen Feuer und Eis hatte begonnen. Das Eis war tief in die Riesensonne eingedrungen und ruhte dort gewissermaßen etliche Jahrmillionen, bis der Wasser-

dampf alles zur Explosion brachte: der Urknall durch Feuer und Eis. Während einzelne Teile so weit fortgeschleudert wurden, daß sie sich im Raum verloren, gerieten andere in unsere Zone, die Planeten unseres Systems, von denen es ursprünglich dreißig gegeben hatte: Blöcke, die sich nach und nach mit Eis bedeckten, während allein die Erde noch nicht ganz von dieser Kälte erfaßt ist und praktisch *en miniature* den kosmischen Krieg zwischen Feuer und Eis nachvollzieht.
Was engstirnige Wissenschaftler als die aus Einzelsternen bestehende Milchstraße bezeichneten, sei in Wahrheit ein mächtiger Eisring, der sich seit den fernen Tagen des Urknalls im All befinde. In unserer Zone des Weltalls hingegen befänden sich die Planeten in einem ständigen Kampf zwischen Anziehung und Abstoßung, zwischen dem Schwung der ursprünglichen Explosion und der Gravitationskraft. Deshalb vermindere sich die anfängliche Kraft der Abstoßung ständig, so daß früher oder später jeder Planet auf einen anderen stürzen werde. Schließlich werde das solcherart verklumpte Planetensystem neuerlich zu Eis erstarren, in die Sonne zurückfallen und dort einen neuerlichen Urknall verursachen: die ewige Wiedergeburt des Kosmos.

### *Gottmensch und Massenmensch*

Das ist, in Kurzform, die kosmologisch-physikalische Seite der Welteislehre. Sie hat noch eine andere, und die ist von Bedeutung. Nach Ansicht Hörbigers (wie auch nach Ansicht des Haushofer-Lehrers Gurdjieff) hat die Erde schon mehrere Monde gesehen, nach Hörbiger wäre der jetzige Trabant der insgesamt vierte. Die ersten drei schon hatten der Anziehungskraft der Erde nicht widerstanden, waren geborsten und auf die Erde gefallen, wo die Mondmasse alles mit einer Kruste überlagerte und fossil werden ließ. Denn während die zu normalen Zeiten in der Erde vergrabenen Organismen verwesen, so tun sie das nicht im Falle eines Mondniederbruchs. Somit wären auch die Primär-, Sekundär- und Tertiär-Epochen erklärbar. Das Aufeinanderfolgen von verschiedenen Monden aber war entscheidend für die Entwicklung des Erdballs, der Entwicklung der Arten und der Menschheit. Denn während die jeweiligen Monde sich der Erde nähern und schier zum Greifen nahe sind, kommt es — in einer Zeit verringerter Gravitation — zur Riesenwüchsigkeit aller lebenden Organismen, die verstärkte kosmische Strahlung verursacht plötzliche Mutationen.

Während eines solchen Mutationssprunges in der Zeit des zweiten Mondes entstanden auch unsere Vorfahren, die Riesen, die ersten Lehrmeister der Menschen, von denen die Überlieferungen berichten: Wesen von unglaublicher Intelligenz und mit außerordentlichen psychischen Kräften ausgestattet. Doch auch der zweite Mond platzt nach Hörbigers kosmischem Gesetz, und nur wenige dieser Wunderwesen überleben, von denen ein Teil beim Auftauchen des dritten Mondes und damit zwangsläufig veränderten Gravitationsverhältnissen zum Kleinwuchs degeneriert, worunter natürlich auch das Gehirnvolumen und die Intelligenz leidet: Sie müssen von den übriggebliebenen, langlebigen und riesenwüchsigen Übermenschen lernen.

Vor knapp einhundertfünfzigtausend Jahren dann geschah die große Katastrophe, der Absturz des dritten Mondes, das Auftauchen des vierten Mondes, und in diesem Wechselspiel verschwinden die letzten großen, von den riesenwüchsigen Übermenschen beeinflußten Kulturen wie Atlantis und Hyperborea. Die Katastrophe ist so enorm, daß den Übermenschen die Erkenntnis der wechselseitigen Beziehungen aller Dinge im Kosmos ebensowenig nützt wie die Fähigkeit, mittels technischer und vor allem geistig-magischer Energien das Geschehen zu beeinflussen. Es ist der Tod der Götter, und als die Israeliten in ihr gelobtes Land einziehen, finden sie nur ein leeres Riesenkönig-Bett: «Siehe, sein eisern Bette ist allhier zu Rabbath der Kinder Ammons, neun Ellen lang und vier Ellen breit.» (5. Mose, III, 2).

Seither erinnern wir uns nur mehr dunkel an unsere große Vergangenheit. Überall entstehen riesige Monumente der Erinnerung: Pyramiden, Menhire, Riesenstatuen, und die alten Kulturen Lateinamerikas versuchten mittels magisch-mystischer Ballspiele die Gestirne in ihren Bahnen zu halten, um zu erhalten, was Gurdjieff «die kosmische Bewegung aller Harmonie» nennt.

Nun, auch der vierte Mond wird sich der Erde wieder nähern, wird dadurch neue Mutationen hervorbringen, ehe er, nach vielleicht Hunderttausenden von Jahren, endgültig abstürzt.

Nach Hörbiger unterliegt der ewige kosmische Kampf zwischen Feuer und Eis, Anziehung und Abstoßung einem bestimmten Rhythmus. Und so wie die Erde alle sechstausend Jahre einem kosmischen Angriff des Eises ausgesetzt ist, so «pflanzt» das lebende kosmische Wesen alle siebenhundert Jahre «den Odem seiner lodernden Kraft immer wieder auf neue Geschlechter seiner Menschenformen.»

Alle siebenhundert Jahre wird sich der Mensch wieder seiner verantwortlichen Stellung in diesem kosmischen Reigen bewußt, seiner eingeschlafenen Beziehungen zum kosmischen Weltgeist, er erinnert sich seiner magischen Verbindung mit dem Universum und seiner Abstammung von den Übermenschen: Die nächste Mutation der menschlichen Rasse steht bevor, die neuerliche Mutation zum Gottmenschen, der sich der kosmischen Verbindungen bewußt ist.
Und diese erwachenden Menschen haben alles zu tun, um unerbittlich alles von der wahren Menschheit fernzuhalten, was Eigenschaft verworfener Rassen ist, der Verkümmerungsformen, wie Hitler sie bezeichnete. Denn der Mensch ist, kosmisch bedingt, nicht gleich Mensch. Zu Zeiten der hohen Monde entstanden immer wieder Degenerierte, Zwergrassen, Scheinmenschen, die den eigentlichen Menschen bloß nachahmen, aber «weiter von ihm entfernt sind als der Arier vom Tier: naturfremde und naturferne Menschen.»
Und nur ein bestimmter Teil der Menschheit ist dazu ausersehen, den nächsten Mutationszyklus zu erleben, vorzubereiten, sich mit dem kommenden Übermenschen zu verbünden: «Dann steigen die Bauleute, welche ihr erstes Gewand wieder angezogen haben, zur strahlenden Erde nieder und herrschen über Menschen — welche sie selbst sind!» So endet die letzte Strophe des von Blavatsky überlieferten geheimnisvollen Buchs «Dyzan».
Die Menschen von Thule waren die Wegbereiter dieser Beherrscher der Menschheit, sie wollten das magische Zentrum der heraufkommenden neuen Kultur sein und das irdische Geschehen mit den kosmischen Abläufen in Einklang bringen. Und Hit-

ler fühlte sich berufen, der Menschheit die Wiedergeburt zu einer neuen Gestalt zu verkünden: «Wer den Nationalsozialismus nur als politische Bewegung versteht, weiß nichts von ihm. Er ist mehr noch als Religion: Er ist der Wille zur neuen Menschenschöpfung.»

Denn die Weltwende war wieder da: Es war Zeit, den «Irrweg des Geistes», den Abfall des Menschen von seiner göttlichen Berufung zu beenden und «magisch sichtig» zu werden:

«Die Schöpfung ist nicht am Ende, wenigstens was dieses Lebewesen Mensch anlangt. Der Mensch steht biologisch deutlich an einem Scheidepunkt. Eine neue Menschenspielart beginnt sich abzuzeichnen. Durchaus im naturwissenschaftlichen Sinn einer Mutation. Die alte Gattung Mensch gerät damit unweigerlich in das biologische Stadium der Verkümmerung. Der Altmensch wird sein Leben nur noch in Kümmerformen fristen. Die ganze Schöpferkraft aber wird sich in der neuen Menschenspielart konzentrieren. Die beiden Spielarten werden sich sehr schnell voneinander fort in entgegengesetzter Richtung entwickeln. Die eine wird unter den Menschen herabsinken, die andere wird weit über den heutigen Menschen hinaussteigen. Gottmensch und Massentier möchte ich die beiden Spielarten nennen.»

Diese von Rauschning überlieferte Aussage Hitlers ist die praktische Konsequenz aus jenem Teil der nationalsozialistischen Esoterik, die die Handschrift Hörbigers trägt.

«Wie in dem Aufbruch eines neuen geologischen Zeitalters im gigantischen Schollensturz das ganze Erdgefüge zusammenbricht und sich neue Gebirge auftürmen, Brüche klaffen und Ebenen und Meere sich neu bilden, so wird in gewaltigen Eruptionen und Zusammenbrüchen die gesamte europäische Ordnung umgestürzt werden!» prophezeite Hitler 1932. «Es ist das Gebot elementarer Selbsterhaltung, in solchen Zeiten der Weltwende sich als das harte Urgestein hochzufalten, um nicht überlagert und überschüttet zu werden. Nur indem sich das deutsche Volk dem inneren Gesetz der neuen Weltordnung einordnet, kann es zu dem künftigen Weltvolk werden, das dem kommenden Zeitalter seinen Namen geben wird.»

In diesen Vorgängen, so meinte Hitler selbst, habe der Nationalsozialismus einer elementaren Bewegung vielleicht mehr oder minder zufällig den Namen gegeben. Die führende Rolle, die der Nationalsozialismus innehätte, so daß seine Leistung nunmehr aus dem geschichtlichen Leben der Nation nicht mehr fortzudenken sei, beruhe auf der rechtzeitigen und umfassenden Erkenntnis der großen Weltwandlung, «in deren kosmischen Wirbel wir alle hineingerissen sind».

Die Deutschen, ja die Europäer, waren, wie Hitler es ausdrückte, «in eine Bewegung hineingeraten, die uns unabhängig von unserem Wollen oder Nichtwollen mit sich fortreißt».

Die Astrologiegläubigkeit Hitlers, Himmlers, von Rudolf Heß und vielen anderen war keine bloße Marotte, als die sie die NS-Forschung allenthalben abtut. Es war ein Grundelement dieser sich als Nationalsozialismus tarnenden Religion, Ausdruck der esoterischen Lehre, denen die Brüder von Thule gehorchten: Die Welt mußte in Übereinstimmung mit dem Kosmos gebracht werden. Obwohl nach 1934 okkulte Schulen, Astrologie und dergleichen offiziell verboten worden waren, wurde Himmler und

Hitlers früherer Privatastrologe Fuhrer zum Reichsbevollmächtigten für Mathematik, Astronomie und Physik ernannt. Während des Zweiten Weltkriegs entwickelte sich beispielsweise zwischen England und Deutschland ein regelrechter astrologischer Krieg, von dem der ungarische Astrologe und Hauptmann im britischen Geheimdienst, Louis de Wohl, in seinem Buch «Krieg der Sterne» berichtet (auch Louis MacNeice in «Astrologie»). Er war der Gegenspieler des von den Nazis in Haft gehaltenen Schweizer Astrologen Karl Ernst Krafft, der 1939 das Attentat auf Hitler im Münchner Hofbräuhaus vorausgesagt hatte.
Für die Nazis war das alles keine Spielerei. Aufgrund gefälschter britischer astrologischer Voraussagen wurde beispielsweise mehrmals das Auslaufen deutscher U-Boote verschoben. General Walter Dornberger, militärischer Leiter der Raketenversuche in Peenemünde, berichtet in seinem Buch «Der Schuß ins Weltall», warum die V-2 nicht rechtzeitig fertiggestellt werden konnte. Hitler hatte geträumt, daß der Himmel sich rächen würde, sollte die Rakete abgeschossen werden. Die Experimente wurden für mehrere Monate gestoppt, um zu prüfen, ob im Sinne der Hörbigerschen Lehre eine derartige Vergewaltigung der Stratosphäre nicht die Gefahr einer Katastrophe auf der Erde nach sich ziehen könnte. Der Berliner Polizeipräsident Graf Helldorf überliefert die Geschichte, wonach Hitler 1932 dem Hellseher Jan Erik Hanussen versprach, eine Hochschule zum Studium der parapsychologischen Phänomene einzurichten. Tatsächlich wurde später im Rahmen des SS-Forschungsamtes Ahnenerbe von Himmler persönlich eine Spezialabteilung zur Erforschung des Übernatürlichen installiert.

Hanussen, geborener Herschel Steinschneider, der nach Müllern-Schönhausen («Die Lösung des Rätsels Adolf Hitler») dem Führer die Tricks und Feinheiten der Redekunst und vor allem der Gestik beigebracht hatte und mehr oder weniger parteiamtlicher Hellseher geworden war, wurde 1933 liquidiert. Man hatte ihn ohnehin im Verdacht gehabt, ein Spion zu sein, und als er den Reichstagsbrand weniger aufgrund seiner hellseherischen Fähigkeiten als durch eine Indiskretion seines Freundes Graf Helldorf vorausgesagt hatte, machte die SA mit ihm kurzen Prozeß. Er wurde in der Nähe von Baruth bei Potsdam in einem Wald ermordet.
Für Scharlatane war im Reich kein Platz: In den Bereichen des Übersinnlichen und Magischen verstand man keinen Spaß. Das sollten später auch die Soldaten spüren, die während des Feldzugs gegen Rußland buchstäblich im Hörbigerschen Eis den deutschen Heldentod starben. Es waren nämlich die Anhänger Hörbigers gewesen, die einen milden Winter vorausgesagt hatten. Für die Esoteriker des Reiches war das Eis das Sinnbild des Todes, während die magische, geistige und psychische Energie durch das Feuer symbolisiert war.
Hitler war folgerichtig davon überzeugt, daß er mit dem Feuer im Bunde war, daß überall dort, wo er vorrückte, die Kälte weichen mußte. Denn schließlich war die Menschheit dabei, unter seiner Führung in den neuen geschichtlichen Zyklus des Feuers einzutreten. Dementsprechend leicht war die Ausrüstung der für den Rußlandfeldzug bestimmten Soldaten. Als im Dezember 1941 die Temperatur praktisch über Nacht auf mehr als vierzig Grad unter Null fiel, versagten die automatischen Waffen, zersetzte sich das synthetische Benzin in den Kani-

stern, vereisten die Lokomotiven, brachen die Soldaten unter der Kälte zusammen. General Guderian flog nach Berlin, um dem Führer die Lage zu erklären und um einen Rückzugsbefehl zu bitten, doch dieser erklärte ihm kurzerhand: «Greifen Sie an! Die Kälte ist meine Sache!» Es wurde die erste Niederlage der «Unsterblichen», die zuvor Polen und Frankreich mit Leichtigkeit erobert hatten.
Als sich im Sommer des nächsten Jahres das Blatt wieder zu wenden begann, als das Feuer doch wieder über das Eis zu triumphieren schien und die deutschen Truppen den Kaukasus besetzten, wurde auf dem Gipfel des Elbrus, dem heiligen Berg der Arier, eine Dankeszeremonie abgehalten. SS-Alpenjäger erkletterten den Gipfel und pflanzten dort die Hakenkreuzfahne auf, um so den endgültigen Anbruch des neuen Zeitalters zu symbolisieren.
Es ging nicht nur um Sieg oder Niederlage, nicht nur um Eroberung oder die «Schaffung neuen Lebensraumes». Nach dem Desaster von Stalingrad schrieb Goebbels: «Es ist ein Gedanke, eine ganze Weltanschauung, die hier unterliegen. Die geistigen Kräfte werden zunichte gemacht, die Stunde des Gerichts naht.» Und auch er war überzeugt: «Unser Ende wird das Ende des Universums sein!» Er schrieb dies, kurz bevor er im Führer-Bunker seine Frau, seine Kinder und sich selbst umbrachte.
Vor diesem okkult-esoterischen Hintergrund aber erst wird verständlich, was die Menschen der Normalwelt zutiefst erschreckte, was ihnen völlig unbegreifbar erscheinen mußte, als nach dem Krieg bruchstückhaft etwas von diesem Dritten Reich der Magier an die Oberfläche kam. Es waren die Bruchstücke einer so anders gearteten Welt, daß es mit ihren in Nürnberg vor Gericht gestellten Vertretern

gar keine Verständigungsmöglichkeit geben konnte. Eine Welt, die auch der Mehrheit der Deutschen fremd war, selbst wenn sie alle tatsächlich gewußt hätten, was in den Konzentrationslagern vor sich gegangen war.
Über diese Anderswelt hat man seither den Mantel des Schweigens gebreitet oder sie mit nüchternen und mechanischen Erklärungen zu überdecken versucht, und vermutlich sehen konventionelle Historiker auch gar nicht diese Dinge, die mit dem, was sie Geschichte nennen, nicht vereinbar sind.

### *Die Juden und die Welt der bloßen Vernunft*

Magie gegen Intellekt. Magische Wissenschaft gegen exakte Wissenschaft. Die Welt der Übermenschen gegen die Welt der Scheinmenschen.
Eugen Kogon («Der SS-Staat») hat die Konzentrationslager als die Hohlform des künftigen Staates unter dem Schwarzen Orden bezeichnet. Sie waren es, in einem viel tieferen Sinn. Der Mensch war der Stoff, der verändert werden mußte, um daraus jenen Menschentyp zu filtern, der mit den magischen Kräften des Universums ein neues goldenes Zeitalter erbauen sollte. Was in den Konzentrationslagern geschah, folgte den Geboten einer magischen Notwendigkeit, alles von dieser neuen Menschheit zu trennen, was der erwarteten Mutation im Wege stehen könnte. Die Konzentrationslager ließen sich in der Sprache der Magie und des Okkultismus durchaus als symbolischer Akt einer nachahmenden Magie bezeichnen, einen Entwurf für das, was schließlich allgemein geschehen sollte: die Völker und Menschen zu entwurzeln und sie den unerbittlichen

und grausamen Notwendigkeiten der Weltwende zu unterwerfen.
Dabei ging es nicht um den Juden an sich. Aber für die Magier von Thule war der Jude und damit ihr Gott letzthin synonym für die Ratio, gegen die schließlich die Entscheidungsschlacht auszufechten war: ein Krieg zwischen den Göttern. Für die Magier von Thule standen die Juden stellvertretend für alle aus der Welt der bloßen Vernunft, das ist der eigentliche Hintergrund für den tatsächlich metaphysischen Haß gegen sie, der kaum etwas mit dem lächerlichen Antisemitismus eines Lanz von Liebenfels zu tun hatte.
Die Juden waren die Meister der verhaßten Ratio, die Beherrscher jener selbstherrlichen Wissenschaft, die nach Ansicht Hitlers das Leben zerstörte, anstatt ihm zu helfen. Und das ganze verhaßte Christentum, der Erlöserglaube, die Moral, das Gewissen wie der Begriff der Sünde ging schließlich auf jenen Judengott zurück, der erst erschaffen wurde, lange nachdem die Abkömmlinge der Übermenschen eines anderen Zeitalters schon herabgestiegen waren, dazu berufen, über die Erde und die Gestirne zu herrschen.
Jetzt, am Ende des Zeitalters zersetzender Vernunft, konnte es nicht zwei verschiedene Welten geben, die Vernunftwelt mußte verschwinden. Um sie bekämpfen und zerstören zu können, bedurfte es aber eines sichtbaren, greifbaren Feindes. Auf eine Frage Rauschnings, ob der Kampf um die Weltherrschaft bedeute, daß die Juden vernichtet werden müßten, sagte Hitler: «Nein, denn dann müßten wir ihn (den Feind) erfinden. Man braucht einen sichtbaren Feind, nicht bloß einen unsichtbaren.» Dabei sah Hitler die Juden durchaus als gleichwertig an, ja er

bewunderte sie sogar in einem gewissen Sinn, denn er sagte:
«Übrigens sind die Juden bereit gewesen, mir in meinem politischen Kampf zu helfen. In den Anfängen unserer Bewegung haben mich sogar einige Juden finanziell unterstützt. Ich brauchte nur den kleinen Finger auszustrecken, und sie hätten sich alle um mich gedrängt. Sie wußten schon, wo etwas Neues und Lebendiges war. Der Jude ist es doch gewesen, der diese Wirtschaft der dauernden Bewegung und Steigerung erfunden hat, die man Kapitalismus nennt. Diese geniale Schöpfung mit einem raffinierten und doch simplen selbsttätigen Mechanismus. Machen wir uns nichts vor, es ist genial, teuflisch genial ... Das ist ihr Überreich, das sie über alle Reiche der Welt und ihre Herrlichkeit gespannt haben. Aber nun sind wir es, die mit der Weltanschauung der ewigen Revolution ihnen Konkurrenz machen. Ist Ihnen nicht aufgefallen, wie der Jude in allem und jedem das genaue Gegenspiel des Deutschen ist und ihm doch wieder so verwandt ist, wie es nur zwei Brüder sein können ... Diese ewig beweglichen Menschen, und wir mit unserem Glauben an die ewige Bewegung, wie so verwandt, und im anderen völlig verschieden! Es gilt wahrhaftig, den Entscheidungskampf über das Schicksal der Welt auszufechten.»
Es ist anzunehmen, daß auch Hitler und seine Thule-Brüder gelesen haben, was Herzl-Gegner und Begründer der Gruppe Bńai Zion und Verfechter eines nationalen Zionismus, Ascher Ginsberg, in seinem Buch «Transvaluation of value» schrieb:
«Das Gute ist das Eigentum des Übermenschen oder der Übernation, welche die Kraft besitzt, sich auszudehnen, ihr Leben zu vervollkommnen und der Herr

der Welt zu werden, ohne Rücksicht darauf, was das die große Masse der Angehörigen der tieferstehenden Völker kosten kann, und ohne Rücksicht auf den Schaden, den diese davon haben können. Denn einzig und allein der Übermensch und die Übernation ist die Blüte oder der Gipfelpunkt in der großen Menschenmasse. Alle übrigen Nationen sind nur dazu geschaffen, um dieser Lage zu dienen.»

Es konnte aber nur einen Übermenschen, ein auserwähltes Volk geben.

«Es kann nicht zwei auserwählte Völker geben. Wir sind das Volk Gottes. Besagt das nicht alles...? Zwei Welten stehen einander gegenüber. Der Jude ist der Gegenmensch, der Antimensch. Der Jude ist das Geschöpf eines anderen Gottes.»

Sie waren die Repräsentanten der Gegenwelt, der Welt der Vernunft, der abendländischen Wissenschaft, der Verschwörung eines kleinlichen und primitiven humanistischen Bewußtseins gegen eine Menschheit, die eben dabei war, einen neuen kosmischen Feuerstoß zu empfangen. Und eben weil es ein Kampf der Götter, ein Kampf der Götter aus der grauen Vorzeit der hyperboreischen und atlantischen Riesen gegen den Gott der Bibel, den Gott des christlich-jüdischen Abendlandes war, mußten es zunächst und zuallererst die Juden sein, die der «Goldenen Dämmerung» der neuen Zeit zum Opfer gebracht wurden. Wie schon Crowley geiferte:

«Erbarmen laß beiseite, verdamme die Mitleidigen! Töte und foltere, schone nicht! Auf sie! Tritt die Heiden nieder, komme über sie, o Krieger, ich will dir ihr Fleisch zu essen geben!»

Es kommt der Wahrheit wohl ziemlich nahe, was der bereits zitierte Schweizer Schriftsteller Alfons Rosenberg im Zusammenhang mit der Begegnung Hit-

lers mit einem Abgesandten des Crowleyschen Geheimordens «SS» (Silver Star) vermutet:
«Die entsetzlichen Vorgänge in den Konzentrationslagern muten wie Realisationen des Crowleyschen Satanismus an.»

## Der Schwarze Orden

Auf einem vorspringenden Felsen hoch über dem kleinen Fluß Alme erhebt sich in der Nähe von Paderborn in Westfalen die Wewelsburg in wuchtiger Dreiecksform über der Landschaft. Einst hauste hier der Raubritter Wewel von Büren, später war diese einzige Höhenfeste Westfalens Zufluchtsstätte der Paderborner Bischöfe. Nun diente sie anderen Zwecken: «Sie war sozusagen das große SS-Kloster», schreibt Walter Schellenberg in seinen Erinnerungen, «wohin der Ordensgeneral einmal jährlich das Geheimkonsistorium einberief. Hier sollten alle, die zur obersten Ordensführung zählten, geistige Exerzitien und Konzentrationsübungen abhalten. In dem großen Versammlungssaal besaß jedes Mitglied einen bestimmten Sessel mit einem Silberblättchen, auf dem sein Name eingraviert war.»

Dort saß die Tafelrunde des Schwarzen Ordens, dort saßen die Auserwählten, «ein ganz kleiner, aus hochstehenden Persönlichkeiten und SS-Führern bestehender Kreis, der über die wesentlichen Theorien und Ziele im Bilde war», wie Karl Poetel («Typologie de l'Ordre Noir») schreibt. «Die Mitglieder der verschiedenen untergeordneten Trupps erfuhren nur Bruchstücke davon.»

Was in dieser Burg wirklich geschah, darüber gibt es nur wenige Hinweise. Sicher dürfte sein, daß sich die regelmäßigen Konferenzen und Meditationen, zu denen sich der innere Kreis des Schwarzen Ordens hier traf, für Uneingeweihte «kaum von Spiritistenzusammenkünften unterschieden», wie Heinz Höhne mutmaßt.

Unter dem 35 Meter langen und 15 Meter breiten Speisesaal verbarg sich das Allerheiligste des Ordens: Mitten in einem riesigen Kellergewölbe aus farbigem Naturstein öffnete sich eine brunnenartige Vertiefung, zu der mehrere Stufen hinabführten. Eine steinerne Schale bildete das Zentrum, umgeben von zwölf steinernen Sockeln an den Wänden. Angeblich wurden in dieser Schale die Wappen toter SS-Führer verbrannt und die Urnen mit der Wappenasche auf den steinernen Sockeln postiert. Die Entlüftung des Kellergewölbes durch vier faustgroße Löcher in der Decke schien in der Tat so konstruiert gewesen zu sein, daß sich während der Verbrennungszeremonie der Rauch wie eine Säule im Raum hielt: Geisterstunde in Wewelsburg.
Man hat sich allerlei Geschichten über die Wewelsburg und die mystischen Neigungen des Reichsführers SS, des Ordensgenerals, erzählt. Der Legende nach soll Himmler einmal prophezeit worden sein, den nächsten Sturm aus dem Osten werde nur eine Burg in Westfalen überstehen, worauf er das Land nach einer geeigneten Festung habe absuchen lassen. Man sah die Burg allenthalben als Ausdruck des Himmlerschen Spleens, bestenfalls einer übersteigerten Geschichtsromantik: «Der Romantiker Himmler», schreibt Höhne, «hatte seine Marienburg gefunden, denn wie er in der SS einen zweiten Deutschritter-Orden sah, so plante er auch die Wewelsburg als geistiges Zentrum, als Stätte der Inspiration des neuen Ordens, analog der Marienburg in Westpreußen, in der einst die Hochmeister der Deutschritter die Herrschaft über die Slawen konzipiert und ihre berühmtesten Toten unter dem Chor der Schloßkirche begraben hatten.»
Die Tatsache, daß Heinrich Himmler als Mitglied

des Thule-Ordens auf der unter anderem von Bender überlieferten Liste aufscheint, läßt die Vermutung zu, daß die SS wie auch die Funktion der Wewelsburg mehr als eine bloße Nachahmung deutscher Ritterromantik sind. Die ganze Struktur der SS weist darauf hin, daß es sich bei ihr um eine Nachahmung der Organisationsform okkulter Orden gehandelt hat. Und die Wewelsburg war das magisch-geistige Zentrum des Ordens, das magische Zentrum des «neuen Thule», wo sich die Eingeweihten zwecks geistiger Verwandlung jener im Okkultismus und in der Magie üblichen inneren Gymnastik hingaben. Allerdings liegt auch die Vermutung nahe, daß die breiteren Kreise der SS ganz bewußt in dem Glauben an eine idealisierte Vorstellungswelt altdeutschen Heldentums gelassen wurden. Die SS war alles andere als eine Polizeitruppe — sie war ein regulärer religiöser Orden mit einer hierarchischen Gliederung, die von den Laienbrüdern bis zu den obersten Graden reichte, jenen, von denen man innerhalb der Partei und der SS als «den Männern, die dem inneren Kreis angehören» sprach. Der Schwarze Orden war die praktische Realisation der esoterischen Ziel- und Glaubensvorstellungen der Thule-Brüder: der Glaube an Mächte, welche die gewöhnlichen Kräfte des Menschen bei weitem übersteigen. Und darüber hinaus war die Schutzstaffel die exakte, gewissermaßen modellartige Vorform jenes weltlichen Priesterstaates, der Hitler vorgeschwebt war: einer Gesellschaft, die aus Herren, Unmündigen und Sklaven bestehen sollte.
Weil sie genau der Hohlform der nationalsozialistischen Gesellschaftsutopie entsprach, den Über- und Untermenschenvorstellungen aus der Thule-Welt, ist die SS auf verschiedenartigste Weise interpre-

tiert worden. Einige sahen in ihr eine von einem dämonischen Willen angetriebene Organisation fanatischer Ideologen und Herrschaftsfunktionäre, einen festgefügten Block einer einheitlichen Clique, andere hielten sich an jene in erster Linie von Heinz Höhne begründete Version: «Daß die SS tatsächlich differenzierter und komplexer war als jene monolithische Verbrecherorganisation, die auf der Anklagebank des Internationalen Militärtribunals saß, eine Bande von ‹Idealisten und Verbrechern, von Ehrgeizlingen und Romantikern› ohne jede Ideologie, die ihr einheitlich zugrunde lag.»
Oberflächlich betrachtet mag das alles zutreffen. Indessen wird bei all diesen Interpretationen nicht nur die geistige Herkunft des Nationalsozialismus wie der SS übersehen, sondern vor allem der Aufbau des Schwarzen Ordens: Ihm lag eine exakt abgestimmte Hierarchie zugrunde, angefangen von dem Ordensgeneral, den Ordensoberen, den Gruppenführern, bis hinunter zu den menschlichen Kampfmaschinen, deren einziger Sinn und Zweck es war, den Tod zu geben und den Tod zu empfangen. Was für Eingeweihte eine esoterische Forderung war, das war für die Kampfmaschinen eine schlicht physische Angelegenheit auf dem Schlachtfeld.

## *Himmlers «Jesuitenstaat»*

Wie Haushofer (und im übrigen die Blavatsky-Nachfolgerin Anni Besant) war Heinrich Himmler ein begeisterter Anhänger des Ignatius von Loyola. Er besaß, wie SD-Führer Schellenberg bezeugt, «die beste und größte Bibliothek über den Jesuiten-Orden und hatte die umfangreiche Literatur jahrelang in nächtlichen Stunden studiert. So wurde die SS von ihm nach den Grundsätzen des Jesuitenordens aufgebaut.»

Tatsächlich erinnert rein äußerlich vieles in der SS an die Gesellschaft Jesu: die Doktrin des Gehorsams, der Kult der Organisation. Ähnlichkeiten, die Heinz Höhne verblüffen: «Hier wie dort ein mit größten Privilegien ausgestatteter Orden, frei von jeder weltlichen Jurisdiktion, geschützt durch strenge Aufnahmebedingungen, zusammengehalten durch das Gelübde absoluten Gehorsams gegenüber dem Oberherrn, hier Papst genannt, dort Führer geheißen. Die beiden Organisationen weisen noch mehr historische Parallelen auf: Die Jesuiten gründeten im 17. Jahrhundert unter den Indianern Paraguays einen eigenen Staat, der sich weltlicher Oberhoheit entzog — die SS des Zweiten Weltkriegs träumte von einem SS-Staat außerhalb des Großdeutschen Reiches, dem SS-eigenen Reichsland Burgund mit autonomer Regierung, Armee, Verwaltung und einer Gesandtschaft in Berlin.»

Tatsächlich verkündete Himmler im März 1943: «Auf der Friedenskonferenz wird die Welt erfahren, daß das alte Burgund wieder auferstehen soll, dieses Land, das einst die Heimat der Künste und der Wissenschaft war und das Frankreich auf den Rang eines in Weinessig konservierten Blinddarms herabgedrückt hat. Der souveräne Staat Burgund mit seiner Armee, seinen Gesetzen, seinem Münz- und Postwesen wird der Modellstaat der SS sein. Er wird die französische Schweiz einbeziehen, die Pikardie, die Champagne, die Franche-Comté, den Hennegau und Luxemburg. Die offizielle Sprache wird selbstverständlich die deutsche sein. Die nationalsozialistische Partei wird keinerlei Rechte in diesem Staat

ausüben. Einzig und allein die SS wird herrschen, und die ganze Welt wird starr vor Staunen sein über diesen Staat, in dem die Weltanschauung der SS in die Praxis umgesetzt werden soll.»
So weit kam es freilich nicht, der Gang der Ereignisse hat verhindert, daß sich die SS vollends zu einer staatsführenden Glaubensgemeinschaft mit souveränen Übermenschen umgewandelt hat, starr vor Staunen war die ganze Welt einschließlich der Deutschen aber auch so.
Vorbild für die Struktur des SS-Ordens waren freilich nicht nur die Jesuiten — abgesehen davon, daß die Doktrin des Gehorsams und der blinden Unterwerfung als Kernelement eines Ordens keine exklusiv jesuitische Angelegenheit war. Dies ist etwas, was sich auch heute noch, zum Beispiel im Ashram des Hitler- und Gurdjieff-Verehrers Bhagwan Shree Rajneesh findet, der in einem Gespräch mit einem *Spiegel*-Reporter Folgendes sagte: «Es geht darum, sich selbst loszuwerden. Es geht um ‹total surrender›, um Hingabe, Selbstaufgabe, Unterwerfung. Es geht um Verzicht auf den eigenen Verstand, auf das eigene Urteil, auf alles, worauf menschliche Freiheit sich gründet.»
Die Nationalsozialisten holten sich die organisatorischen Formen, wo sie erfolgreich erprobt waren: bei den Okkultisten, bei den Freimaurern, bei der katholischen Kirche, bei den Jesuiten und bei den den Juden zugeschobenen «Protokollen der Weisen von Zion». So sagt Hitler selbst zu Hermann Rauschning:
«Ich habe die revolutionäre Technik bei Lenin und Trotzki und anderen Marxisten studiert. Ich habe bei der katholischen Kirche wie bei den Freimaurern Einsichten gewonnen, die ich nirgendwo an-

ders hätte erfahren können ... Vor allem habe ich von den Jesuiten gelernt. Übrigens tat das Lenin auch, soviel ich mich erinnere. Etwas Großartigeres als die hierarchische Ordnung der katholischen Kirche hat es bisher auf der Welt noch nicht gegeben. Ich habe vieles unmittelbar auf die Ordnung meiner Partei übertragen. Fast zweitausend Jahre Bestand unter den wechselnden Schicksalen, das will etwas bedeuten!»

Zweitausend Jahre! Das mußte Hitler beeindrucken. Diese Aussagen aber bestätigen, daß der jesuitische Aufbau des SS-Ordens keineswegs eine exklusive Idee Heinrich Himmlers war, sondern aus einem allgemeinen Ordnungsbegriff der Thule beziehungsweise der nationalsozialistischen Bewegung war. Hitler konnte Rauschning gegenüber gar nicht aufhören zu schwärmen:

«Die katholische Kirche ist vor allem vorbildlich wegen ihrer ungemein klugen Taktik und Menschenkenntnis, wegen ihrer weisen Einbeziehung menschlicher Schwächen in die Führung der Gläubigen. So habe ich mich bei der Behandlung unseres Programms als der ein für allemal gültigen Verfassungsurkunde unserer Partei strikte an die Art gehalten, wie die Kirche ihre ehrwürdige Bekenntnisurkunde behandelt hat. Sie hat nie daran herummodeln lassen. Sie hat alle Wünsche der wechselnden Zeit, alle Angriffe logischer Kritik gegen die einmal gültige Formulierung über anderthalb Jahrtausende zurückzuweisen vermocht. Sie wußte, daß man alles einer solchen Urkunde anhängen kann, das Widerspruchvollste und Entgegengesetzteste. Das verträgt das Volk der Gläubigen, das niemals Widersprüche auf logische Weise hinnimmt.»

Die Freimaurerei begeisterte Hitler desgleichen,

und er fand sie ebenso nachahmungswürdig: «Ich glaube natürlich nicht im Ernst an die abgrundtiefe Bosheit und Schädlichkeit dieser inzwischen verspießerten und in Deutschland immer harmlos gewesenen Vereinigung zur gegenseitigen Beförderung der eigenen Interessen. Ich habe mir sehr genau Bericht erstatten lassen. Nun, was da von angeblichen Greueln zutage kam, von Skeletten und Totenköpfen, Särgen und geheimnisvollen Zeremonien, das ist alles Kinderschreck. Aber eins ist das Gefährliche und ist auch dasjenige, was ich von den Freimaurern übernommen habe: Sie bilden eine Art Priesteradel. Sie schließen sich durch besondere Bräuche ab. Sie haben eine Geheimlehre entwickelt, die keine einfach formulierte Lehre ist, sondern in Symbolen und geheimnisvollen Riten stufenweise höhere Einsicht gewährt. Der hierarchische Aufbau und die Erziehung durch Symbole und Riten, das heißt ohne den Verstand zu behelligen, sondern durch Befruchtung der Phantasie, durch magische Einwirkung von kultischen Symbolen: das ist das Gefährliche und Große und von mir Übernommene. Sehen Sie nicht, daß unsere Partei etwas ganz Ähnliches sein muß? Ein Orden, die hierarchische Ordnung eines weltlichen Priestertums. Aber das bedeutet natürlich, daß es nicht etwas Ähnliches von anderer Seite geben darf. Entweder wir oder die Freimaurer oder die Kirche. Aber niemals zwei nebeneinander. Das schließt sich aus ... darum werden wir beide beseitigen, die Kirche und die Freimaurer.»
Alles das war im Schwarzen Orden konsequent verwirklicht: Er hatte seine Hierarchie, seine magischen Symbole, seine Rituale, seine Zeremonien, seinen eigenen Kult. Dieses geheimbündlerische Prin-

zip war aber keineswegs die Erfindung Hitlers. Schulz zitiert einen Text aus der Ursprungszeit des Nationalsozialismus respektive der Thule-Bewegung:

«Ob es sich um Gewerkschaften, um die Jesuiten, um die Freimaurer oder um die (studentischen) Corps handelt, immer gilt der Geist des Bundes ... als höchster Wert und nicht der Vorteil des Bürgers. Und jede Erziehung, welche er lehrt, die Gesetze des unheiligen Staates und seiner Bürger geringer zu achten als das Gebot des Bundes, dessen Geist man sich verschrieben hat, ist ein Segen. Sie zersetzt den Zweckverband der Verfallszeit, der sich Staat zu nennen wagt, und legt zugleich den Grund für einen künftigen und echten, in dem sie die alte Gemeinschaft bewahrt und neue schöpft. Hier liegt der Segen der Streiks bei den Gewerkschaften, des Ordensgehorsams bei den Jesuiten, des Kultes bei den Freimaurern ... Wer streikt, wer dem Orden gehorcht, wer durch den Ritus verpflichtet wird ... setzt eben damit das Gesetz des Staates, den die Bürger errichtet haben, außer Kraft ... indem er das Gesetz des Bundes einhält, dem er verpflichtet ist und höher und tiefer verpflichtet ist als dem bürgerlichen Zweckverbande.»

Ähnliche Gedanken formulierte beispielsweise der «Nationalist» Friedrich Hielscher, für den in den Augen der damals jungen Generation der Staat seine «Heiligkeit abgelegt, seine Weihe verloren» hatte. Der Weg zur SS war somit von Anfang an konsequent. Es ist kein Zufall, daß Hielscher so etwas wie der geistige Lehrer Wolfram Sievers gewesen war, der schließlich zum Vollstrecker, zum priesterlichen Henker, zum rituellen Würger des Schwarzen Ordens werden sollte.

Sievers war der Leiter des SS-Forschungsinstitutes «Ahnenerbe», das wiederum auf eine Anregung Hielschers zurückging. Letzteren wiederum verband eine Art mystische Freundschaft mit dem Tibet- und Asienforscher Sven Hedin, welcher wiederum eng mit Karl Haushofer befreundet war und immer wieder mal bei Hitler in der Reichskanzlei vorbeischaute.

Diesbezügliches liefert Ernst Jünger in seinem Buch «Strahlungen», das seine Tagebücher während der Besetzung von Paris enthält. Er gab darin den verschiedenen SS-Persönlichkeiten (zu denen Hielscher interessanterweise offiziell nie gehörte) vorsichtshalber Pseudonyme. So nannte er Hitler «Kniebolo» und Hielscher «Bogo». Unter dem 14. Oktober 1943 schreibt nun Jünger folgendes über einen Besuch bei «Bogo»:

«Früher glaubte ich, daß er in die Geschichte unserer Zeit eingehen würde als eine ihrer geistreich überspitzten, doch weniger bekannten Figuren, und heute glaube ich, daß er mehr bewerkstelligen wird. Vor allem sind viele, ja vielleicht die meisten der geistig bewegten jungen Leute der Generation, die nach dem Weltkrieg heranwuchs, durch seinen Einfluß und oft durch seine Schule hindurchgegangen ... Er bestätigte mir den Verdacht, den ich seit langem hege, nämlich den, daß er eine Kirche gegründet hat. Jetzt sitzt er über der Dogmatik, während er mit der Liturgie schon weit gediehen ist.»

Bevor der ehemalige SS-Obersturmbannführer und Leiter des Amtes «Ahnenerbe», Sievers, in Nürnberg zum Galgen geführt wurde, bat er, ein letztes Mal seinen Kult zelebrieren und seine Gebete sprechen zu dürfen. Es war Hielscher, der Sievers zur Hinrichtung begleitete und ihm beim Beten half.

Selbstverständlich blieb Hielscher wie Karl Haushofer in Nürnberg unbehelligt. Sie waren keine Mitglieder der SS, Hielscher nicht einmal der Nationalsozialistischen Partei. Und dennoch schienen sie beide mit der ganzen Bewegung mehr zu tun zu haben als jene, die mit der SS-Rune am Revers später irgendwo im Schützengraben liegen sollten.
Die Schutzstaffel als religiöser Orden: Es ist wohl auch mehr als ein Zufall, daß jener neuerliche, von Hörbiger verkündete Feuerstoß aus dem Kosmos zur Erweckung eines neuen Menschentums mit der Gründung der SS zusammenfiel. Hier findet sich im übrigen tatsächlich eine Parallele zum Deutschritterorden: Auch bei dessen Entstehung soll das kosmische Pfingstfeuer über einige Auserwählte gekommen sein. Und nun war wieder ein solcher revolutionärer Augenblick der Befreiung des Menschen gekommen, die, wie Rauschning Hitler zitiert, «alle siebenhundert Jahre eine Stufe fortschreitet.»

### *Zuchtelite und Tötungsmaschine*

Die organisatorischen Ursprünge der SS als Konkurrenz für die mit den Militärs verbündeten SA-Truppen Röhms, als Stabswache zum persönlichen Schutz Hitlers vor dessen Landsberger Haft mochten tatsächlich noch höchst profan gewesen sein. Doch spätestens 1925, als das alte Stoßtruppmitglied und Chauffeur Hitlers, Julius Schreck, mit der landesweiten Aufstellung von Schutzstaffeln beauftragt wurde, zeichnete sich schon ab, daß hier etwas ganz anderes im Entstehen war als eine bloße Leibwache. Was Schreck suchte, war das erste Rohmaterial zur Züchtung des neuen Menschen, ja der Elite des künftigen Reiches. Auf dem zweiten Parteitag in Weimar, am 4. Juli 1926, erhielt die SS ihren Segen von höchster Stelle: Hitler verlieh ihr die «Blutfahne», jenes Tuch, das den Nazis bei ihrem mißglückten Putsch im November 1923 vorangeflattert war. Noch bevor Himmler als Ordensgeneral an die Spitze der Schutzstaffel berufen wurde, waren ihre Mitglieder zu «Edelingen» des im Entstehen begriffenen Reiches avanciert: «Der SS-Mann ist das vorbildlichste Parteimitglied, das sich denken läßt!» heißt es da in einer SS-Weisung.

Der Begriff Elite im herkömmlichen Sinn trifft zunächst nicht zu, wenngleich die Aufnahme in die SS von allem Anfang an strengsten Kriterien folgte. Doch nicht Besitz, Herkunft und Bildung waren gefragt. Was den SS-Mann in erster Linie aus der Masse herausheben sollte, war der biologische Adel. Darum das uneinheitliche Bild, das die SS dem Betrachter auf den ersten Blick bietet, sowohl was die Herkunft der SS-Edelinge betrifft als auch ihre Einordnung in die unter Himmler dann endgültig ausgefeilte Hierarchie. Waren es zuerst in der Mehrzahl nur entwurzelte Haufen einer verlorenen Frontkämpfergeneration, Entwurzelte aus dem Bürgertum, die zur SS stießen, so waren es später durchaus auch Menschen mit höheren geistigen Ansprüchen als der bloßen Sehnsucht nach einem romantisierten Landsknechtleben.

Nach der Machtübernahme der Nationalsozialisten und auch schon kurz zuvor waren namhafte Aristokraten zur SS gestoßen wie der Erbprinz zu Waldeck und Pyrmont, der Erbgroßherzog von Mecklenburg, die Prinzen Wilhelm und Christoph von Hessen oder der Graf Bassewitz-Behr. Schon 1938 besetzten die schwarzuniformierten Adeligen

18,7 Prozent der Obergruppenführer- und 9,8 Prozent der SS-Gruppenführerposten.
Spätestens zu diesem Zeitpunkt war die SS jener Orden, der, wie Hitler es ausdrückte, in Symbolen und Riten stufenweise höhere Einsicht gewährte, deren aber nur die wenigsten Mitglieder teilhaftig wurden. Was äußerlich vom Schwarzen Orden sichtbar wurde, waren die Verbände menschlicher Maschinen — der inneren Struktur nachgebildet wie Gießformen einem Original.
Aber auch da fehlte es nicht an Mystik und Symbolik, und allein die äußere Erscheinung des SS-Mannes demonstrierte von Kopf bis Fuß seine Zugehörigkeit zu einer Elite mit geheimnisvollem Hintergrund: schwarze Tellermütze mit schwarzem Sturmriemen und silbernem Totenkopf, schwarze Uniformjacke, darunter Braunhemd mit schwarzen Lederknöpfen und schwarzem Binder, schwarze Stiefelhosen, die in schwarzen Lederstiefeln steckten. Die Schulterstücke zeigten feinste Abstufungen und wiesen, wie die Kragenspiegel, auf eine fein verästelte Hierarchie.
Doch ehe der Bewerber diese martialische Montur überziehen durfte, hatte er etliche Hürden zu nehmen. Die erste war das Rasse- und Siedlungshauptamt, die die Reinrassigkeit des Kandidaten prüfte, desgleichen seine körperliche Eignung. Mit der «Pingeligkeit eines gelernten Hühnerzüchters» (Höhne) achtete Himmler darauf, daß den SS-Männern nicht jene Ebenmäßigkeit im Bau fehlte, die zum Bild des «schönen, sich selbst gebietenden Gottmenschen» gehörte, der in Hitlers Ordensburgen als lebendes Kultbild stehen sollte.
Wie in jedem anderen Geheimorden auch wartete dann auf den Bewerber ein System anhaltender Prü-

fungen und Bewährungen, das er durchlaufen mußte, um sich endlich SS-Mann nennen zu dürfen. Die einzelnen Stationen des SS-Noviziats orientierten sich am nationalsozialistischen Festtagskalender: Am 9. November, dem Jahrestag des Münchner Putsches, trat der Kandidat in die SS ein und wurde zum Staffel-Bewerber ernannt. Am Tag der Machtübernahme, am 30. Januar, bekam er als Staffel-Jungmann einen vorläufigen SS-Ausweis. Am 20. April, dem Geburtstag Hitlers, bekam er seinen endgültigen Ausweis und seinen Kragenspiegel und legte den Eid auf den Führer ab.
Besonders magisch, berichtet Heinz Höhne, vollzog sich der Schwur in der Verfügungstruppe; der Eid wurde dort, anders als bei der allgemeinen SS, an jedem 9. November um 22 Uhr in Gegenwart des Führers an den heiligen Stätten des Nationalsozialismus in München geleistet. Höhne zitiert das Freundeskreis-Mitglied (gab's das nicht auch bei Thule?) Helfferich: «Er denke heute noch gerührt an die mitternächtliche Vereinigung vor der Feldherrnhalle in München. Prächtige junge Männer, ernst, in tadelloser Haltung und Ausrüstung. Eine Elite. Mir traten die Tränen in die Augen, als die Tausenden bei Fackelschein im Chor den Treueschwur sagten. Wie ein Gebet.»
Das war es denn wohl auch, obschon das Mitglied der «allgemeinen SS» kaum wußte, was er da in der Person des Führers, dem er nun Treue bis in den Tod geschworen hatte, eigentlich anbetete. Noch hatte der künftige SS-Mann einen langen Weg zurückzulegen, um überhaupt erst einmal ein sicheres SS-Mitglied zu werden. Das war er in der Regel am nächsten 9. November, wenn er den SS-Katechismus auswendig gelernt und seine Pflichtzeit bei Arbeits-

dienst und Wehrmacht absolviert hatte. Dann wurde er endgültig in den Orden aufgenommen und durfte diesmal dem Reichsführer SS, Heinrich Himmler, für sich und seine künftige Familie schwören, daß er einzig und allein nach rassischen Gesichtspunkten und mit ausdrücklicher Erlaubnis des Rassenamtes und Himmlers heiraten werde. «Dann erhielt das junge Ordensmitglied den SS-Dolch und tauchte damit ein in eine bizarre, exklusive Bruderschaft, in der sich Sektenfanatismus, feudalistische Lebensgewohnheiten und romantischer Germanenkult mit modernem politisch-wirtschaftlichem Management und kaltblütigster Staatsräson zu einem seltsamen Gemisch vermengten.»

### *Eine andere Welt, eine andere Moral, eine andere Ehre*

Der SS-Mann lebte in der Tat in einer anderen Welt, selbst wenn er nicht zur Verfügungstruppe oder zu der Elite der Mönche der Totenkopf-SS oder zu einem der inneren Kreise der Ordenshierarchie gehörte: Die SS war ein Staat im Staat. Bereits 1939 wurde durch Verordnung des Ministerrats für die Reichsverteidigung eine Sondergerichtsbarkeit für die Angehörigen der Reichsführung SS (die Verfügungstruppen), die SS-Totenkopfverbände und deren Verstärkungen, für die Angehörigen der Junkerschulen, des Sicherheitsdienstes sowie alle SS-Führer ab dem Rang eines Sturmbannführers geschaffen. Der SS-Mann hatte somit eine eigene Ehre, die er, wie Himmler 1935 verfügte, «mit der Waffe zu verteidigen» auch verpflichtet war. Mit Zustimmung des Reichsführers durfte damit der SS-Mann wie zu alten Ritterszeiten einen anderen zum Duell herausfordern. Darüber hinaus implizierte die Vorstellung einer eigenen SS-Ehre die Anwendung des Selbstmordes, natürlich vorbehaltlich der Zustimmung des Reichsführers SS. In einem solchen Fall waren die Angehörigen des Selbstmörders zu versorgen, wie wenn er gefallen wäre. Später wurde diese Sondergerichtsbarkeit auch auf die Angehörigen der Waffen-SS und deren ausländische Freiwilligen sowie auf andere Gruppen verschiedener Wehrmachtsteile ausgedehnt, soweit sie irgendwie der SS unterstellt waren.

Allenthalben vermißt die NS-Forschung innerhalb der SS das einheitliche theoretische Fundament, die Ideologie, und ortet als einziges Unterscheidungsmerkmal zur Partei einen «eigenen Lebensstil», die zweckfreie Ethik des Kampfes um des Kampfes willen.

Der Historiker Hans Buchheim schreibt: «Wie bei den Nationalsozialisten überhaupt, so war auch in der SS der Bestand an weltanschaulicher Doktrin und theoretischen Lehrsätzen erstaunlich gering. Das überlieferte Schulungsmaterial bietet im großen und ganzen das Übliche, was man aus der Zeit des Dritten Reiches kennt: tendenziöse Biologielehre und verballhornte Geschichte.»

Das ist allerdings nicht unbedingt verwunderlich, denn für die SS galt ebenso wie für die Partei, was Rosenberg in einem von Rauschning überlieferten Vortrag in der Marienburg des alten Deutschritterordens sagte: Die alte politische Weltanschauung des Nationalsozialismus könne für die Masse ruhig weiter Geltung haben. Aber für den Kreis der wissenden Parteigenossen gelte es, einen Ring innerhalb der Partei zu schaffen. Und für den Fall des

Falles müsse der wissende Personenkreis als eine geheime Priesterschaft da sein, um auch ohne das Hilfsmittel einer äußerlich sichtbaren Organisation die Ideen der Nazis in andere Zeiten hinüberzuretten. Für die SS beziehungsweise für die Mehrheit der SS-Mitglieder mußte dies dann in besonderem Maße Geltung haben. Denn es trifft für die SS ja zu, was Buchheim an anderer Stelle seiner «Anatomie des SS-Staates» schreibt:
«Es ging nicht um philosophische oder ethische Fragen, sondern um die optimale Einsatzbereitschaft und Einsetzbarkeit der Mannschaft zu handfesten Zwecken. Dem zu dienen, war der Sinn des SS-Geistes. Der Kämpfer der SS ... hatte uneingeschränkt und für beliebige Zwecke verfügbar zu sein ... Dem SS-Mann ... wurde der Feind vorgeschrieben, ihm wurde gesagt, daß seine Sache die einzig und absolut Gute sei, die ihrer Natur nach siegen werde ... Der ideale SS-Mann setzt seinen Ehrgeiz darein, jeden Auftrag auszuführen, ohne viel nach dessen Sinn und Berechtigung zu fragen oder sich Rechenschaft über die angewandten Mittel zu geben.»
Oder wie Himmler selbst am 17. Juli 1942 sagte: «Das Wort ‹unmöglich› darf es nicht geben und wird es niemals geben!»
Der Versuchsmensch der SS-Elite, dem «alles Schwache weggehämmert» wurde, dem in den SS-Schulen «Tausende von Jahren der menschlichen Domestikation ausgemerzt» wurden, dem das «freie, herrliche Raubtier» wieder aus den Augen blitzte, hatte — anders als der normale Soldat — Kämpfer aus Prinzip zu sein, Kämpfer um des Kampfes willen, der auch in seinem täglichen Leben ständig von dieser äußersten Möglichkeit und totalen Anspan-

nung bestimmt wird: Er hatte nach dem Kampf «den Helm wieder fester zu binden!»
«Glauben, gehorchen, kämpfen!» hatte es Himmler bei den Einweihungen von NAPOLAs (Nationalsozialistische Politische Akademien) auf den kürzesten Nenner gebracht. Oder anders ausgedrückt: «Wir müssen die Männer lehren, selbstlos das bißchen ‹Ich› zu vergessen, damit sie sich, wenn es sein muß, vorbehaltlos einsetzen und verbissen ihre Pflicht erfüllen!»
Das ist jene Ent-Ichung der Masse der «ewig Unmündigen und Dienenden», die am Ende die Nationalsozialisten auch der Mehrheit der «Verkümmerungsformen» der Massenmenschen zu anderen Zwecken zugedacht hatten und die Hitler gemeint hatte, als er sagte: «Wir sozialisieren den Menschen.»
Insofern kann der normale SS-Mann als Modellfigur der Menschen im künftigen Thule betrachtet werden: Er hatte nichts anderes zu sein als eine seelenlose Maschine, ein Roboter, der sich serienmäßig herstellen ließ, ein Roboter ohne Gewissen.
Was gar nicht bedeutet, daß man dabei einfach die negativen Eigenschaften, die «ewige Bestie» im Menschen kultiviert hätte, nein, so wie die wahre SS, wie der Kreis der Eingeweihten, wie die Menschen von Thule jenseits von Gut und Böse standen, hatte der SS-Mann ein Mann ohne Eigenschaften zu sein: ein Un-Mensch in der Tat, aber nicht in dem Sinne, daß die Organisation Himmlers sich hier bloß auf Sadisten verlassen hätte, die die Wollust des Mordens und Folterns angelockt hätte. Es ging bei allem und jedem um den «neuen Menschen» von Thule.
In diesem Sinne geschah auch alles im Namen einer

höheren Moral, einer Gegen-Moral, die alles rechtfertigte; selbst vor dem Verbrennungsofen im Konzentrationslager hatte der SS-Mann seine Ehre zu erhalten. In einer Rede vor hohen SS-Funktionären in Posen, zu denen Himmler zur «Endlösung» der Judenfrage sprach, formulierte er es so:
«Wir haben das moralische Recht, das Volk auszurotten, das uns ausrotten wollte.»
Gleichzeitig aber warnte er die SS-Führer eindringlich: «Aber niemand hat das Recht, sich auch nur an einer Mark oder einer Taschenuhr zu bereichern.» Das beschlagnahmte Judengut wurde tatsächlich an den Staat abgeführt. Wenn jemand beim Plündern ertappt wurde, so drohte ihm die Todesstrafe, «für eine Mark» sogar, wie Himmler ausdrücklich betonte.
«Wir haben diese schwerste Aufgabe aus Liebe zu unserem Volk vollbracht. Und wir haben keinen Schaden an unserer Seele, an unserem Charakter genommen.»
Wie denn auch, sie standen ja im Einklang mit dem Universum, handelten nach dem Gebot der «Vorsehung» und des «Allmächtigen» gleichviel wie Elia bei der Ausrottung der Baalspriester oder Samuel bei der Ausrottung der Amalekiter.
Der selbstauferlegte Zwang zur Härte, Grausamkeit und Unmenschlichkeit gegenüber den Untermenschen war natürlich eine scheußliche Sache, aber eben, es mußte sein. So erregte sich der Kommandeur der Sicherheitspolizei und des SD in Weißruthenien, daß «sogar die Tatsache, daß Juden, die sonderbehandelt werden sollten, ordnungsgemäß durch Fachärzte Goldplomben entfernt worden seien, zum Gegenstand von Unterhaltungen gemacht worden» sei. «Im übrigen sei es auch nicht

richtig», heißt es in der Aktennotiz, «daß meine Männer sich an diesen Exekutionen geradezu aufgeilen würden. Ich habe gegen diese Darstellung energisch protestiert und betont, daß es bedauerlich sei, daß wir über diese üble Arbeit hinaus auch noch mit Schmutz übergossen würden.»

Der Gedanke, wie schwer es eigentlich sei, die Pflicht der Judenvernichtung durchzuführen, kehrt auch bei Himmler immer wieder:

«Ich kann Ihnen sagen, es ist scheußlich und furchtbar für einen deutschen Menschen, wenn er das mit ansehen muß. Das ist es, und wenn es nicht scheußlich und furchtbar wäre, dann wären wir ja keine deutschen Menschen mehr ... Ebenso scheußlich, wie es ist, ebenso notwendig ist es gewesen und wird es in vielen Fällen noch sein, daß wir es durchführen.» Und deshalb galt für den SS-Mann, was Himmler in der bereits zitierten Posener Rede sagte:

«Sollte im Bereich Ihres Gesichtskreises jemals einer dem Führer oder dem Reich untreu sein, und sei es nur in Gedanken, so haben Sie dafür zu sorgen, daß dieser Mann aus dem Orden kommt, und wir werden dafür sorgen, daß er aus dem Leben kommt.»

Denn es war ja nicht so, daß die lebenden Tötungsroboter durch die SS-Reihen hindurch genau die Idealgeschöpfe waren, die sie hätten sein sollen, die seelenlosen Maschinen ohne Gewissen, aber mit Ehre. Es gab sie, es gab aber zweifellos ebenso viele, bei denen die nackte Wollust am Morden und Foltern ohne irgendwelchen mystisch-magisch-völkischen Hintergrund an die Oberfläche kam. Ebenso wie es jene gab, die sich einen Rest von Normal-Menschentum bewahrt hatten, eine Art Gewissen, «diese jüdische Erfindung», die «wie die Beschneidung eine Verstümmelung des menschlichen Wesens» ist, wie Hitler sich auszudrücken pflegte. Freilich, ob nun einer dem Idealbild der Tötungsmaschine entsprach, seine perversen Gelüste auslebte oder dabei Gewissensbisse empfand, war im Grunde genommen gleichgültig. Die Pflicht mußte erfüllt werden, und am Ende war es egal, wie sie erfüllt wurde, es zählte die Effizienz. Dabei bestand ja auch für die unteren SS-Chargen, für den normalen SS-Mann in seiner Behandlung qualitativ oft kaum ein Unterschied zu der eines KZ-Häftlings selbst, wie Buchheim belegt. Wer irgendwie aus dem Rahmen fiel, wer als Einzelgänger oder gar als Schwächling galt, den trafen die grausamsten Schikanen. Und das war nicht selten der Fall, weil es eben für einen geistig und seelisch normal veranlagten Menschen kaum möglich war, die Idealforderungen der SS zu erfüllen.

### *Laienbrüder, Priester und Hohepriester*

In der SS war eben nicht jeder gleich. Und wenn die NS-Führer der Meinung waren, daß es sich bei den von der SS durchzuführenden Maßnahmen um solche handelte, die zu begreifen das deutsche Volk nicht reif genug war, dann galt dies auch für den gewöhnlichen SS-Schergen:
«Es geht nicht darum, die Ungleichheit unter den Menschen abzuschaffen. Im Gegenteil: Man muß sie vergrößern und sie zu einem durch unüberwindbare Schranken geschützten Gesetz machen ... Die einfachen Kämpfer brauchen davon nichts zu wissen.» (Hitler zu Rauschning.)
Wenn nun vielfach die Meinung vertreten wird, die

SS habe nun keine «arteigene Ideologie» gehabt, und daß, wenn Himmler den Ehrgeiz gehabt hätte, seiner Organisation trotzdem einen eigenen Geist zu geben, dafür kein Kristallisationspunkt zur Verfügung gestanden hätte, so betrifft dies lediglich die allgemeinen SS-Verbände. Was einen Orden von seiner Umwelt unterscheidet, ist eben nicht eine fugenlose Doktrin, im Gegenteil, es ist das Wesen eines Geheimbundes, die eigentliche Doktrin dem Blick der Allgemeinheit, ja auch der Mehrheit seiner Mitglieder zu entziehen.

So ist es zwar verständlich, wenn die offizielle Geschichtsschreibung das, was dennoch davon sichtbar wurde, etwa das eher lächerliche Herumgeistern Himmlers in seiner Wewelsburg, als pseudomystisches Brimborium ohne eigentliche Bedeutung abtut oder als Versuch, durch «eine verstärkte hierarchische Ordnung innerhalb der Schutzstaffel» einer Gefährdung der Disziplin durch die sonderrechtliche Gleichmacherei entgegenzuwirken, wie Höhne vermutet.

Doch das hierarchische Prinzip stand von allem Anfang an fest. Denn die SS sollte ja tatsächlich das sein, was Hitler in bezug auf Kirche und Freimaurer formulierte, der Schwarze Gegenorden, der sich all dessen bedient, was in Kirche und Freimaurerei sich bewährt hatte, ein Orden mit Stufen der Einweihung, der Verantwortung und der Mitarbeit inklusive eines der profanen Welt verborgenen Wissens. So kann man Heinz Höhne denn wörtlich nehmen: «Durch das Kollektiv der SS zog der Reichsführer eine Grenzlinie, die des Ordens Priesterschaft und hohe Priesterschaft von den Laienbrüdern trennte. So gab es wie in anderen Orden die diversen Symbole der verschiedenen Grade. Für bewährte

SS-Führer, gleich welchen Ranges, gab es einen silbernen Ring mit dem SS-Totenkopf. Den SS-Ehrendegen erhielten nur mehr die Ränge ab dem Untersturmführer, dies allerdings nicht nach vorgeschriebenen Regeln, sondern ausschließlich nach Himmlers persönlichem Gutdünken. Der Degen sollte anzeigen, wen der Hochmeister des Ordens zur weiteren Hierarchie zählte. Aber nur zwölf waren dazu ausersehen, an der Tafelrunde in der Wewelsburg zu sitzen und an den Mysterien im Kellergewölbe teilzunehmen.»

Dabei ist bemerkenswert, daß «die Edelknappen der Schutzstaffeln, die Absolventen der Junkerschulen, den Degen automatisch nach bestandener Abschlußprüfung erhielten.» Hier in den Ordensburgen fand die eigentliche Auslese statt, das waren die Geheimuniversitäten, auf denen die neuen Gralsritter, die zukünftigen Mitglieder des Thule-Ordens geschult wurden. Hier erhielten sie ihre militärische und politische Ausbildung, aber auch eine okkulte Schulung entsprechend den Lehren von Georg Iwanowitsch Gurdjieff. Hier wurde nicht einfach nur der neue SS-Nachwuchs herangezogen. «Man schuf vielmehr», schreibt Rauschning, «einen jungen neuen Adel, der sich als ein verschworener Bund zusammenfügen sollte.»

Die Auslese dieses jungen Adels lernte hier, was in einem höheren metaphysischen Sinne es bedeutet, «den Tod zu empfangen», nämlich die Abtötung des Ichs, die vollständige Vernichtung jener Persönlichkeit, die sein wahres Selbst begrenzt und unterdrückt. Dies ist im Okkultismus die Voraussetzung für jeden Durchgang zu einem höheren Grad der Einweihung und — wie in der Freimaurerei — symbolisiert durch den Totenschädel.

Derjenige, der weiß, spricht freilich nicht. Es existiert zwar keine exakte Beschreibung jener Einweihungszeremonien in den Ordensburgen der SS, doch gibt es zahlreiche Hinweise, daß solche Rituale stattgefunden haben. Willi Frischauer interpretiert in seinem Buch «Himmler, the Evil Genius of the Third Reich» diese «Zeremonie der dicken Luft» als einen Augenblick absoluter Vertierung zwischen den Teilnehmenden. Eine möglicherweise etwas phantastische Auslegung, obzwar hier durchaus Ähnliches vorgegangen sein mag, das den Ritualen der Goldenen Dämmerer oder etwa Aleister Crowleys verwandt gewesen sein könnte.

### *Die Gießform für die Gesellschaft der Zukunft*

Tatsächlich gab es einen anderen Geist innerhalb der SS als den eines bloßen zweckorientierten Kampfverbandes.
Die SS sollte nicht nur das Zuchtmaterial für den neuen Menschen abgeben, sie sollte auch die Keimzelle einer künftigen neuheidnisch-magisch orientierten Gesellschaft sein, die Keimzelle einer neuen Religion. Dazu bedurfte es für die Mehrzahl der Mitglieder begreifbarer und handfester geschichtlicher Anknüpfungspunkte: das Germanentum, so wie es der Nationalsozialismus auch für die breite Masse konzipiert hatte. Den Ansatzpunkt dazu bot das Rittertum, der Deutschritterorden, Germanentum und Heidentum sollten die Integrationselemente der SS sein. So sollte es nicht nur die Wewelsburg als magisch-mystisches Zentrum geben. «Es ist mein Ziel», erklärte Himmler, «daß möglichst im Bereich jeder Standarte ein solcher kultureller Mittelpunkt deut-

scher Größe und Vergangenheit gezeigt werden kann.»

Schon 1937, berichtet Höhne, gründete Himmler eine Gesellschaft zur Förderung und Pflege deutscher Kulturdenkmäler, die vor allem Überreste aus der heidnischen Ära des frühen Mittelalters und der Deutschritterzeit betreute. Den wichtigsten Platz unter den diesbezüglichen Aktivitäten Himmlers nahm die König-Heinrich-I.-Gedächtnis-Stiftung ein — im Andenken an den aus sächsischer Dynastie stammenden König und Slawenbezwinger, auch Heinrich der Vogler genannt. An jedem Todestag des Königs pilgerte Himmler zur Gruft im Quedlinburger Dom, um dort in der kalten Krypta pünktlich zum mitternächtlichen Glockenschlag Zwiesprache mit dem anderen Heinrich zu halten.

Himmler maß sich übrigens die Fähigkeit zu, Geister zu beschwören, und, so vertraute er seinem Magnetiseur und Heilmasseur Kersten an: Wenn er im Halbschlaf liege, erscheine ihm stets der Geist des Königs und erteile ihm Ratschläge. Am Ende glaubte er daran, eine Inkarnation des Königs zu sein.

Nun, wie Höhne schreibt: «Derartiger Okkultismus entsprang keiner zwecklosen Liebe zur Geschichte. Der Umgang mit der Vergangenheit sollte dem SS-Orden einen Geist der Auserwähltheit einprägen, sollte eine historische Bestimmtheit begründen, die alle SS-Männer zu letzten Gliedern einer langen Kette germanischer Edelinge stempelte.»

Für den SS-Mann, und zwar für jeden, hatte der Eid, mit dem er sich seinem übermenschlichen, unwiderruflichen Schicksal auslieferte, konkrete und praktische Konsequenzen. Außerhalb der Ordensregeln gab es kaum mehr Platz für ein Privatleben. Liebe,

Ehe, Religion wurden der Vorzensur Himmlers unterzogen: Die Freuden im Bett wie die urmenschlichen metaphysischen Bedürfnisse hatten der Sache untergeordnet zu sein. «Liebe unter Willen», will heißen Sex zu höheren Zwecken, das steht auch über den Altären aller Sexualmagier von Guido von List über Crowley bis hinauf zum Bhagwan aus Poona.

*In der Sippe ewiger Kette bist du nur ein Glied ...*

In erster Linie sollte sich die SS durch ein konsequentes Neuheidentum von ihrer Umwelt abheben, sie sollte das Vorbild, der Sauerteig des heraufdämmernden magischen Zeitalters sein. An die Stelle kirchlicher Trauungen rückten die Ehe-Weihen unter den Siegrunen der alten Germanen. Dabei tauschten die Eheleute vor dem örtlichen Einheitsführer ihre Ringe aus und empfingen von diesem Brot und Salz.

Denn der Führer hatte schon 1933 verkündet:

«An die Stelle des Dogmas von dem stellvertretenden Leiden und Sterben eines göttlichen Erlösers tritt das stellvertretende Leben und Handeln des neuen Führergesetzgebers, das die Masse der Gläubigen von der Last der freien Entscheidung entbindet. Der christlichen Lehre von der unendlichen Bedeutung der Einzelseele und der persönlichen Verantwortung setze ich mit eiskalter Klarheit die erlösende Lehre von der Nichtigkeit und Unbedeutendheit des einzelnen Menschen gegenüber.»

Grundsätzlich konnte nur SS-Führer werden, wer der Kirche den Rücken kehrte und sich als «gottgläubig» bekannte. Bei Taufe oder Tod durfte kein

Geistlicher anwesend sein. Deren Stelle nahmen die örtlichen SS-Führer ein. Zur Taufe kam eine Geschenksendung aus der SS-eigenen Porzellan-Manufaktur in Allach bei München, beim vierten Kind ein Geburtsleuchter mit dem Spruch: «In der Sippe ewiger Kette bist du nur ein Glied.»
Innerhalb der SS sollte vorbildlich vorgemacht werden, was später nach Hitlers Plänen allgemein sein sollte: «Was wir tun sollen? Was die katholische Kirche getan hat, als sie den Heiden ihren Glauben aufgepfropft hat: erhalten, was zu erhalten geht, und umdeuten. Wir werden den Weg zurückgehen. Ostern ist nicht mehr Auferstehung, sondern die ewige Erneuerung unseres Volkes, Weihnachten ist die Geburt *unseres* Heilandes: des Geistes der Heldenhaftigkeit und der Freiheit. Meinen Sie, die werden nicht unseren Gott auch in ihren Kirchen lehren, diese liberalen Pfaffen, die keinen Glauben mehr haben, sondern nur ihr Amt? Ich garantiere Ihnen, so wie sie Häckel und Darwin, Goethe und Stephan George zu Propheten ihres Christentums gemacht haben, so werden sie das Kreuz durch unser Hakenkreuz ersetzen. Sie werden anstatt des Blutes ihres bisherigen Erlösers das reine Blut unseres Volkes zelebrieren; sie werden die deutsche Ackerfurche als heilige Gabe empfangen ... und dann, wenn es soweit ist, Streicher, werden die Kirchen wieder voll werden. Wenn wir es wollen, wird es so sein, wenn es unser Glaube ist, der dort gefeiert wird. Bis dahin hat es noch eine Weile ... Der Bauer soll wissen, was ihm die Kirche zerstört hat. Das ganze geheimnisvolle Wissen um die Natur, das Göttliche, das Gestaltlose, Dämonische. Sie sollen allmählich erfahren, mit welchen Schlichen ihnen die Seele gestohlen worden ist ...»

Freilich: Es waren ja nur die wenigsten, die als künftige Angehörige des Herrenstandes in den Ordensburgen und Junkerschulen das wahre Evangelium vom neuen, freien Menschen zu hören bekamen, «des Menschen, der Herr ist über Tod und Leben, Menschenfurcht und Aberglauben ... Der aber auch souverän ist gegenüber den Versuchungen des Geistes und einer angeblich freien Wissenschaft.»
So kam es, daß in der allgemeinen SS das Neuheidentum keineswegs so zog, wie Himmler es gewollt hätte, nur in den Elite-Truppen, den Verfügungstruppen und den Totenkopfverbänden bekannte sich die Mehrzahl zur neuen Gottgläubigkeit. Inwieweit das aber eine so große Rolle spielte, bleibt fraglich, schließlich war es bald gleichgültig, ob die kämpfenden SSler vor allem christlich oder gottgläubig Führer und Vaterland verteidigten. Die eigentlichen Pläne reichten ja weiter, waren langfristiger, und dafür waren ohnedies nur die wahren Edelinge vorgesehen. Im großen Experimentierfeld des europäischen Ostens sollte die SS-Elite als der «Neuadel aus Blut und Boden» die Junker-Rolle als Kleinkönige einer unterworfenen Bevölkerung einnehmen. Es ist nämlich ein Mißverständnis, wenn man die siedlungspolitischen Pläne Darrés und Himmlers als an der Wirklichkeit der modernen Industriegesellschaft vorbeigehend betrachtet, weil selbst im Dritten Reich die freien Bauernstellen von Jahr zu Jahr zusammengeschrumpft waren. Die Reagrarisierung Deutschlands sollte ja nie in Deutschland selbst erfolgen, sondern im großen, vom Nationalsozialismus beherrschten deutschen «Befehlsraum» Ost. Dort galt es, den slawischen Kleinbauern von seiner Ackerscholle zu lösen, ihn zum besitzlosen Arbeiter zu machen, damit seine Fruchtbarkeit

sinke. Ein Erbhofrecht in Deutschland selbst sollte die weichenden Erben zwingen, in den Osten zu wandern, um dort selbst Großbauer zu werden. Die Elite dieses neuen sozialen Aufbaus einer europäischen Ordnung sollte der SS-Adel sein. Rauschning zitiert Darré:

«Zu dieser Berufung einer deutschen Auslese müsse sie aber nicht bloß körperlich, geistig und politisch geschult werden, sondern sie müsse auch biologisch gepflegt und allmählich planmäßig hochgezüchtet werden.»

Dazu diente der Heiratserlaß Himmlers, dessen Einhaltung jeder SS-Mann durch Eid beschwören mußte. Wollte der SS-Mann heiraten, dann mußte er mit seiner Braut einen Fragebogen des Rasse- und Siedlungshauptamtes ausfüllen, eine erbgesundheitliche Untersuchung durch einen SS-Arzt über sich ergehen lassen, den arischen Stammbaum nachweisen und schließlich Badeanzugbilder von sich und seiner Frau einreichen. Erst dann wurde entschieden, ob die Heiratskandidaten würdig waren, in das Herdbuch, sprich «Sippenbuch» der SS eingetragen zu werden. Bei den SS-Führern entschied Himmler persönlich.

Offenbar war während der Zeit des Dritten Reiches die entsprechende Strahlung aus dem Kosmos noch nicht stark genug, denn die SS-Frauen erwiesen sich nicht geburtenfreudiger als die normalen deutschen Frauen, und auch der schon 1936 gegründete Aufzuchtverein «Lebensborn e.V.» mit seinen diskreten Mütterheimen mochten den SS-internen Nachwuchs nur geringfügig zu erhöhen.

Wie vieles andere standen diese Pläne erst in der Anfangsphase ihrer Realisierung, als sich auch schon die Götterdämmerung über das Reich von Thule auszubreiten begann. Man hatte noch viel Hochfliegenderes im Sinn gehabt, das Dritte Reich war ja erst der bescheidene Beginn der großen Welterneuerung, der Revolution kosmischen Ausmaßes, und die SS die erste Keimzelle, aus der der magisch sichtige Übermensch der Zukunft herauswachsen sollte: im SS-eigenen Staat Burgund und in den Ordens-Lehen im weiten Lebensraum von Vlissingen bis Wladiwostok.

«Als einzig Lebendes gibt es nur den Kosmos, das Universum, alle Wesen einschließlich des Menschen sind nur verschiedene Formen, die sich im Verlauf der Zeitalter des lebenden Universums immer mehr erweitern!»

Für jene SS-Männer, denen dies mit auf den Weg gegeben war, hatte indessen die SS mit einer nationalen und politischen Bewegung ebensowenig zu tun wie die nationalsozialistische Partei. Sie lebten ja nur, indem sie sich dieses allgemeinen kosmischen Seins bewußt waren, das durch sie andere, neue Formen des Lebens vorzubereiten im Begriff war. Für sie galten die Befehle, die ihnen die Götter übermittelten, ihnen, den Magiern, für die nach Auschwitz der ganze Planet zum Schmelztiegel werden sollte.

Wer die nationalsozialistische Entwicklung aus der Keimzelle des Thule-Ordens nicht berücksichtigt, mag bei oberflächlicher Betrachtung freilich auch bei der SS nur jene für die Massen bestimmte Sprache entdecken, die aber stets der Beschreibung un-

mittelbarer Ziele diente, hinter denen sich ganz andere Absichten verbargen.
Einiges darüber enthüllt das der SS eingegliederte Forschungsamt «Ahnenerbe», für das Nazi-Deutschland vermutlich mehr Geld ausgegeben hatte als Amerika für die Entwicklung der Atombombe. Damals verfügte das Forschungsamt über fünfzig Institute, die interessanterweise einem Spezialisten für heilige alte Texte unterstanden, der früher an der Münchner Universität Vorlesungen über Sanskrit gehalten hatte: Professor Wust.
Im «Ahnenerbe», an dem verständlicherweise Himmler besonderes Interesse hatte, wurden nicht nur Forschungen über die germanische Vorgeschichte betrieben. Das Spektrum reichte von der üblichen wissenschaftlichen Arbeit bis zum Studium okkulter Praktiken, von den an Häftlingen vorgenommenen «wissenschaftlichen» Experimenten bis zur Spionage in ausländischen Geheimgesellschaften.
Für den «Bereich des Übernatürlichen» wurde eine eigene Forschungsstelle eingerichtet, ebenso eingehend beschäftigte man sich mit den Rosenkreuzern, der allgemeinen Symbolik, der magischen Bedeutung des Verbots des Harfenspiels in der Grafschaft Ulster oder mit der okkulten Bedeutung der gotischen Türme.
Auf Anordnung von Sievers wurden Verbindungen mit Tibet hergestellt und noch während des Krieges Expeditionen nach Asien unternommen, wo, wie man weiß, die geheimen Meister sich herumtreiben sollen. Neben einem Dr. Scheffer war es der bereits bekannte Abenteurer Trebitsch-Lincoln, der die Verbindungen zu den internationalen Esoterikern aufrechterhielt. Betrachtet man diese allgemein ver-

drängten Aspekte des Dritten Reiches insgesamt, so mag man mit einer Einschränkung hinsichtlich der SA Joachim Günther zustimmen, der 1934 schrieb: «Die vitale Idee der SA wurde am 30.Juni durch eine satanistische Idee reinsten Wassers, die der SS, besiegt.»

Tatsächlich war der Tag der Liquidierung Röhms und eines Großteils der SA-Führung der Tag der Machtübernahme des Schwarzen Ordens. Man weiß heute, und vor allem Maser belegt dies in seiner Arbeit über das Ende der Führerlegende, daß Hitler praktisch erst im Nachhinein zahlreiche Aktionen und Morde der Blutnacht vom 30.Juni mit seinem Namen deckte, die er nicht gewollt und nicht angeordnet hatte.

Ob satanistisch oder dämonisch oder bloß religiös oder magisch: Im Schwarzen Orden hatten sich Mächte und Kräfte konzentriert, hatte sich eine Anderswelt manifestiert, mit der für den Normalmenschen eine geistige oder moralische Verständigung kaum möglich ist.

Die Thule-Brüder hatten mit dem Normalmenschen nichts gemein. Und sie waren von ihrer Sendung überzeugt, sie fühlten sich im Recht und waren sicher, daß es ihnen bestimmt war, die Weltherrschaft zu erringen, und daß sich ihr Wirken über Jahrtausende erstrecken würde. Freilich, man weiß nie, «ob hinter all diesen Gruppen nicht etwas anderes, Gefährlicheres steckt», wie René Guénon vermutete. Ihr Ziel haben die Thule-Brüder nicht erreicht, und es gibt Hinweise dafür, daß sie sich verpflichtet hatten, von eigener Hand zu sterben, wenn sie dieses Ziel nicht erreichen sollten: Ihr Untergang würde sowieso auch der Untergang des Universums sein.

Einer von ihnen war auch Karl Haushofer, der am

14.März 1946 zuerst seine Frau Martha und dann sich selbst tötete. Für ihn war, wie Hans Herzfeld (Geschichte in Gestalten) schreibt, der Zusammenbruch Deutschlands auch der Zusammenbruch seiner Welt. Erst sehr spät hatte er überdies erfahren, daß sein Sohn Albrecht, der sich einst Hoffnungen gemacht hatte, Außenminister zu werden, in die Verschwörung vom Juli 1944 verwickelt gewesen war. Er wurde nach monatelanger Flucht Ende 1944 verhaftet. Als er von einem SS-Kommando vor dem Berliner Gefängnis im April 1945 erschossen wurde, fand man in seinen Taschen die berühmten «Moabiter Sonette». Einer der Verse lautet:

«Für meinen Vater war das Los gesprochen.
Es lag einmal in seiner Willenskraft,
den Dämon heimzustoßen in die Haft.
Mein Vater hat das Siegel aufgebrochen.
Den Hauch des Bösen hat er nicht gesehn.
Den Dämon ließ er in die Welt entwehn ...»

Seit dem Zusammenbruch und auch in Nürnberg hat man einen Schleier über all diese Aspekte des Dritten Reiches gebreitet, um sie verschwinden zu lassen. Vielleicht war es Absicht, vielleicht war es eine bewußte oder unbewußte Schutzmaßnahme, um durch die rationale Vernüchterung der nicht begreifbaren Geschehnisse die Allgemeingültigkeit des von abendländischer Vernunft geprägten Denkens und das aus diesem entstandene Weltbild nicht in Frage stellen zu müssen.
Denn hier hat ohne Zweifel eine andere Welt existiert, deren esoterischer Kern eine nicht geringe Ansteckungsgefahr in sich birgt, die über die Germanenspielerei und Deutschtümelei weit hinaus-

geht, deren sich heutzutage sogenannte neonazistische Gruppen hingeben.
Es scheint, als sei der Dämon gar nie eingefangen worden, oder er ist längst wieder entwichen, in vielfacher Gestalt, unter den verschiedensten Masken und Verkleidungen. Gewisse pseudo-religiöse Gruppen sind nur eines seiner Gesichter. Aber ihre zunehmende Zahl und Größe demonstrieren nachdrücklich, daß der okkulte Sumpf, aus dem die Beweger des Nationalsozialismus gekrochen waren, noch immer fruchtbar ist, fruchtbarer denn je. So manche dieser internationalen Groß-Sekten hat ihren Ursprung in einer der okkulten Bewegungen, deren Vorstellungen sich im Reich von Thule konzentrierten. John Symonds etwa belegt in seiner Crowley-Biographie, daß Ron Hubbard, Begründer der sogenannten Church of Scientology, seine «magische Lehrzeit» in Crowleys Kirche Thelema in Kalifornien absolviert hatte. Und mehr als eine dieser Untergrund-Organisationen von heute dient als politisches Werkzeug oder hat sich selbst politische Ziele gesetzt, vermutlich in dem Sinne, «daß deren Führer selbst nicht wissen, daß sie als Werkzeug benutzt werden.»
Das ist das, was letztlich auch einen Rudolf Steiner bewogen hatte, sich von den Theosophen und den orientalischen Templern eines Hartmann und Crowley zu trennen, deren Ursprung er schließlich in der großen unterirdischen Welt des Bösen entdeckte. Steiner prophezeite ein dämonisches Zeitalter und bemühte sich, in seinen eigenen Okkultismus eine Art moralischer Doktrin einzubauen, wonach die Eingeweihten gehalten waren, sich nur positiver Kräfte zu bedienen. Kein Wunder daher, daß es die ersten Thule-Leute waren, die die Zusammen-

künfte der Anthroposophen immer wieder mit Gewalt sprengten, die Steiner-Anhänger mit dem Tod bedrohten.
Die Steinerianer, denen die Schwarzen Magier von Thule sexuelle Ausbeutung von Frauen zum Zwecke höherer Erkenntnis und später auch kommunistische Agitation vorwarfen, mußten fliehen. 1924 ging das von Steiner in Dornach bei Basel errichtete Zentrum seiner Bewegung in Flammen auf, die Archive wurden vernichtet. Das war die Zeit, da die Thule-Brüder begonnen hatten, die Spuren und Zeugen ihrer Herkunft aus dem Weg zu räumen.

## Nachwort oder: Wer hat den Spuk bezahlt?

Man schreibt den März 1933. Wenige Tage nach dem Reichtagsbrand hat Hitler Besuch. Das Gespräch dehnt sich. Hitler redet um den Brei herum.
«Was sagt man in Amerika über den Brand im Reichtagsgebäude? Aber wir wissen, wer die Schuldigen sind. Beweisen können wir alles. Ein Kommunist hat den Brand gelegt, aber hinter ihm sitzen andere Kommunisten und Sozialdemokraten. Dafür sollen sie büßen!»
Der Besucher schweigt, während sich Hitler allmählich zu einer Art verhaltener Raserei hochsteigert und im Zimmer auf und ab läuft. Plötzlich läuft er zur Tür, reißt sie weit auf und sieht ins Vorzimmer. Er beginnt zu toben und zu schimpfen. Der Besucher sieht zwar niemanden, nimmt aber doch an, daß da jemand im Vorzimmer ist. Möglicherweise, denkt er, wollte Hitler jemandem verbieten, vom Vorzimmer aus das Gespräch zwischen ihm und Hitler zu belauschen. Doch das scheint nicht zu stimmen.
Als Hitler wieder im Zimmer ist, tobt er weiter gegen jemand Unsichtbaren über etwas, das dem Besucher nicht recht klar wird. Er schreit etwas von einem leidig langen Warten auf irgendwelche unbegreiflichen Dinge, er tobt über das geringe Vertrauen, das man gegenwärtig in untergeordnete Leute setzen kann. Unvermutet und übergangslos setzt sich Hitler hin und schnauzt den Besucher an: «Sie haben noch keinen Betrag genannt!»
Für einen Augenblick ist der Besucher verwirrt. Er weiß zwar schon, daß es kaum möglich ist, ein geregeltes Gespräch mit dem Führer zu führen, aber

jetzt bringt ihn sein Von-einem-aufs-andere-Springen aus der Fassung. Fast zweifelt er am geistigen Gleichgewicht seines Gesprächspartners. Dazu kommt, daß es schon etwa drei Uhr früh ist und Hitler immer noch nicht gesagt hat, was er eigentlich will. Jetzt hält er einen Vortrag über die Judenfrage und versucht seinem Besucher nachzuweisen, daß man schließlich in Amerika ähnliche Probleme mit den Negern habe.
Endlich macht er eine Pause, und der Besucher hat Gelegenheit, einzuwerfen: «Sie sprachen doch eben von einem Betrag?»
«Gerade darum geht es ... Wir haben nicht mehr viel Zeit» sagte Hitler. «Die Sache ist also die: Sind ihre Auftraggeber weiter bereit, uns zu unterstützen? Welchen Betrag wollen Sie mir verschaffen? Ich habe mindestens hundert Millionen Mark nötig, um alles durchzusetzen und die Chance eines endgültigen Sieges nicht entgleiten zu lassen. Was denken Sie darüber?»
Das Thema Hitler-Finanzierung: Offiziell ist die Sache klar, es waren die Parteigenossen, die deutsche Industrie von Hanfstängl bis Flick und der IG-Farbenkonzern und ein paar germanophile ausländische Antisemiten wie der Automobilkönig Ford, die vielen kleinen Spender eben auch. Wer hat den Spuk in Deutschland wirklich finanziert?
Es stellt sich zunächst freilich die Frage, was die finanzielle Seite des Aufstiegs der Nationalsozialisten mit dem Thema ihrer Esoterik zu tun hat. Ein Zusammenhang scheint auf den ersten Blick zu fehlen, man kann aber von einer bemerkenswerten Parallelität sprechen: Genau wie der Geist des deutschen Nationalsozialismus in seinem Kern ein Abladegut importierter und von außen hereingebrachter

esoterisch-okkulter Vorstellungen war, so müssen wir feststellen, daß auch das Geld, mit dessen Hilfe Hitler an die Macht gelangen konnte, zu einem großen Teil von außen kam. Hitler scheint also nicht nur Medium okkulter Dunkelmächte, sondern auch Werkzeug internationaler Politik- und Finanzkräfte zu sein. Beides, ob mit oder ohne Zusammenhang, ist für die historische Beurteilung der Entwicklung zum Zweiten Weltkrieg, des Entstehens des deutschen Nationalsozialismus von grundlegender Bedeutung, geradezu von brennender Aktualität. Denn was gestern geschah, kann morgen auf diese oder andere Weise wieder geschehen, nicht in Deutschland, anderswo: «Die Kräfte des Bösen!» sind ja in der aktuellen internationalen Politik wieder zur gängigen Floskel geworden.
Gewiß mag auch für zahlreiche Bewegungen, die zum Teil schließlich in die NSDAP eingegangen sind, jene lapidare Formel gelten, die Walter Görlitz («Geldgeber der Macht») als allgemeingültig für den Aufstieg revolutionärer Bewegungen in die Zentren der Macht ortet: «Am Anfang steht nicht der persönliche oder anonyme Geldgeber, sondern stets eine revolutionäre Situation, mag es sich dabei um das im Krieg halbgeschlagene russische Zarenreich handeln, um das Italien oder Deutschland in den wirren Jahren nach dem Ersten Weltkrieg, um das vom kommunistischen Partisanenaufstand erfaßte, von Deutschland und Italien besetzte Jugoslawien des Jahres 1941 oder um das verfallene chinesische Riesenreich der Anfangsjahre Maos zwischen 1920 und 1937/38. Überall treten in diesen Situationen Persönlichkeiten mit ausgesprochen charismatischen Führerqualitäten hervor, Führer meist anfangs kleiner militanter Gruppen, die den ideolo-

gisch artikulierten Willen zum Umsturz der bestehenden Ordnung stets mit einem aggressiven Machtwillen verbinden. Dann erscheinen die Interessenten auf der Bühne, die Leute mit dem großen Geld — oder aber Regierungen, die durch die Unterstützung revolutionärer Bewegungen ihren eigenen Zielen dienen wollen. Manche Finanzmagnaten haben sich eingebildet, daß sie mit ihren Millionen Politiker oder Apostel vom Schlage Mussolinis oder Hitlers ‹kirre› machten, um sie in ihre eigenen Pläne einspannen zu können. Daß dies nicht immer funktionierte, beweisen zahlreiche Beispiele. So glaubte beispielsweise die kaiserlich-deutsche Reichsleitung während des Ersten Weltkrieges, daß sie durch eine konsequente Förderung der Revolution in Rußland das Riesenreich zu einem Sonderfrieden zwingen könne.

Die Millionenbeträge, die sie für Lenin und die Partei der Bolschewiki aufwendete, haben zwar zur Beschleunigung des Sieges der Bolschewiki beigetragen und schließlich auch den Abschluß eines Separatfriedens mit dem Reich im Jahre 1918 bewirkt (der im selben Jahr wieder annulliert wurde, Anm. d. Verf.); aber sie haben Lenin und die Bolschewiki nicht davon abhalten können, die Idee der bolschewistischen Weltrevolution sofort auch gegen das preußisch-deutsche Kaiserreich zu richten ... Im Grunde läuft alles auf die große Frage hinaus: Ist das Geld die Macht, die die Welt bewegt, oder sind es die nationalen Interessen der Völker oder die Ideologien?»

Sieht man davon ab, daß die russische Revolution nicht nur im Interesse der Deutschen lag und man sich angesichts der bereits früher aufgezeigten finanziellen Schmierwege die Frage ernsthaft stellen muß, wem es denn nützt, so trifft dies alles für die NSDAP nur zum Teil zu. Der Freiherr von Sebottendorf kam ja nicht gerade mit leeren Taschen, und Trebitsch-Lincoln kümmerte sich schon um Thule, als Hitler noch nicht wußte, wann er den Soldatenrock ausziehen würde. Daß manche Finanzmagnaten später nicht gerade glücklich waren, daß sie Hitler gefördert hatten (vor allem deutsche Magnaten, und das häufig erst nach dem Desaster), liegt auf der Hand. Die Förderung Hitlers durch ausländische Mächte, und zwar finanziell, moralisch und politisch mit ganz klaren Zielen, machte, wie nachzuweisen sein wird, vielleicht nicht den Führer «kirre», ganz sicher aber die Deutschen und die anderen Europäer dazu.

Der Mann, der Hitler zur frühen Morgenstunde einige Tage nach dem Reichtagsbrand in Berlin gegenübersaß, war James P. Warburg, ein Neffe des einstigen Vize-Chefs des amerikanischen Federal Reserve Board, Paul Warburg, und jenes anderen Warburg, der zur selben Zeit, während des Ersten Weltkriegs, Leiter der deutschen Spionage war. Er war im Auftrag der Wall Street in Berlin, nicht das erstemal.

Die Forderung Hitlers nach hundert Millionen war schon ein wenig größenwahnsinnig. So viel war er auch der Wall Street nicht wert. Warburg gab sich in jener Nacht alle Mühe, Hitler zu erklären, daß von einem derartigen Betrag keine Rede sein könne, weil er erstens schon fünfundzwanzig Millionen Dollar empfangen habe und zweitens die Überweisung eines derartigen Betrages binnen weniger Tage von New York nach Europa den Geldmarkt erschüttern müsse, der damals sowieso ziemlich sensibel war. Was Hitler wenig beeindruckte: «Von den verwickelten Bankangelegenheiten habe ich keine Ahnung. Wenn ihr in Amerika Geld habt, dann kann es doch nach Deutschland gebracht werden, so oder so. Mir scheint das ziemlich einfach.»

Manchmal war Adolf eben doch etwas naiv. Aber immerhin: Warburg kabelte nach New York, Geheimcode, versteht sich, was Hitler angeblich sehr imponierte. Und bald schon war die Antwort da: Noch einmal sieben Millionen Dollar für Hitler. Nicht mehr und auch nicht weniger. Denn jetzt besaß er ja schon beinahe unbeschränkte Machtfülle, und das war zunächst alles, was man jenseits des Atlantiks gewollt hatte.

Warum? Die Frage ist einfach zu beantworten und doch wieder nicht. So wie die Esoterik des Nationalsozialismus ihre okkulten Wurzeln im vorangegangenen Jahrhundert hatte, so führt auch der gewissermaßen exoterische Weg zurück in das 19. Jahrhundert. Es ist die alte Geschichte, daß Kriege eben kaum etwas mit Menschen, wenig auch mit Ideologie, aber viel mit Macht und noch mehr mit Geld zu tun haben. Und, wie wir schon Lincolns Kriegsexperten Stanton zitierten, sind Kriege nicht einfach nur dazu da, um irgendeine Nation zu besiegen, sondern um einen Zustand hervorzurufen. Natürlich passiert es manchmal, daß die solcherart hervorgerufenen Zustände anders ausfallen, als beabsichtigt war. Das macht zumindest die neuere Weltgeschichte komplizierter: Es muß immer wieder mal nachgeholfen werden.

Wie hatte doch dieser Sir Mackinder, dem es Karl Haushofer später ablauschen sollte, so schön und knapp gesagt: «Who rules Eastern Europe commands the Heartland. Who rules the Heartland commands the World-Island. Who rules the World-Island commands the World.»
Im Grunde ging es immer darum: Wer hat die Macht in Europa? Das ist die eine Seite der Vorkriegsgeschichte. Es liegt eine schier unglaubliche Konsequenz darin, wie sich im vorigen Jahrhundert die Dinge heraufentwickelt haben bis zu dem Augenblick, da der alte deutsche Kaiser stöhnte: «Ach, diese Unsicherheit!»
Man kann ja nicht in die Steinzeit zurück. Setzen wir, beispielsweise, bei Metternichs Wiener Kongreß an: europäische Neuordnung ohne Verständnis für europäische Notwendigkeiten. Die Folge: die zum Krieg von 1866 führenden imperialistischen Auseinandersetzungen zwischen Preußen und Habsburg, wodurch Österreich von einer mitteleuropäischen Gemeinschaft mit den anderen deutschen Staaten ausgeschlossen wurde. Die Folge: eine ganz in Englands Sinn liegende österreichische imperialistische Politik gegenüber dem Slawentum anstelle einer kulturellen Verständigung. Englands Finanzierung der Balkanaufstände, der von England ausgehende Plan in Zusammenhang mit dem russisch-türkischen Krieg von 1877, die östlichen Balkanslawen einem föderalistischen Rußland, die westlichen Österreich zu überlassen, damit beide Staaten sich nur ja immer Gewehr bei Fuß gegenüberstehen; schließlich die scheinbare Freundschaft Rußlands im Drei-Kaiser-Bündnis von 1872

bis 1887, das, wiederum ganz im englischen Sinne, an der Balkanfrage zerbrach. Und in London rieb man sich dann auch die Hände, als Österreich 1878 Bosnien und die Herzegowina besetzte, was noch durch die Annexion der besetzten Gebiete 1908/1909 verschärft wurde. Nun brauchte es nur noch den Funken von Sarajevo, um das Pulverfaß zur Explosion zu bringen. Es war wie nach Plan gelaufen.
Aber um Österreich ging's ja nicht nur, es gab ja auch noch Deutschland, das Reich.
Wir kennen die markige Prophezeiung der britischen *Saturday Review* aus dem Jahr 1890: «Wenn Deutschland heute vernichtet wird, so gibt es keinen Engländer, der morgen nicht um so viel reicher geworden wäre ... Aus tausend Eifersüchteleien wird sich ein ungeheurer Krieg entzünden, und das Ende wird die Niederlage Deutschlands sein ...»
Ähnliches dachten auch die Franzosen, und nicht ohne Grund: Bismarck hatte beim Großreinemachen zwischen den deutschen Fürstenhäusern und dem Neffen des Welteroberers Napoleon einige Striche durch die Rechnung gemacht. Das Reich war geeint, Preußen eine Macht, wie es sie lange nicht mehr gegeben hatte, und Napoleons III. Position durch eine Reihe mißglückter diplomatischer und militärischer Aktionen geschwächt. Der Zusammenstoß zwischen Preußen und Frankreich war unvermeidbar. Bismarck und Moltke gewannen den 1870/71er Krieg der Eitelkeiten, und ersterer nutzte die Stunde, überrumpelte die deutschen Fürsten und gründete ein neues deutsches Reich: Ausgerechnet im Spiegelsaal von Versailles ließ sich der preußische König zum deutschen Kaiser krönen. So etwas wirkt nach, hat Folgen — Versailles von 1919 eben. Denn das Deutsche Reich Bismarckscher Prägung

war ein Zustand, den keiner wollte. Er hatte ohnehin nur den Anschein einer Episode: Der alte Wilhelm starb, der todkranke Friedrich III. kam auf den Thron, und Bismarck ging, oder besser: wurde von Friedrichs Sohn Wilhelm II. gegangen. Und nachdem sich Rußland mit Frankreich verbündet hatte, war die Schlinge um das Deutsche Reich auch schon geschlossen. Auch wenn Wilhelm II. sich Mühe gab, dem Reich friedliche Zeiten zu bescheren und es einer goldenen Zukunft entgegenzuführen. Zunächst sah auch alles ganz danach aus: Es ging aufwärts. Es gab sozialen Fortschritt, vereinzelt, wie bereits erwähnt, so etwas wie Demokratie. Deutschland erwarb Kolonien in Asien, in Afrika, im Pazifik; deutsche Schiffe begannen die Weltmeere zu befahren, auf zahlreichen Gebieten erreichte man sogar eine Monopolstellung. Die deutschen Exporte waren billig, die Waren von typisch deutscher Qualität. England, bisher größtes Exportland, verlor unaufhaltsam an Boden.
Was also tut man in solchen Fällen? Man verändert die Zustände, man trachtet, einen Zustand hervorzurufen, der derartige lästige Konkurrenzen ausschaltet (und das wäre beinahe schon wieder aktuell). Frankreich fieberte sowieso nach «Revanche» und rüstete ebenso fiebrig einem neuen Versailles entgegen, es war nicht schwierig, Verbündete zu finden. Und man wußte, was man wollte, man erinnere sich nur an die bereits erwähnte, sich schon seit 1890 in Umlauf befindliche Landkarte, auf der in feinen Strichen die gewünschten kontinentalen Zustände gezeichnet waren: «Wir haben», fand man in London, «die Mission, die Karten Europas zu ändern und das Erbe eines Goethe und Beethoven zu retten.»

Zu diesem Zweck schloß Großbritannien 1902 ein Militärbündnis mit Japan, 1904 eines mit Frankreich, 1907 eins mit Rußland. Schon 1912 trank der russische Großfürst Nikolai Nikolajewitsch seinen französischen Freunden zu: «Ich trinke auf unsere künftigen Siege! Auf Wiedersehen in Berlin.» Der Graf war nicht ganz im Bilde, aber immerhin.
Und dazwischen, während in Deutschland selbst ein vierzigjähriger Friede (von 1871 bis 1914) herrschte und die Grenadiere, Husaren und Kürassiere sich — von einigen kolonialen Aktionen abgesehen — aufs Exerzieren beschränkten, probte die halbe Welt den Krieg: Die Russen rauften mit der Türkei, die Japaner mit den Russen, die Spanier kämpften gegen die US-Amerikaner, die ihrerseits Hawaii annektierten. Frankreich führte Krieg in Marokko und Madagaskar und England in Indien, auf Zypern und im Sudan, und im Burenland waren sie zu einem «Picknick mit Schweineschlachten» ausgezogen, wie die *International Herald Tribune* am 24.6.1902 vermerkte, das freilich ganz anders ausging: Der Burenkrieg dauerte zwei Jahre und acht Monate, «brachte Trauer in fast jedes Haus in England und kostete dem Volk mehr als eine Milliarde Dollar. Für dieses Opfer bekommt die Nation die Gold- und Diamantfelder und kann sie an Spekulanten abgeben, die fortfahren werden, die Öffentlichkeit um das zu bringen, was ihr der Steuereinnehmer noch gelassen hat.»
Eben, für das gemeine Volk enden Kriege stets mit einem Desaster, und die wenigsten Engländer waren später reicher geworden, nachdem das «Picknick» in Europa veranstaltet worden war.

Doch so weit sind wir noch nicht, wenngleich nach diesem kurzen Ausflug in die äußeren Erscheinungsformen der Politik beim eigentlichen Thema angelangt: beim Geld.

Geld hatte, wie gesagt, stets die Hauptrolle gespielt, wenn Menschen ihr Blut vergießen mußten, obwohl sie damit eigentlich gar nichts zu tun hatten. Es spielte auch schon bei den kontinentalen Scharmützeln eine Rolle, von denen eine kleine Auswahl aufgezählt wurde.

Zu früheren Zeiten war das auch noch nicht allzu kompliziert. Die Kriege waren eine Sache der Königs- und Kaiserhäuser, und selbstverständlich kosteten sie Geld. Wer gewinnen will, muß schließlich etwas einsetzen. Woher aber nehmen?

Das war die Geburtsstunde des großen Geldes, der großen Bankimperien, und zwangsläufig ist in diesem Zusammenhang der Name Rothschild zu nennen. Es läßt sich nicht vermeiden. Daß die Rothschilds jüdischer Abstammung sind, ist ein Zufall, genauso wie es ein Zufall ist, daß die Rockefellers drüben in Amerika keine jüdischen Vorfahren haben.

Nun, Meyer Amschel Rothschild (1744—1812) hatte schon gewußt, warum er vier seiner Söhne nach London, Paris, Wien und Neapel schickte. Denn überall wurde Geld gebraucht, überall war Geld zu verdienen.

Die Rechnung war damals so einfach wie heute: Woher nehmen die Regierungen (Fürsten- oder Königshäuser) die enormen Gelder, die sie benötigen? Natürlich in erster Linie vom Steuerzahler. Doch meistens geben Regierungen (Königs- und Fürsten-

häuser) mehr Geld aus, als an Steuern einzutreiben ist. Sie müssen also Schulden machen. Da waren Leute wie die Rothschilds zur Stelle. Durch die Finanzierung von Regierungen (Fürsten-, Königshäuser), die sich gegenseitig bekämpften, legten sie den Grundstock für ihr immenses Vermögen. Sie verstanden es meisterhaft, die Völker stets derart zu gruppieren, daß, tanzte ein Schuldner aus der Reihe, stets ein Krieg ausbrach. Der Verlierer hatte dann die aufgelaufenen Schulden zuzüglich Zinsen im Wege von Reparationen zu tilgen.
Dabei tanzten die Bankiers stets auf beiden Hochzeiten, so daß sie, während die Nationen geplündert, beraubt und ausgeblutet wurden, stets die einzigen waren, die sich mit Recht Sieger nennen durften. Während der Napoleonischen Kriege wurde dieses System nationaler Anleihen perfektioniert, und es diente eben dazu, die kontinentalen Kriege des 19. Jahrhunderts zu finanzieren wie im übrigen auch den Bürgerkrieg in Amerika: Während die Rothschildgruppe den Norden über ihren Agenten August Belmont finanzierte, so hielten für den Süden die Erlangers, Verwandte der Rothschilds, die Geldkatze offen.
Indem sie sich stets alle Auswege offenhielten, konnten die Bankiers die Risiken und auch die Gewinne jeder Anleihe verteilen. Die Internationalität dieser Einrichtung verringerte überdies die Möglichkeit des Eingriffs oder der Kontrolle durch diese oder jene Regierung.
Natürlich lag es stets im Interesse dieser großmütigen Kreditgeber, die Schulden in die Höhe zu treiben, das war ja der ganze Sinn der Sache. Und nichts treibt eine Regierung tiefer in Schulden als ein Krieg. Wesentlich dabei aber war eben die Frage,

wie man auch sicher ging, das Geld zu bekommen, das einem eine Regierung oder ein König schuldete. Natürlich durch Kriege. Doch noch besser war es, die jeweiligen Regierungen gleich von vornherein zu kontrollieren, indem man sich das Monopol und die Gesamtkontrolle über das Kapital einer Nation sicherte. Um das Monopol über die Finanzen der einzelnen Staaten zu bekommen, wurde das System der Zentralbanken geschaffen oder der Nationalbanken, die ja heute ebensowenig wie damals Eigentum der jeweiligen Staaten sind, sondern «private Körperschaften». Liest man den fünften Punkt des Kommunistischen Manifests, in dem es heißt: «Zentralisierung des Kredits in den Händen des Staates durch eine Nationalbank mit Staatskapital und ausschließlichem Monopol», dann weiß man mehr über die leidige Frage, warum ausgerechnet amerikanische Großbankiers Interesse an der bolschewistischen Revolution hatten.
Während es nahezu überall klaglos gelang, derartige Einrichtungen zu schaffen, wollte das in Rußland nicht funktionieren: Was im Zarenreich an Kredit benötigt wurde, das wurde von der dem Zarenhaus gehörenden Russischen Bank gegeben, die auch gleichzeitig die Notenbank war. Diese Besitzverhältnisse machten es unmöglich, manipulierend einzugreifen.
Erst um 1914 gelang es der internationalen Hochfinanz, die Kontrolle über die meisten russischen Privatbanken zu bekommen. Denn, wie Meyer Amschel Rothschild treffend bemerkte: «Geben Sie mir das Recht, das Geld einer Nation zu emittieren, und es interessiert mich nicht mehr, wer die Gesetze macht.»
So ist das. Das Oberhaupt der Familie Rothschild

äußerte 1857 anläßlich der Hochzeit von Lionel Rothschilds Tochter Leonora mit Vetter Alphonso im Bewußtsein seiner Macht recht hochtrabend: «Unter diesem Dach sind die Häupter der Familie Rothschild vereint, ein Name, der berühmt ist in jeder Hauptstadt der Welt. Wenn ihr wollt, werden wir die Vereinigten Staaten in zwei Teile teilen, einen für dich, James, einen für dich, Lionel. Napoleon wird genauestens tun, was ich ihm anordne!»
Schon im 18. Jahrhundert teilten sich Jakob Schiff und die Rothschilds ein Bankhaus in Frankfurt am Main. In Berlin hatten sich die Warburgs niedergelassen. Während Max Warburg sich um die Finanzgeschäfte der Reichsregierung kümmerte, wanderten die Brüder Felix und Paul Warburg in die USA aus, wo sie Teilhaber des Bankhauses Kuhn, Loeb & Co. wurden, nachdem Paul Warburg die Loeb-Tochter Nina geheiratet hatte. Die Rothschilds selbst waren an den amerikanischen Finanzgeschäften ja bekanntlich seit dem Bürgerkrieg beteiligt.

### *Wie macht man einen Krieg?*

Spätestens Ende des 19. Jahrhunderts war das Finanzsystem keineswegs mehr eine exklusive Angelegenheit der Rothschilds, sondern ebenso eine Angelegenheit angelsächsischer Bankinstitute wie der der Morgans oder der Rockefellers. Sie marschierten gemeinsam, im vollen Brustton der Überzeugung, daß es ihre Aufgabe sei, die Schätze der Welt zum Wohle der Menschheit zu kontrollieren.
Um die Jahrhundertwende schließlich schlossen sich etliche dieser idealistischen Internationalisten des Geldes im angelsächsischen Raum zum «Round

Table» zusammen. Die Strukturen dieser Organisation hatten sie nicht zufällig den Freimaurern abgeschaut. Und so gab es da eben auch nicht zufällig einen Kreis von «eingeweihten» Persönlichkeiten, weniger Eingeweihte und eben wie immer und überall eine Schar nützlicher Idioten. Daraus ging später (1919) der Council on Foreign Relations hervor, der die ganze bunte Schar der Geldwelt in sich vereinigte: Rockefeller, Carnegie, Ford, Morgan, Schiff, Kuhn, Loeb & Co., Baruch, Warburg und so weiter. Man kennt ja diese Träume: One World. Alles unter einem Dach und Fach. Wie aber alles, was wächst, komplizierter wird, so verkomplizierte sich allmählich auch das Geschäft der internationalen Ausbeuterei.

Ein Grund dafür war wohl auch, daß es ein wenig zu weit getrieben worden war: Niemand konnte mehr die Schulden zahlen. Ein großer Krieg in Europa? Die europäischen Länder hatten dazu nicht die nötige Substanz. Und doch, und doch ... das *Quarterly Journal of Economics* resümierte schon 1887: «Ein ausführlicher Überblick über die öffentliche Verschuldung Europas zeigte eine Summe von 5343 Millionen Dollar jährlich an Zinsen und Tilgungsleistungen.

Die Finanzen Europas sind so in Anspruch genommen, daß die Regierungen sich fragen mögen, ob nicht ein Krieg mit all seinen schrecklichen Aussichten der Aufrechterhaltung eines so prekären und kostspieligen Friedens vorzuziehen wäre. Wenn die militärischen Vorbereitungen in Europa nicht in einem Krieg enden, können sie zum Bankrott der Staaten führen. Oder, wenn solche Torheiten weder zu einem Krieg noch zu einem Untergang führen, dann weisen sie auf bevorstehende industrielle und wirtschaftliche Revolutionen hin.» Warum also nicht Krieg führen um ein Millionengeschäft?

Darüber hinaus gab es auch noch andere Schwierigkeiten. Alles war allmählich komplizierter und moderner geworden. Der Handel, der Geldverkehr. Oder vielmehr, der Geldverkehr eben nicht: Der Goldstandard hatte sich als ungeeignet für den modernen Handel erwiesen. Mit der Ausgabe von Gold und Kredit in genauer Anlehnung an den Goldstandard konnte die industrielle Entwicklung nicht finanziert werden, es war kein Geschäft, keine Inflation zu machen. Die internationalen Geldbrüder begriffen, daß sie den Goldstandard würden aufgeben müssen und mit ihm auch ihre ungeheure politische und wirtschaftliche Macht, wenn sie nicht eine Alternative anbieten konnten.

Genau das sollte durch das Zentralbankensystem gelöst werden, am besten noch durch eine Weltzentralbank (ein Traum, der ja nach dem zweiten Durchgang in Erfüllung ging). Die Herren in der Wall Street strengten sich die Köpfe an. Wie bringt man das Goldsystem zum Einsturz, ohne daß man selbst das Gold verliert? Wie zieht man das verdammte Gold aus dem Verkehr, ohne selbst dabei draufzuzahlen?

Und dann war da noch ein Problem: Ausgerechnet in den Vereinigten Staaten selbst fehlte eine Zentralbank, die Amerikas Geld und Kredit hätte mobilisieren können. Kurz gesagt: Die USA waren — arm? Vielleicht nicht unbedingt arm, aber vor 1914 waren die Amerikaner eine Nation von Schuldnern, die auswärts sehr viel Geld borgen mußten. Der New Yorker Geldmarkt war einfach nicht stark genug, nationale Anleihen herauszugeben und sich so am internationalen Geschäft seinen Anteil zu sichern.

Und vor allem: Es fehlte das nötige Instrument zur Kontrolle.
Wie löst man diese Probleme alle auf einen Schlag? Plötzlich, mit einem Schuß in Sarajevo, war die Antwort da. Und während in Europa das Gemetzel begann, startete die Hochfinanz zunächst in Amerika ihren eigenen Krieg. Schon vor diesem Generalangriff hatte es einige taktische Manöver gegeben. Denn dem Lüftchen, das über den Atlantik in die USA herüberwehte, haftete eindeutig der Geruch nach Pulver an. Amerikas Industrie lief auf Hochtouren. Was der Staat nicht konnte, nämlich sein Geld ausleihen, das tat man eben privat. England brauchte Geld für die Rüstung? Pierpont Morgan verlieh 50 Millionen so ganz nebenbei.
Glücklicherweise hatte die Wall Street den Colonel Edward Manel House als Berater Wilsons im Weißen Haus sitzen (House ist übrigens der Gründer des bereits erwähnten Council on Foreign Relations). Und auf House wurde gehört: Amerika mußte wohl oder übel Opfer bringen. England und Frankreich sollten sich auf die USA verlassen können, jetzt, wo Deutschland zum Krieg drängte. Und das wußte schließlich alle Welt, also mußte es wahr sein. Die Welt wußte es wirklich, dank der bereits weltumspannenden Nachrichtenagentur Reuter.
Also lief eine ganze Flut von Rüstungsaufträgen ein: Jahre vor dem Krieg hatte sich die amerikanische Schwerindustrie schon ganz auf Waffen eingestellt, und ein Jahr vor den Schüssen von Sarajevo gingen bereits siebzig Prozent des gesamten Exports als Rüstungslieferungen nach Frankreich und England. Die Sache lief wie geschmiert. Die Herren in der Wall Street steckten sich dicke Zigarren an und dachten schon viel, viel weiter über das Ende des

noch gar nicht begonnenen Krieges nach: Alles, alles, würden die Freunde von drüben zurückzahlen müssen, mit Zins und Zinseszins.
Jetzt war es endlich an der Zeit, in den USA das Zentralbanksystem einzuführen, wo alles so schön lief. Zentralbank — das war freilich etwas, das gar nicht nach dem Geschmack der freiheitsliebenden amerikanischen Bevölkerung war, und schon Thomas Jefferson hatte sie davor gewarnt: «Sollte das amerikanische Volk jemals zulassen, daß die Banken die Währungsausgabe kontrollieren, werden seine Kinder erst durch die Inflation, dann durch Deflation allen Besitzes durch die sie umgebenden Banken und Gesellschaften beraubt und eines Tages heimatlos sein auf dem Kontinent, den ihre Eltern eroberten.» Er war nicht der einzige, auch Lincoln hielt nichts davon.
Aber jetzt mußte es sein. Die Schiffs, Warburgs, Kuhns, die Rockefellers, die Morgans und wie sie alle hießen, vertrauten ganz ihrem Colonel House. Schließlich hatte dieser ein kluges Buch mit dem Titel «Administrator» geschrieben, das von einem Sozialismus marxistischer Prägung handelte: mit Zentralbank versteht sich.
Unbemerkt von der amerikanischen Bevölkerung, die gerade Weihnachten feierte, wurde der Federal Reserve Act am 24.12.1913 von nur drei Senatoren beschlossen. Die übrigen befanden sich schon auf Weihnachtsurlaub. Damit hatte die Hochfinanz monopolartig endlich den Dollar in der Hand. Jetzt konnte es losgehen, denn damit ließ sich alles machen. Die Bankiers könnten, um ein Beispiel zu zitieren, in die Staatsdruckerei gehen und den Auftrag geben, einen 50 000-Dollar-Schein zu drucken, für den sie einen Dreiviertel-Penny bezahlen. Dann

gehen sie ins Schatzamt und kaufen sich dort eine zinstragende US-Schatzanweisung für 50 000 Dollar. Die deponieren sie im Münzamt und erhalten dafür bares Geld. Außerdem müssen ihnen die Zinsen dafür bezahlt werden.
Nun, mit solch kleinen Fischen gab man sich freilich nicht ab. Das System zwang die Amerikaner, 35 Milliarden Dollar an die Alliierten zu leihen, die freilich mit Ausnahme der Zinsen nicht zurückbezahlt wurden. Die Zinsen aber gingen an die Banker. Und dann war endlich wirklich Krieg. Jetzt trafen Kanonen auf Kanonen, Granaten auf Granaten in Europa ein.

## *Die Zauberformel «Moral»*

Aber das konnte doch nicht alles sein. Und während Präsident Wilson das alles zuviel wurde und er, ungeachtet der Waffenlieferungen, erklärte, die USA seien neutral, schritt man zur Tat. Denn die Deutschen hatten begonnen, ihre U-Boot-Flotte einzusetzen und behinderten so den flüssigen Verkehr der Waffen- und Munitionstransporte. Das amerikanische Volk selbst schien von einer möglichen Verwicklung in den Krieg, der sie nichts anging, alles andere als begeistert zu sein.
Man half ein wenig nach und entwarf einen riskanten Plan. Vorsichtshalber weihte man auch den ersten Lord der britischen Admiralität, Mister Churchill, ein. Man stopfte den Passagierdampfer «Lusitania» mit mehr als tausend Reisenden und mit Kanonen und Munition aus den Fabriken der Winchester Arms Company und der Remington Arms Company voll. Deren Präsident war nicht zu-

fällig der aus der von Kuhn, Loeb & Co. kontrollierten National City Bank kommende Wilson-Freund Cleveland H. Dodge.
Es kam, wie es kommen sollte: Als das Passagierschiff auf hoher See war, verriet man diskret dem deutschen Geheimdienst den Waffentransport. Am 7. Mai 1915 wurde denn das Schiff auch von einem deutschen U-Boot torpediert. Es flog samt Passagieren, Munition und Kanonen in die Luft. Jetzt hatte man es schwarz auf weiß: Die Deutschen waren Barbaren. Und als der deutsche Gesandte in der Türkei seinen dortigen amerikanischen Kollegen fragte, warum in aller Welt die Amerikaner Krieg gegen Deutschland führen wollten, bekam er dann auch die richtige Antwort: «Wir Amerikaner gehen aus moralischen Gründen in den Krieg!»
Da war nichts zu machen, auch wenn die Deutschen es nicht verstehen konnten. Am 16. April 1917 trat Amerika an die Seite seiner Freunde, die Industrie drehte den Hahn voll auf, so fleißig hatten die Schornsteine noch nie geraucht, so lustig die Dollars noch nie geklimpert. Jetzt ging's erst richtig los. Die Duponts erhöhten augenblicklich nach der Kriegserklärung den Preis für ihr Schießpulver, Bernard Baruch (vom Guggenheim-Kupfertrust und eng verbunden mit Kuhn, Loeb & Co.) verdiente an einem einzigen Tag durch Stahlaktien 750 000 Dollar, nachdem er ein falsches Friedensgerücht in Umlauf gesetzt hatte. Als Vorsitzender des War Industry Board bestimmte er die Preise, zu denen die Regierung Munition bei seiner und seiner Freunde Firma kaufen mußte. J. P. Morgan jr., über dessen Haus die Kredite und Schuldverschreibungen liefen, kassierte die erste Friedensanleihe in der Höhe von 400 Millionen Dollar als Abgeltung für seine

Spenden an Großbritannien; Eugene Mayr jr., Direktor der «War Finance Corporation», mit Morgan und den Rothschilds verbandelt, verkaufte für sich selbst um etliche Millionen Dollar Staatsanleihen, und Paul Warburg, vom deutschen Kaiser noch 1912 mit einem Orden ausgezeichnet, saß als Dirigent an der Spitze des Federal Reserve Board. Die Vanderbilts, die Rockefellers, sie alle konnten sich die Hände reiben, und die Rothschilds waren auch wieder zufrieden.
Wenn der *New York Herald* schrieb: «Die Vereinigten Staaten können nicht gestatten, daß Frankreich niedergerungen wird, selbst wenn wir Deutschland den Krieg erklären müssen», dann waren in erster Linie die Rothschilds gemeint. Denn sie waren schon ein wenig nervös geworden über das Ausmaß der militärischen Erfolge Deutschlands, und selbst das Finanzchaos, das ihre Agenten, die Warburgs, als kaiserliche Kriegsfinanziers in Deutschland herbeiführten, berührte die deutsche Kriegsmaschine ebensowenig, wie Paul Warburgs Bruder als Chef des deutschen Geheimdienstes etwas ausrichtete. Sollten die drastisch übersteigerten Anleihen der Rothschilds noch gerettet werden können, dann mußten die USA in den Krieg eintreten. Am 5. März 1917 hatte der US-Gesandte in London einen vertraulichen Brief an Woodrow Wilson geschrieben:
«Ich glaube, daß der Druck der herannahenden Krise die finanziellen Möglichkeiten Morgans zugunsten der Briten und Franzosen übersteigt. Der Geldbedarf wird zu groß und zu dringend für jede private Agentur, die immer mit Eifersucht der Rivalen und Behörden rechnen muß. Die größte Hilfe, die wir den Verbündeten geben könnten, bestünde in einem Kredit. Unsere Regierung könnte eine be-

trächtliche Summe des Geldes in einer französisch-britischen Anleihe anlegen oder die Bürgschaft für eine solche Anleihe übernehmen. Natürlich kann sie diesen Kredit nur gewähren, wenn wir an dem Krieg gegen Deutschland teilnehmen.»

Das war es. Jetzt durfte endlich auch der amerikanische Steuerzahler in die Tasche greifen, dem der Krieg und das Federal Reserve System endlich die ihm bisher unbekannte Einkommenssteuer bescherte.

Und dann war es vorbei. War es das?

Es gab Leute, die wußten genau, daß es das nicht war, eine kleine Pause zum Atemholen und zum Schröpfen, ja, aber eben nur eine Pause.

Der britische Premierminister Lloyd George, Heredomus-Bruder und Großsprecher der britischen Loge und überdies ein enger Freund von Jack Pierpont Morgan von Morgan & Co in New York, wußte es 1919 nach dem Versailler Vertrag genau: «Wir haben ein schriftliches Dokument, das uns Krieg in zwanzig Jahren garantiert.»

Das war wohl später auch der Grund dafür, daß er sich so lautstark für Adolf Hitler begeisterte und der Presse erklärte, Hitler sei einer der größten der großen Männer, die er gekannt habe, und das deutsche Volk das glücklichste Volk auf Erden, wie es in der *New York Herald Tribune* vom 22. September 1936 hieß. Seiner Tochter gab er öffentlich den Hitlergruß, so groß war die Begeisterung. Lloyd George wußte schon warum. Pierpont Morgan und Lord Curzon auch: «Der Vertrag von Versailles», erklärte letzterer, «ist kein Friedensvertrag, er ist einfach eine Unterbrechung der Kriegshandlungen.»

Vordergründig war nun alles erreicht. Frankreich hatte seinen Siegfrieden um jeden Preis und seine

Revanche; die «Boches», die ihren Napoleon Nummer drei wie einen Lausbuben behandelt hatten, die hatten einen Genickschlag bekommen, wie es noch nie passiert war. Für London sah es ganz so aus, als sei alles nach Wunsch gegangen: Die kontinentale Wirtschaftsmacht war zerschlagen, die Machtkonzentration des deutschen Reiches rückgängig gemacht, und jeder konnte sich nun ein Stück holen, es war wie Weihnachten. Und Amerika hatte einen heiligen Krieg gewonnen, *to make the world safe for democracy:* Deutschland war Republik.
In Rußland war die Revolution etabliert, wenn auch das Land kaputt, aber die Investitionen zahlten sich aus. Das Federal Reserve System holte die Sowjetunion wieder in die internationale Finanzstruktur zurück, kaufte ab 1920 russisches Gold und erhielt dafür später durch das Federal Reserve Board und die Federal Reserve Bank unter Zwischenschaltung der Guaranty Trust Company sogar Fonds des Schatzamtes der Vereinigten Staaten. Und Standard Oil of New Jersey kaufte im Paradies der Verstaatlicher 50 Prozent der riesigen kaukasischen Ölfelder von Nobel. Wenn alles unter einer Hand vereinigt ist, geht eben alles ...
Und übrigens: Vor der bolschewistischen Revolution hatte Rußland die USA als größter Erdölförderer der Welt überholt. Dieser Schönheitsfehler einer geordneten Welt konnte also auch abgehakt werden. Und einen Völkerbund zur Erhaltung des internationalen Friedens gab es auch.
War man also zufrieden? Mitnichten. Für die Hochfinanz begann jetzt erst die Arbeit.

Den Genickschlag erhielt Deutschland erst in Versailles. Was da an Abtretungen, Reparationen und dergleichen, Zerstückelungen und Plünderungen zu leisten war, wurde in einem früheren Kapitel ja schon erwähnt. Dazu kam nun, daß die französischen und britischen Kriegsschulden in Amerika respektive bei der internationalen Hochfinanz auf das total erledigte und demontierte Deutschland abgeladen wurden.
Innerhalb von zwei Jahren sollten 120 Milliarden in Gold bezahlt werden. Frankreichs Finanzminister Klotz rechnete sich am 6.9.1919 genau aus, was da noch anfiel: «Deutschland wird insgesamt 375 Milliarden zahlen und sich seiner Schuld im Zeitraum von 38 Jahren entledigen können. Während der ersten beiden Jahre wird es 100 Millionen ausrichten, nachher 3,6 Milliarden mit dreiprozentiger Verzinsung pro Jahr. Die von Deutschland auszurichtende Summe wird sich in 36 Jahren auf 463 Milliarden belaufen.»
Es war natürlich völlig klar, daß Deutschland niemals imstande sein würde, diese Forderungen zu erfüllen. Aber alle hatten eben während des Krieges so gigantische Schulden bei den Onkeln in Amerika gemacht, daß diese Forderungen im Überschwang des Sieges ganz automatisch auf die Wunschlisten kamen.
Versailles war eine ganz gezielt gelegte Zeitbombe, weil die neugestaltete Karte Europas ein geopolitisches Verhältnis schuf, das notgedrungen zur Explosion führen mußte. Zu gegebener Zeit. Denn wenn Deutschland vor dem Krieg an drei Großmächte gegrenzt hatte, so war es 1919 nur mehr eine

einzige. Der gesamte Raum zwischen dem Nachkriegsdeutschland und der Sowjetunion bestand gewissermaßen aus einer lockeren Schütterzone. Und wer genau hinsah, für den mußte es schon damals klar gewesen sein, daß dieses völlig machtlose und gegenseitig verfeindete Zwischeneuropa irgendwann einmal entweder zu einer russischen oder einer deutschen Expansion verlocken mußte oder daß sich irgendwann und irgendwie die beiden Großmächte den Kuchen teilen würden.

Zurück zu den finanziellen Folgen des Versailler Diktats: Die Hochfinanziers hatten nicht einfach die deutsche Leistungsfähigkeit überschätzt, sie kannten sich genau aus, sie waren ja auch in Deutschland zu Hause. Und während sie mit spitzem Bleistift an einer genialen Rechnung kritzelten, sahen sie nicht nur Deutschland, sie sahen alle zusammen: die Engländer, die Franzosen, die Rumänen, die Russen, und eben auch die Deutschen. Das Aufbringevermögen der Deutschen sollte nämlich gar nicht die Schulden abtragen, sondern mit Müh und Not ausreichen, die Zinsen einer gigantischen Summe zu tragen, die sich nie verringern würde. Schließlich war es ja von allem Anfang an darum gegangen, sich einerseits vom Goldstandard zu lösen, ohne dabei Macht und Einfluß und Reichtum zu verlieren, sondern vielmehr das Gold in die Hände zu bekommen, und andererseits die Kontrolle über die internationalen Finanzen ganz in die Hände zu bekommen. Was da jetzt inszeniert wurde, war auch ein Krieg, ein unblutiger, leiser, der die Nationen finanziell ausbluten sollte, um sie auf den rechten Weg einer Welt-Wirtschaft und Welt-Finanz unter dem richtigen Dach zu bringen.

Man war sich durchaus der Tatsache bewußt, daß es

kein leichtes sein würde, die Staaten zu dieser Art von internationaler Zusammenarbeit zu bringen. Im folgenden muß daher genau zwischen Staaten und Regierungen einerseits und der Hochfinanz andererseits unterschieden werden.
Mit dem Ende des Krieges hatte sich die internationale Finanzsituation grundlegend geändert. Waren die Amerikaner vor dem Krieg ein Land von Schuldnern gewesen, so waren sie nun die reichste Nation der Welt geworden und hatten vor allem England vom Rang der weltgrößten Gläubigernation verdrängt. Der wichtigste Wechselmarkt der Welt wurde daher folgerichtig von London nach Amerika verlegt, wo die Banker des Federal Reserve Board am Drücker saßen.
Zunächst ging es darum, die Kontrolle über das Gold zu erhalten. Deutschland lag auf dem Boden und röchelte nur noch, denn Frankreich wollte auch kein bißchen nachgeben und bestand auf seiner Vorrangstellung bei den deutschen Reparationszahlungen: keine Waren, kein Geld, nur Gold. Und Deutschland war unfähig, auch nur annähernd so viele Wirtschaftsgüter zu produzieren und vor allem zu exportieren, um diesen Verpflichtungen nachzukommen. Womit es seine Reparationsschulden zahlte, das war Geld von Onkel Sam, der mit seinem dicken Geldbeutel gekommen war und den Deutschen nun zu hohen Zinsen jene Dollars lieh, die Tage später über Paris und London wieder an ihn zurückgingen, denn auch die USA verlangten die Rückzahlungen internationaler Schulden ausschließlich in Gold und Dollars und nahmen auch die Zinsen weder in Waren noch in Rohstoffen. Darüber hinaus brauchten die meisten Länder nach dem Ersten Weltkrieg Geld zum Wiederaufbau.

Das System hatte es an sich, daß bis ans Ende aller Tage keine Aussicht bestand, auch nur einen Dollar von den Schulden abzutragen. Natürlich bekamen die Amerikaner ihr Geld zurück — aber das nannten sie Zinsen, und die Kapitalschuld blieb. Bald borgten die USA der halben Welt Geld, alle sollten an der goldenen Kette aufgehängt werden. Eine der Hauptwaffen dafür war der Völkerbund, mit dem die meisten Staaten zwischen 1924 und 1928 zum Goldstandard zurückgezwungen wurden, der nach wie vor Angelpunkt von Macht und Einfluß der Hochfinanz war.

Der Völkerbund war bereit, Geld zu leihen, unter der Bedingung, daß die Nationen eine Zentralbank besaßen und den Goldstandard anerkannten. Wurden diese Bedingungen nicht erfüllt, gab es auch keinen Kredit. In zahlreichen Ländern, in denen es bisher noch keine gegeben hatte, entstanden nun Zentralbanken, vor allem in Südamerika. Das war schon ein Erfolg.

Und doch hatte das ganze System ein paar Schönheitsfehler, und das kam daher, daß die Interessen der Hochfinanz noch immer nicht überall deckungsgleich waren mit den Interessen von Nationen, Regierungen und Staaten. Da war doch ausgerechnet der amerikanische Senat, der sich weigerte, den Versailler Vertrag zu ratifizieren, dem Völkerbund beizutreten und Amerika den so wohlwollenden Mächten des großen Geldes auszuliefern. Und da war Frankreich, das zu keiner internationalen Zusammenarbeit zu bewegen war.

Wo man etwas herausholen will, muß man auch etwas hineinstecken. Frankreich blieb, wie gesagt, stur. Es brauchte ja selbst das Geld und das Gold, das es dank der Verträge aus Deutschland heraus-

pressen konnte, um seine eigenen Schulden zu bezahlen. Und ein neu erstarkendes Deutschland? Nein, auf keinen Fall. Es war ein Teufelskreis. Deutschland konnte nicht mehr. Die Federal-Reserve-Banken hatten gewaltige Beträge ausstehen. Durch die Zusammenbrüche des deutschen Nordwolle-Konzerns, der Darmstädter Bank und der Nationalbank, durch die Plazierung der sogenannten Young-Anleihen und die Errichtung der Bank für Internationalen Zahlungsverkehr in Deutschland waren die amerikanischen Außenstände in Deutschland eingefroren. England und Amerika wollten jetzt kein Geld mehr ausleihen, zum Teil aus Angst, die französischen Goldreserven, die nach James Warburg die höchsten der Welt gewesen waren, könnten noch weiter wachsen.
Hatte man mit all dem nicht gerechnet? War etwas schief gelaufen? Ja und nein. Die Geheimwissenschaft des großen Geldes treibt zuweilen die seltsamsten Blüten. Das System funktionierte ja einige Zeit recht gut. Deutschland sollte ordentlich abstottern, aber seine Schulden trotzdem nicht zahlen können. Und die anderen auch nicht. Zugleich aber sollten die Deutschen wieder nicht arbeiten, damit durch sie keine Konkurrenz entstehen konnte. Das lief unter der Bezeichnung Wiederaufbau. Da hatte J. P. Morgan persönlich den sogenannten Daws-Plan entworfen, der den Deutschen das Geld sichern sollte, mit dem sie ihre Kriegsschulden ungeachtet der französischen Forderungen zurückzahlen konnten, ohne Waren und Dienstleistungen exportieren zu müssen — und zu können.
Die einzigen, die bei diesem Verleihen und Herumschieben fremden Geldes verdienten, waren die internationalen Bankiers. Sie kassierten Gebühren

und Provisionen, ohne daß sich am Zustand an sich etwas änderte, denn die Schulden wurden lediglich von einem Konto auf ein anderes verschoben, und niemand kam dabei der Zahlungsfähigkeit auch nur einen Schritt näher. Das System führte dazu, daß ungeachtet der Milliardenbeträge, die Deutschland zahlte, die Reparationsverpflichtungen nicht ab-, sondern zunahmen.

Daraufhin kam der sogenannte Young-Plan, der ebenfalls aus der Morgan-Fabrik stammte: Man gründete in der Schweiz die Bank für Internationalen Zahlungsausgleich und hatte damit alles unter einem Dach. Jetzt erfolgten die Wiedergutmachungszahlungen durch bloße Umbuchungen auf den Konten dieser Bank. In Deutschland selbst hatte das verschiedene Folgen. Es konnte zwar seine Industrie wieder aufbauen (und damit den Grundstein für Hitlers Kriegsindustrie), gleichzeitig aber sorgte die Zentralbank für eine chronische Inflation, und gleichzeitig erhöhten sich die Arbeitslosenzahlen.

Wie auch später unter Hitler spielte bei dem Ganzen der Präsident der Deutschen Reichsbank, Hjalmar Horace Greely Schacht eine wesentliche Rolle. Er stand in enger Verbindung mit den internationalen Geldbaronen. Sein Vater hatte vor dem Krieg in der Berliner Filiale der von Morgan kontrollierten Equitable Trust Company of New York gearbeitet.

Kürzen wir das Ganze ab: Daß dieses ganze Ausbeutungssystem nicht auf Dauer funktionieren konnte, war Morgan und Freunden sicherlich klar. Samt Völkerbund gelang es nicht, die Welt vollends an die goldene Kette zu legen. Das war spätestens in dem Augenblick vorauszusehen, als sich der amerikanische Senat weigerte, bei diesem Völkerspiel mitzu-

spielen. Also steckten sich die Pfeffersäcke einmal mehr ihre dicken Zigarren an und sahen sich auf der Landkarte Europa etwas genauer an. Denn da hatte sich etwas entwickelt, was ihnen gar nicht gefiel: Die Geschäfte der großen Erdölfirmen mit Deutschland waren rückläufig geworden und erbrachten nicht mehr den erwarteten Gewinn. Die Sowjets arbeiteten wieder auf eigene Faust und machten damit Konkurrenz. Durch diverse Handelsverträge hatten die deutschen Regierungen ihren Markt den Sowjets leichter zugänglich gemacht als den anglo-amerikanischen Erdölgiganten.
Und noch etwas war passiert: 1920 hatte ein Dr. Bergius entdeckt, wie man aus Kohle Benzin machen konnte. Als im März 1926 Frank Howard von der Standard Oil die IG-Farben in Ludwigshafen besuchte, war er völlig konsterniert und schrieb sogleich seinem Präsidenten Walter Teagle: «Aufgrund meiner heutigen Beobachtungen und Diskussionen glaube ich, daß diese Sache das Wichtigste ist, was unser Unternehmen angeht. Die Badische kann aus Braunkohle und anderen minderwertigen Kohlesorten hochwertiges Motorenbenzin herstellen, und zwar in Mengen, die fast der Hälfte der Kohle entspricht. Dies bedeutet die absolute Unabhängigkeit Europas in Fragen der Energieversorgung.»
Die Herren in den oberen Etagen der Tempel Mammons warfen noch einmal einen Blick auf die Versailler Verträge, auf ihre Kontoblätter und auf die Landkarte, krempelten die Ärmel hoch, und los ging's: Sie zogen dem System, das sie bisher recht gut leben ließ, den Boden weg. Und wie immer dachten sie schon viel, viel weiter über die Tagesaktualitäten hinaus. Im Nachrichtenmagazin *Der Spiegel*

(Nr. 50/1975) hieß es in einem Bericht über den Council on Foreign Relations als das «Politbüro des Kapitalismus»:
«Die Depression traf die Amerikaner so schwer wie sonst nur die Deutschen — da hatte das Volk die Quittung für seine Borniertheit. Und damit nicht genug: Es mußte noch in einen Weltkrieg, bis es seine Lektion einigermaßen gelernt hatte und ein Zustand erreicht war auf Erden, den die klarsten Köpfe der Hochfinanz schon nach dem ersten Durchgang erstrebten — nur daß man damals, wenn es geklappt hätte, auch mit der jungen Sowjetunion leichter fertig geworden wäre.»
Nun ging es Schlag auf Schlag. Zuerst setzten sie dort an, wo die Lunte bereits brannte — bei den Verträgen von Versailles. Die Franzosen sollten noch lernen, sich zu benehmen.

### *Noch einmal: «Hitler ist unser Mann!»*

Im Juli 1929 trafen sich im Büro der Guaranty Trust in New York die Aufsichtsratsvorsitzenden der Federal-Reserve-Banken, einige andere Bankiers, der junge Rockefeller als Beauftragter der Standard Oil Company und Glean von der Royal Dutch. Vorsitzender der Konferenz war der Chef von Guaranty Trust, Carter. Er hatte auch den Neffen von Felix Warburg eingeladen, James P. Warburg, der bei Onkel Max in Hamburg das Bankgeschäft erlernt hatte, sich in Deutschland auskannte und deutsch sprach, als wäre es seine Muttersprache.
Die Herren waren sich einig: Das geeignetste Mittel zur Beendigung der unbefriedigenden Zustände war zunächst eine Revolution in Deutschland. Wer kam

dafür in Frage? Es mußte jemand sein, der die Deutschen wieder auf Vordermann bringen und vor allem die Revanche-Idee gegenüber Frankreich zu pflegen verstehen würde.
Man kannte sich aus in Deutschland. Da gab's doch Hitler und seine NSDAP. Diese Bewegung war radikal genug, um eine wirkliche Umwälzung der Staatsordnung in Deutschland zustande zu bringen, notfalls mit Gewalt.
James Warburg sollte Verbindung mit diesem Hitler aufnehmen, um herauszufinden, ob er für eine finanzielle Unterstützung Amerikas zugänglich sei. James Warburg schrieb darüber:
«Es mußte schnell gehandelt werden, denn je schneller die Entwicklung der Nationalistengruppe in Deutschland vorangetrieben werden konnte, desto besser. In den Verhandlungen mit Hitler sollte vor allem darauf Nachdruck gelegt werden, daß von ihm eine aggressive Auslandspolitik, die Entwicklung einer Revanche-Idee gegen Frankreich erwartet wurde. Hiervon versprach man sich zunehmende Angst auf französischer Seite und als Folge davon eine größere Nachgiebigkeit der französischen Regierung in internationalen Fragen. Im Tausch dafür sollte dann Frankreich für den Fall eines deutschen Angriffs amerikanische und englische Unterstützung zugesagt werden. Hitler durfte natürlich von dieser Absicht nichts erfahren.»
Die Herren waren es eben gewohnt, langfristige Pläne zu wälzen.
Hier wäre kurz einzufügen, daß James P. Warburg ein Mann mit Skrupeln und Gewissen war. Und als er begriff, was da durch seine Mithilfe sich entwikkelte, geriet er in arge Konflikte. Um 1933 herum machte er die Bekanntschaft eines holländischen

Wirtschaftjournalisten namens J.G. Schoup, dem er sein Problem folgendermaßen klagte:
«Es gibt Augenblicke, in denen ich aus der Welt von Intrigen, Börsenmanövern und Betrügereien weglaufen möchte. Mit meinem Vater sprach ich schon mal über diese Dinge, auch mit anderen Bankleuten ... Und wissen Sie, was ich niemals begreifen kann? Wie es möglich ist, daß Menschen, gut und ehrlich von Charakter, sich für Betrug hergeben, sich an Betrügereien beteiligen ... Es kann doch nicht sein, daß Leute, in ihrem Privatleben edel und gut, ihren Charakter ablegen, sobald sie in die Finanzwelt eintreten, und wegen des Geldes alle Begriffe von Moral und Ehrlichkeit beiseite schieben.»
Nun, der Sohn eines der größten Bankiers der USA und Mitinhabers von Kuhn, Loeb & Co. schrieb sich seine Gewissenskonflikte von der Seele. Er beschrieb als Sydney Warburg seine Rolle bei der Hitler-Finanzierung in dem 1933 erschienenen Buch «De Geldbronnen van het National-Sozialisme. Drie Gesprekken met Hitler», das von diesem J.G. Schoup aus dem Englischen übersetzt wurde. Warburg beendete sein «Bekenntnis» mit den Sätzen:
«Die Welt leidet und seufzt weiter unter dem System, das sich eines Hitlers bedienen muß, um bestehen zu bleiben. Arme Welt, arme Menschheit!»
Das Buch hat seine eigene Geschichte. Es erschien nur in wenigen Exemplaren, die Auflage wurde zurückgehalten und eingestampft. Während noch im November 1933 das Erscheinen dieses Buches in der Presse verschiedener Länder angekündigt worden war, teilte unmittelbar darauf der holländische Verlag mit, es handle sich um eine Fälschung, weshalb man sich entschlossen habe, die Auflage zu vernich-

ten. Einige Exemplare gelangten trotzdem in die Hände von Diplomaten und Finanzleuten, eines davon geriet in die Hände der österreichischen Regierung, die nach der Ermordung von Dollfuß an Enthüllungen über den Aufstieg Hitlers interessiert war, aber aus begreiflichen Gründen es nicht mehr wagte, dies im eigenen Land zu tun.
Der österreichische Geheimdienst spielte das Buch dem Schweizer René Sonderegger in die Hände, einem antinazistischen Propagandisten mit guten Beziehungen zu Otto Strasser. Allerdings fanden im Trubel der damaligen Ereignisse dessen Enthüllungen wenig Resonanz.
Warburgs Berichte werden im übrigen bestätigt durch den ehemaligen Polizeipräsidenten von Berlin und zwischen 1926 und 1932 als Staatssekretär im preußischen Außenministerium tätigen Dr. Wilhelm Abegg. Er war vom preußischen Ministerpräsidenten Braun beauftragt worden, die Finanzquellen Hitlers herauszufinden. In einem der Kriminalpolizei verdächtigen Möbelwagen war dann eines Tages Hitlers Privatarchiv entdeckt worden, das auch die entsprechenden Bankunterlagen aus den Jahren 1929 bis 1931 enthielt.
Als 1933 Göring zum preußischen Ministerpräsidenten ernannt wurde, setzte sich Abegg mit einem Großteil der Akten in die Schweiz ab. Bald darauf wurden jene dreizehn Polizeibeamten, die damals an der Abegg-Aktion beteiligt waren, verhaftet. Göring ließ Abegg wissen, seine ehemaligen Untergebenen würden so lange gefoltert, bis Abegg das Material herausrücke.
Abegg gab nach, es gelang ihm allerdings, einige wichtige Unterlagen zu fotokopieren.
Drei der Polizeioffiziere wurden am 30. Juni 1934 im

Zuge der Röhm-Affäre liquidiert, ebenso wie General von Schleicher, dem Abegg einen Bericht über die Hitler-Finanzierung übermittelt hatte, ebenso wie Gregor Strasser, der an einer der amerikanisch-deutschen Transaktionen beteiligt gewesen war.
James P. Warburg selbst dementierte nach dem Krieg, nämlich 1949, mit dem Autor des Buches, Sydney Warburg, identisch zu sein. Angeblich sei er es gewesen, der den holländischen Verlag zur Zurücknahme des Buches veranlaßt hatte. Es gab wohl Schelte vom Papa. Bemerkenswert ist, daß etwa gegen J.G. Schoup keinerlei gerichtliche Schritte unternommen wurden, was zu einer Klärung der Fälschungsfrage hätte führen können: J.G. Schoup wurde ermordet ...
Die Deutschen und die Europäer sollten also eine germanische Götterdämmerung erleben. Das erste Treffen zwischen Warburg und Hitler fand bald nach der Juli-Konferenz von New York in München statt. Hitler empfing Warburg im Bräukeller und geriet angesichts der sich ihm somit eröffnenden Möglichkeiten ins Schwärmen:
«Von allen Fremden sind mir die Amerikaner noch die sympathischsten. Sie waren die ersten, die uns nach dem Krieg halfen. Das wird Deutschland nie vergessen. Ich spreche von dem neuen Deutschland. Was denkt man in Ihrem Land über unsere Bewegung ...? Das deutsche Volk ist durch die Bestimmungen des Vertrages von Versailles in die Sklaverei getrieben worden. Es gibt für uns Deutsche keine Freiheit mehr ... Alle politischen Parteien betreiben schändlichen Kuhhandel. Die Regierung läßt sich die Gesetze durch das Ausland vorschreiben, statt die Zähne zu zeigen ... Die Unzufriedenheit muß noch größer werden. Die Arbeitslosigkeit

muß noch zunehmen. Dann eben können wir vorwärtskommen.»
Das waren erfolgversprechende Töne. Hitler hätte damals schon gern hundert Millionen Mark gehabt. Er bekam zehn Millionen Dollar, was auch nicht schlecht war, nämlich immerhin mehr als 40 Millionen Mark. Das Geld wurde bei den Bankiers Mendelsohn & Co. in Amsterdam hinterlegt. Dieses Bankhaus hatte zehn Schecks über je eine Million Dollar auf zehn deutsche Städte verteilt auszustellen und auf zehn verschiedene Namen zu indossieren. In Gegenwart von James Warburg wurden die Schecks in Amsterdam dem Beauftragten Hitlers, von der Heydt, übergeben.

### *Das Wunder eines Börsenkrachs*

Das war der erste Streich. Der nächste Schritt, den die Herren des Geldes unternahmen, war vordergründig viel spektakulärer. Die amerikanische Wirtschaft war sowieso am Platzen, wie das immer bei übersteigerten Wirtschaften ist. Der Tag, an dem das von selbst geschehen würde, war abzusehen. Es war also besser, den ganzen Kladderadatsch selbst zu inszenieren, um die Kontrolle zu behalten. So fängt man mehr Fliegen auf einmal. Nun, was war geschehen? Das amerikanische Produktionsvolumen überstieg schon seit langem die Bedürfnisse. Das Angebot regelte gewissermaßen die Nachfrage. Aber nach dem zehnten Gang muß sich selbst der manipulierteste Konsument und der gesündeste Magen übergeben. Dazu kam, daß Amerika auf seinen Produkten sitzenblieb. Rußland belieferte die Europäer mit Getreide, die amerikanischen Landwirte

blieben auf ihrem Korn sitzen und konnten die Kredite für ihre hypertrophen Investitionen nicht mehr zurückzahlen. Da konnte ein kleiner Schreck sowieso nicht schaden. Seit 1927 schon bereiteten sie den großen Coup vor und bliesen mit überbewerteten Wertpapieren den Aktienmarkt künstlich auf, daß er wucherte wie ein Krebsgeschwür. Dafür spannten sie sogar Präsident Calvin Coolidge ein, der als Antreiber für die Börsenmakler auftrat. Es ging nicht lange, bis das Volk wirklich nahezu seine sämtlichen Ersparnisse in die preislich überhöhten Wertpapiere gesteckt hatte.
Um die europäischen Länder doch noch ganz an die Goldkandare zu bekommen, begann das Federal Reserve System schließlich, amerikanisches Gold im Wert von 500 Millionen Dollar nach Europa, vor allem nach England zu transferieren. Das mußte Folgen zeitigen und tat es auch. Wirtschaftswissenschaftler nennen es Börsenkrach: Im Zuge des Goldtransfers verdoppelten die Federal-Reserve-Banken binnen weniger Monate ihre Bestände an Staatspapieren und Wechseln.
Das billige Geld hielt die Zinsen niedrig. Paul Warburg gab 1929 endlich grünes Licht für den Countdown: Er riet den Börsenhändlern, aus dem Markt auszusteigen. Die Aktionäre der Federal-Reserve-Banken taten das auch, nur das Volk glaubte noch immer, Wert-Papiere zu haben. Am 9. August 1929 war es soweit: Die Federal Reserve Bank erhöhte den Diskontsatz, und knappe zwei Monate später, am 24. Oktober 1929, platzte die Blase. Binnen kürzester Zeit waren 160 Milliarden Dollar an Wertpapieren futsch (der ganze Zweite Weltkrieg kostete die USA «bloß» 200 Milliarden Dollar). Die USA stürzten in die große Depression, das Volk bekam

seine Lektion, und der Rest der Welt auch. Bald lief nirgendwo mehr etwas. In Deutschland brachen, wie erwähnt, die Darmstädter Bank und die Schröder Bank zusammen, die Diskontsätze rasten auf 15 Prozent hinauf, Amerika stellte die Kreditvergabe ein.

Hitler bekam seine Arbeitslosen. Ende 1930 waren es vier Millionen. Und als Hitler an die Macht kam, konnte sich Brüning nur wundern darüber, daß man ersterem sofort Konzessionen machte, die man ihm stets abgeschlagen hatte.

Wenn Präsident Hoover schließlich einen Zahlungsaufschub der Reparationszinsen für Deutschland und aller Kreditzinsen für sämtliche Staaten Europas verkündete, so war das nur ein notwendiges Zwischenspiel: Man legt einem Verletzten ein Pflaster auf eine blutende Wunde, um ihm dann das ganze Blut abzapfen zu können. Der Vater aller Dinge und aller verkorksten Probleme und vor allem Schöpfer eines Neuanfangs ist eben doch der Krieg.

1931, am Höhepunkt der Krise, war James Warburg wieder bei Hitler. Diesmal erhielt der künftige Führer von Onkel Sam 15 Millionen Dollar «Revolutionshilfe». Die Auszahlung erfolgte mit fünf Millionen bei Mendelsohn & Co., mit weiteren fünf Millionen bei der Rotterdamschen Bankenvereinigung und mit den restlichen fünf Millionen bei der Banca Italiana in Rom. In Rotterdam war diesmal Gregor Strasser dabei, in Rom hielt Hermann Göring selbst die Hand auf.

Die Wall Street war nun sicher, daß sie den richtigen Mann in Deutschland hatte. Und sie baute Hitler auch propagandamäßig auf. Die Hearst-Zeitungen bekundeten großes Interesse für ihren «freien Mitarbeiter», *New York Times, Chicago Tribune,*

*Sunday Times* und andere Blätter berichteten über den Mann in Germany, und ein Monatsblatt der Harvard University verlieh Hitler schon 1929 den Titel des kommenden Mannes Europas.

### *Panzer für Hitler*

Es war auch an der Zeit. Die Lage begann brenzlig zu werden — auch für die großen Bosse. Ende 1931 gab die Bank von England die Golddeckung auf, was die Hochfinanz verunsicherte, denn hinter der Schwächung des Pfund Sterling sah man eine Folge französischer Taktik mit dem Ziel, London finanziell zu schwächen und so eine Hilfe für Deutschland unmöglich zu machen. In den Tresoren der Federal-Reserve-Banken lagerten zwar noch immer die französischen Goldvorräte, doch was würde passieren, sollten die angefordert werden?
Es war, wie gesagt, an der Zeit, daß ein Mann wie Hitler die Franzosen das Fürchten lehrte. Und man sorgte dafür, daß Deutschland für eine aggressive Außenpolitik auch richtig vorbereitet wurde: Ende 1929 heirateten die IG-Farben und Standard Oil. Damit bekam Standard Oil die Hälfte aller Rechte an den Hydrierverfahren in allen Ländern der Welt mit Ausnahme Deutschlands. Standard gab dafür IG-Farben 546 000 seiner Stammaktien im Wert von 30 Millionen Dollar. Zwei Jahre später unterzeichnete IG-Farben mit Alcoa ein Abkommen, die beiden Firmen legten Patente und Know-how in der Magnesiumherstellung zusammen. Henry Ford kam nach Deutschland und beteiligte sich mit 40 Prozent an IG-Farben.
In den USA traten unter anderem Walter Teagle von

der Standard Oil, Charles Mitchell von der Rockefeller-Bank in New York sowie Paul Warburg in den Vorstand der IG-Chemical Company. Da waren wieder alle beisammen.
Die IG-Farben und die Vereinigten Stahlwerke stellten in den Jahren 1937 bis 1939, am Vorabend des Zweiten Weltkrieges, 95 Prozent der deutschen Explosivstoffe her. Die beiden größten Panzerhersteller im Hitler-Deutschland waren mehr oder weniger amerikanische Firmen: Opel war eine hundertprozentige Tochter von General Motors, die ihrerseits von J. P. Morgan kontrolliert wurde. Die Ford AG war eine Tochterfirma der Ford Motor Company in Detroit. 1936 räumten die Nazis Opel Steuerfreiheit ein, damit General Motors seine Produktionsanlagen erweitern konnte.
1932 war es offensichtlich, daß die Leute von der Harvard University recht gehabt hatten: Hitler war der Mann der Stunde. Die industrielle und finanzielle Führung Deutschlands, allen voran IG-Farben, gaben jetzt Hitler ihre volle Unterstützung. 1933, kurz nach dem Reichtagsbrand, erhielt Hitler die letzte von Warburg vermittelte persönliche Zuwendung aus Amerika in der Höhe von sieben Millionen Dollar, die bei der Banca Italiana und bei der Rhenania AG in Düsseldorf, einer Filiale der Royal Dutch, einbezahlt wurden, in 15 Schecks, ausgestellt auf den Namen Goebbels.
Auch aus zahlreichen anderen Quellen Europas flossen in der Folge beträchtliche Geldmittel nach Hitlers Deutschland, und zwar über die von Warburg kontrollierte Mendelsohn-Bank in Amsterdam, später über die J. Henry Schröder Bank mit Filialen in Frankfurt am Main, London und New York, an der die Dulles-Brüder beteiligt waren. Und die Fi-

nanzgeschäfte des Dritten Reiches regelte der bereits erwähnte Hjalmar Horace Greely Schacht. Er wurde nach Hitlers Machtantritt zum Präsidenten der Reichsbank ernannt. Die Ernennungsurkunde vom 17. März 1933 trägt die Unterschrift von Adolf Hitler und — raten Sie mal — von Max Warburg.
Als Hitler an die Macht kam, waren die Grundlagen für die kommende Aufrüstung geschaffen. Und er erfüllte die in ihn gesetzten Erwartungen, er kündigte schlicht den Versailler Vertrag und verfolgte eine aggressive Außenpolitik, wie man sie sich aggressiver nicht hätte wünschen mögen. «Der Kampf gegen Versailles und der Kampf um eine Neuordnung der Welt sind ein und dasselbe!» sagte Hitler zu Rauschning. Er hatte recht, nur nicht in dem Sinne, wie er es meinte.

## *Die Geschichte wiederholt sich*

Hitler, Heß, Haushofer, Göring und wie sie alle hießen, waren stets davon überzeugt, daß sich im künftigen Krieg England und Amerika heraushalten würden. Dafür gibt es zahlreiche Hinweise, die unter anderem auch durch David Irving («Hitlers Weg zum Krieg»), Jochen Thieß («Architekt der Weltherrschaft») oder auch durch Walter Schellenberg belegt sind.
«Nichts konnte ihn», schreibt etwa Hermann Rauschning, «von der Ansicht abbringen, daß England absolut unfähig sei, noch einmal Krieg zu führen ... Er würde es nicht erleben, daß England noch einmal mit Deutschland zum Krieg käme.» Und Rauschning zitiert Hitler:
«Wenn es mir gelingt, England und Italien auf un-

sere Seite zu bekommen, so wird der erste Teil meines Kampfes um die Macht sehr viel leichter sein!» Nun, daran zu glauben, hatte ja Hitler auch allen Grund.
«England braucht ein starkes Deutschland!» sagte er. War das schließlich nicht der Grund, warum ihm die Amerikaner Geld gegeben haben, um Deutschland wieder auf Vordermann zu bringen?
Selbst in England war er nicht ohne Sympathisanten — der alte Lloyd George sah in ihm einen der größten Männer, und auch Winston Churchill begeisterte sich für den deutschen Führer, wie aus seinem Artikel «The Truth About Hitler» im *Strand Magazine* vom November 1935 hervorgeht. Und in seinem Buch «Step by Step» schrieb er noch 1937, er, Churchill, hoffe, England würde einen genauso rücksichtslosen Führer finden, der England zu seinem Platz unter den Nationen zurückführe. Nun, vielleicht hat man in Deutschland nicht gewußt, daß Churchill sich stets drehte, wie der Wind blies, mal konservativ, mal liberal, mal wieder konservativ, so daß sich Charles Dilke einmal veranlaßt fühlte zu warnen: «Eine Ratte kann nicht zweimal das sinkende Schiff verlassen.»
Hitler jedenfalls fühlte sich sicher. Aber es gab Leute, die schon längst ahnten, daß es Krieg geben würde mit Hitler. Roosevelt in Washington beobachtete schon sehr früh den Aufstieg totalitärer, aggressiver Mächte mit großer Sorge, wie es im Brockhaus heißt, nur: Anfangs sah er sich nicht in der Lage, der neutralistischen Haltung der eigenen Bevölkerung entgegenzutreten. Roosevelt wußte schon 1937, daß der Krieg nicht nur auf Europa, sondern auch auf Amerika zukam, und er sprach davon in einer Radiorede. Nun muß man wissen, daß er — wie

sein Schwiegersohn C. Dall berichtet — stets Reden hielt, die er vom Council on Foreign Relations vorbereitet bekam.
Die Geschichte wiederholt sich nicht? Doch, sie tut es. Und während in Europa noch kein Mensch an Krieg dachte, begann die Industrie in Amerika auch schon wieder auf Hochtouren zu laufen. Krieg, verkündete der Präsident. Das war doch die Lösung der Probleme. Natürlich dachten die Menschen nicht so. Natürlich wünschte in Amerika niemand den Krieg. Das tat doch nur dieser Hitler, dieser «kommende Mann, der Europa retten würde». Daß er damit zur Lösung gewisser Wirtschaftsprobleme beitragen würde — nun ja, das ist eben so in der Weltgeschichte.
Und Hitler glaubte noch immer daran, daß die Engländer und die Amerikaner niemals eingreifen würden. In der Zwischenzeit suchten die Russen bei den Westmächten, vor allem in England, Bündnispartner gegen die offensichtlich gegen Osten gerichtete Expansionspolitik Hitlers. Man kann heute darüber streiten, inwieweit es wirklich nur die politischen Forderungen der Sowjets waren, die die Engländer zögern ließen, mit den Russen zu paktieren. Vermutlich hätte es Hitler 1939 nicht gewagt, über Polen herzufallen, wenn dies zugleich mit Sicherheit Krieg gegen die Westmächte und gegen die Sowjetunion bedeutet hätte. Nun, da die Sowjets in London abblitzten, gingen sie zu Hitler: der Hitler-Stalin-Pakt.
Jetzt glaubte Hitler erst recht, England würde in keinen Krieg eingreifen, und ließ frohgemut gen Polen marschieren. Frankreich und England erklärten den Krieg, wohlgemerkt nur den Deutschen, nicht den Sowjets, die sich auch ihren Teil an Polen,

entsprechend des geheimen Zusatzabkommens zum Hitler-Stalin-Pakt, holten.
Chamberlain war nicht der richtige Mann für einen Krieg. Ein propagandistisches Sperrfeuer zwang ihn zum Rücktritt, und Churchill, das Stehaufmännchen, tauchte aus der Versenkung auf.
Jetzt mußte es Hitler glauben. England machte Krieg. Es startete den längst vorbereiteten Luftkrieg mit Angriffen auf Hannover, auf Münster und andere Städte Westfalens.
Das brachte Hitlers Pläne gehörig durcheinander. Wie konnte er nun seine Eroberungen im Osten durchführen? Wie, wenn man die Engländer doch noch davon überzeugen könnte, daß es auch in ihrem Interesse wäre, wenn die Bolschewisten niedergerungen würden?
Hermann Göring wollte mehrmals nach England fliegen. Er hatte dort gute Beziehungen, unter anderem zum Herzog von Windsor, den er in Karinhall bewirtet hatte. Aber nicht er flog, sondern Hitlers Stellvertreter persönlich, Rudolf Heß. Er bereitete seinen Flug schon seit Beginn des Jahres 1940 vor, nachdem Hitler mehrmals vergeblich versucht hatte, den Engländern Friedensverhandlungen anzubieten.
Als Churchill beispielsweise erfuhr, daß der Vatikan über Bern ein deutsches Angebot zu Friedensverhandlungen nach London gesandt hatte, schickte er am 28. Juni 1940 eine Aktennotiz an Außenminister Eden: «Ich hoffe, es wird dem Nuntius klargemacht, daß wir keine Sondierungen über Friedensbedingungen mit Hitler wünschen und daß allen unseren Agenten streng verboten ist, sich mit solchen Angeboten zu befassen.»
Zwölf Tage später sagte Hitler vor dem Reichstag:

«Ich halte es für meine Pflicht vor meinem Gewissen, noch einmal an Vernunft und gesunden Menschenverstand in Großbritannien zu appellieren.»
Sie hofften noch immer. Auch Haushofer hoffte. Er beriet mit Heß über Möglichkeiten, Verbindungen zu den britischen Freunden aufzunehmen. Auch Haushofers Sohn wurde eingeschaltet. Er sollte ein Treffen mit dem Herzog von Hamilton arrangieren. Einen diesbezüglichen Brief an Karl Haushofer beendete Heß mit den Worten:
«Inzwischen wollen wir beide unsere guten Geister beschwören. Sollte dem Beginnen ein Erfolg beschieden sein, so würde das Dir hinsichtlich des Monats August gegebene Orakel doch recht behalten, da Dir der Name des jungen Freundes und der alten Freundin des Hauses bei unserer stillen Wanderung am letzten Tage dieses Monats aufstiegen.»
Der junge Freund war der Herzog Hamilton und die Freundin war eine Miß V. Roberts, die in Lissabon lebte.
Doch die guten Geister hatten das Reich von Thule längst verlassen. Die Thule-Brüder hatten ihre Schuldigkeit getan. Und jetzt sollte ein wirklicher Krieg mit Blut und Tränen daraus werden. *American Mercury* schrieb im Mai 1943 zum Heß-Flug, als sich die USA bereits im Krieg mit Deutschland befanden:
«Vier Monate schwierigster Verhandlungen waren diesem Flug vorausgegangen. Die Deutschen hatten ihren Vorschlag im Namen des Friedens und der nordischen Freundschaft vorangetrieben. Ihre britischen ‹Freunde› waren hilfsbereit, ohne jedoch übermäßig begeistert oder optimistisch zu sein ...»
Die Kontaktaufnahme zu den Brüdern in England funktionierte nicht. Der britische Geheimdienst

hatte die Briefe an den Herzog von Hamilton abgefangen.
Im Mai 1941 entschloß sich Rudolf Heß schließlich, allein zu fliegen. Es spricht viel dafür, daß er mit Wissen Hitlers geflogen ist, was dieser nach dem Scheitern der Mission freilich nicht zugeben konnte. Hitler erklärte, Heß werde erschossen, wenn er zurückkäme. Aber diese Worte stehen im Widerspruch zu der Art, in der die Leute behandelt wurden, die Heß beim Abflug geholfen hatten. Nur kleine Sündenböcke mußten dafür büßen, wie der Heß-Adjutant Pintsch.
Görings Biograph schreibt dazu: «Allen war klar, daß Hitler mit Rudolf Heß, seinem engsten Gefährten, ein Geheimabkommen getroffen hatte ... Wenn es Heß gelänge, Großbritannien zu überzeugen, daß Deutschland einen Angriff auf Rußland plante, dann könnte trotz allem ein Frieden mit dem Westen möglich sein.»
Nachdem Heß in England festgenommen worden war, schickte Churchill ein weiteres Memorandum an Außenminister Eden:
«Dieser Mann ist wie andere Nazi-Führer ein Kriegsverbrecher. Er und seine Mitkämpfer werden wahrscheinlich nach Kriegsende verurteilt werden.»
James Leasor schreibt in «Der utopische Friede»: «Hitlers Stellvertreter hatte Frieden angeboten. Ein Mann glaubte so ernsthaft an diese Möglichkeit, daß er persönlich nach England geflogen war, um seine Bedingungen darzulegen — wenn das alles stimmte, dann wäre sicher ein gewichtiger Teil der Engländer dafür eingetreten, diese Friedensverhandlungen aufzunehmen und fortzusetzen ... Churchill kannte diese Probleme genau. Wenn Ge-

rüchte über Friedensverhandlungen erst einmal im Umlauf waren, würden sie sich mit unvorstellbarer Geschwindigkeit ausbreiten ...»

Das war schließlich nicht ausgemacht. Wofür hatte man so lange gerüstet?

Hitler griff Rußland an, nachdem ihm Molotow ein schnödes Halbe-Halbe-Angebot für den Fall wohlwollender Neutralität Rußlands angeboten hatte. Und Roosevelt nahm sofort Rußland in den Leih- und Pachtvertrag auf und begann, ungeheure Mittel zur Kriegführung nach Moskau zu pumpen. Aber nicht genug damit. Wozu hatte man denn das amerikanische Volk mit der Einführung der allgemeinen Wehrpflicht überrumpelt?

Die Frage war nur, wie man in den Krieg einsteigen konnte. Nun, man provozierte die Japaner einmal mehr. Und der Plan gelang.

Es war keine «Lusitania», es war Pearl Harbor. Eine Woche zuvor meldete der Geheimdienst, Japan plane einen Angriff auf die Pazifikflotte. Alle wußten es. Roosevelt wußte es. Niemand tat etwas. Oder doch: Die wichtigsten Schlachtschiffe, die später die Schlacht um Midway entschieden, wurden aus Pearl Harbor abgezogen. Die Japaner hatten freie Bahn. Und Amerika, besser, die Hochfinanz, endlich den großen Krieg. Denn Deutschland reagierte wie vorausgesehen: Es warf Onkel Sam den Fehdehandschuh hin.

Man hätte 1943 den Krieg beenden können. Angebote von hohen deutschen Stellen erreichten zwar das Weiße Haus, wurden aber ignoriert. Für die Hochfinanz war es von äußerster Wichtigkeit, daß der Krieg bis zum bitteren Ende geführt wurde und die Schuld ihren höchsten Punkt erreichte, «damit endlich ein Zustand erreicht war auf Erden, den die klarsten Köpfe der Hochfinanz schon nach dem ersten Durchgang erstrebten.»

### *Ein schlechter Stern über England*

Aber von all dem weiß der Mann aus Thule noch nichts, der in einer eigens für diesen Langstreckenflug umkonstruierten, funkelnagelneuen Me 110 mit 750 Kilometer in der Stunde nördlich von Berwick-upon-Tweed die schottische Küste überfliegt. Heß denkt ans Umkehren. Der Wetterbericht, den er vor kurzem aus Görings Berliner Luftfahrtsministerium empfangen hatte, macht ihm Sorgen. Am Ende ist er zu alt für dieses Abenteuer. Aber nein. Es muß sein.

Mit England muß Frieden geschlossen werden. Knapp entgeht er einer «Spitfire» der Küstenpatrouille, er taucht in die Wolken ein, ehe das britische Jagdflugzeug ihn stellen kann.

Endlich sieht er unter sich Dungavel House, den Landsitz des Herzogs von Hamilton. Dann zweifelt er wieder. Wie, wenn er sich verflogen hatte und es nicht Dungavel House war? Er muß unbedingt zu Hamilton, darauf beruht sein ganzer Plan. Er würde ganz einfach an der Tür klingeln und dem Butler die Visitenkarte Haushofers, Albrecht Haushofers, geben. Der Butler würde ihn als Haushofer anmelden und vorlassen. Der Herzog würde vielleicht denken, der junge Haushofer sei abgeschossen worden oder hätte es sonstwie bewerkstelligt, nach Schottland zu kommen ... aber er würde ihn vorlassen. Und dann stünde Hitlers Stellvertreter vor ihm. Er würde im schlimmsten Fall dann wenigstens Zeit genug haben, Hamilton zu erklären, warum er gekommen

war, und ihn zu bitten, ihn mit Repräsentanten der Regierung zusammenzubringen.
Heß dreht ab, fliegt noch einmal Richtung Meer, um sich zu orientieren. Ohne es zu wissen, fliegt er dabei auf der Routine-Route der Air-Force-Piloten. Er findet endlich jene moleähnliche Landzunge, nach der er sich orientieren kann.
Es ist soweit. Er würde mit dem Fallschirm direkt vor Hamiltons Haustür abspringen. Das Flugzeug, ein Prototyp, der noch immer auf Deutschlands Geheimliste steht, würde abstürzen und in Flammen aufgehen. Er schiebt das Kabinendach zurück und will hinausspringen. Aber der Luftdruck wirft ihn wieder zurück. Völlig verwirrt vergißt er, die Landeklappen auszufahren, was die Geschwindigkeit vermindert hätte. Als ihm Dungavel Hill entgegenrast, erinnert er sich an den Rat eines Freundes: Die Maschine auf den Rücken legen und sich hinausfallen lassen.
Die Zentrifugalkraft preßt ihn weiter gegen den Sitz, das Blut schießt ihm in den Kopf, und die Maschine rast aus der Halb-Looping-Stellung wieder senkrecht nach oben. Irgendwie stößt er sich mit den Beinen ab.
Eine halbe Stunde später wird er von Gendarmeriebeamten und Heimwehrleuten aufgegriffen und gefangengenommen.
«Ich bin Deutscher. Hauptmann Horn. Ich möchte nach Dungavel House. Ich habe eine wichtige Botschaft für den Herzog von Hamilton.»
Aber niemand denkt daran, ihn zum Herzog zu bringen. Statt dessen bringt man ihn zunächst in das Heimwehr-Quartier in Busby. Dort stecken sie ihn in einen leeren Raum mit weißgetünchten Wänden und fleckigem Fußboden. Veraltete Notizen über

Pfadfinder und Geländeübungen hängen an den Wänden. Keine Stühle, kein Tisch.
Heß sieht sich um und streckt sich dann in voller Länge auf den sandigen Dielenbrettern aus. Die Heimwehrmänner, die durch die Tür hineinsehen, denken, er sei ohnmächtig geworden. Später würden noch etliche britische Psychiater und Ärzte an diesem Verhalten herumrätseln.
Rudolf Heß machte Yoga-Übungen ...
Und der Krieg ging weiter.
Es war Götterdämmerung.

# BIBLIOGRAPHIE


Allen, Gary: Die Rockefeller-Papiere, Wiesbaden 1976.

Barnet, Richard J./Müller, Ronald E.: Die Krisenmacher — Die Multinationalen und die Verwandlung des Kapitals, Hamburg 1975.

Blavatsky, H.P.: Die Geheimlehre, 4 Bde., Den Haag (verschiedene Auflagen).

Brennan, J. H.: Occult-Reich, London 1974.

Bronder, Dietrich: Bevor Hitler kam, Hannover 1964.

Brugg, Elmar: Spießbürger gegen Genie, Zürich 1952.

Brüning, Heinrich: Memoiren 1918—1934, München 1972.

Buchheim, Hans: Anatomie des SS-Staates, Freiburg i. Br. 1965.

Carsten, F.L.: Faschismus in Österreich, München 1978.

Crowley, Aleister: Das Buch des Gesetzes — Liber al vel Legis, Basel 1981.

Churchill, Winston: The Second World War, Bde. 2, 5, London 1952.

Churchill, Winston: Step by Step, New York 1939.

Churchill, Winston: The Thruth About Hitler, in: Strand Magazine, November 1935.

Daim, Wilfried: Der Mann, der Hitler die Ideen gab, München 1958.

Dietrich, Otto: Zwölf Jahre mit Hitler, München 1955.

Dornberger, Walter: V-2, Der Schuß ins Weltall. Zit. nach Pauwels/Bergier: Aufbruch ins Dritte Jahrtausend, Bern/München 1962.

Doucet, Friedrich W.: Geschichte der Geheimwissenschaften, München 1980.

Fauth, Phil.: Hörbigers Glacial-Kosmogonie, Kaiserslautern 1913.

Felipe, Renco de: Mussolini il rivoluzionario 1883—1920, Turin 1920.

Fest, Joachim C.: Hitler, Frankfurt a.M. 1973.

Fishmann, Jack: The seven Men of Spandau, zit. n. Pauwels/Bergier: Aufbruch ins Dritte Jahrtausend, Bern/München 1962.

Fuller, J. C. F.: The Second World War, 1939—1945, New York 1949.

Görlitz, Walter: Geldgeber der Macht, Düsseldorf 1976.

Gruchmann, L.: Nationalsozialistische Großraumordnung, Stuttgart 1962.
Gurdjieff, G.I.: Beelzebubs Erzählungen für seinen Enkel, Basel 1983.
Haack, Friedrich-W.: Von Gott und der Welt verlassen, Düsseldorf 1974.
Häckel, E.: Hitlers Weltanschauung — Entwurf einer Herrschaft, Tübingen 1969.
Hagenau, Gerda: Verkünder und Verführer — Prophetie und Weissagung in der Geschichte, München 1979.
Hart, F. Th.: Alfred Rosenberg — Der Mann und sein Werk, Berlin 1939.
Heiber, Helmut (Hrsg.): Reichsführer — Briefe an und von Himmler, München 1970.
Heiden, Konrad: Adolf Hitler, Zürich 1936.
Herzfeld, Hans: Geschichte in Gestalten, 4 Bde., Frankfurt a.M. 1981.
Hillel, Marc: Lebensborn e. V., Wien 1975.
Hitler, Adolf: Mein Kampf, München 1925/26 u.ö.
Höhne, Heinz: Der Orden unter dem Totenkopf, München 1967.
Horn, Wolfgang: Der Marsch zur Machtergreifung, Düsseldorf 1980.
Irving, David: Hitlers Weg zum Krieg, München 1981.
Irving, David: Der Nürnberger Prozeß, München 1979.
Irving, David: Mord aus Staatsraison, München 1979.
Irving, David: The Destruction of Dresden, London 1963.
Jetzinger, Franz: Hitlers Jugend, Wien 1956.
Knaut, Horst: Das Testament des Bösen, Stuttgart 1979.
Kogon, Eugen: Der SS-Staat, München 1974.
Kubizek, August: Adolf Hitler — Mein Jugendfreund, Graz 1953.
Langer, Walter C.: The Mind of Adolf Hitler — The Secret Wartime Report, New York 1972.
Le Bon, Gustave: Psychologie der Massen, Stuttgart 1973.
Lewinson, Richard: Das Geld in der Politik, Berlin 1930.
Liddell-Hart, B. H.: Jetzt dürfen sie reden, Stuttgart 1950.
Liddell-Hart, B. H.: War Limited, in: Harpers Magazine, März 1946.
Lundberg, Ferdinand: Die Mächtigen und die Supermächtigen — Das Rockefeller-Syndrom, München 1975.
MacNeice, Louis: Astrologie, Frankfurt 1965.

Mariel, Pierre: L'Europe paienne du XXe siècle, Paris 1954.
Maser, Werner: Adolf Hitler — Das Ende einer Führerlegende, Düsseldorf 1980.
Mendelssohn, Peter de: The Age of Churchill, Bd. 1, London 1961.
Miers, Horst E.: Lexikon des Geheimwissens, Freiburg i.Br. 1976.
Müllern-Schönhausen, Johannes von: Die Lösung des Rätsels Adolf Hitler, Wien 1959.
Mussolini, Benito: Giovanni Huß il Veridico, in: Opera Omnia di Benito Mussolini, Bd. 33, Florenz 1928.
Pauwels, Louis/Bergier, Jacques: Aufbruch ins Dritte Jahrtausend, Bern/München 1962.
Pfeifer, Heinz: Brüder des Schattens, Zürich 1981.
Pfitzner, Josef: Das Sudetendeutschentum, Köln 1938.
Poincaré, Raymond: L'Invasion, Paris 1928.
Rauschning, Hermann: Gespräche mit Hitler, Zürich 1940.
Rauschning, Hermann: The Revolution of Nihilism, New York 1939.
Ravenscroft, Travor: The Spear of Destiny, New York 1973.
Rittlinger, Herbert: Von hier bis Babylon, Stuttgart 1965.
Rosenberg, Alfons: zit. nach Haak, Friedrich-W.: Von Gott und der Welt verlassen, Düsseldorf 1979.
Rosenberg, Alfred: Der Mythos des 20. Jahrhunderts, München 1930.
Schramm, Wilhelm v.: Geheimdienst im Zweiten Weltkrieg, München 1974.
Schellenberg, Walter: Aufzeichnungen, Wiesbaden 1979.
Schulz, Gerhard: Aufstieg des Nationalsozialismus, Frankfurt a.M. 1975.
Sebottendorf, Rudolf v.: Bevor Hitler kam, München 1933.
Seraphim, Hans-Günther: Das politische Tagebuch Alfred Rosenbergs, München 1964.
Spaight, J. M.: Bombing Vindicated, London 1944.
Spaight, J. M.: The Battle of Britain 1940, London 1941.
Speer, Albert: Spandauer Tagebücher, Frankfurt a.M. 1975.
Syberberg, Hans-Jürgen: Hitler — ein Film aus Deutschland, Hamburg 1978.
Symonds, John: Aleister Crowley — Das Tier 666, Basel 1983.
Thies, Jochen: Architekt der Weltherrschaft — Die Endziele Hitlers, Düsseldorf 1980.

Toland, John: Adolf Hitler, Bergisch-Gladbach 1977.
Warburg, Sydney: De Geldbronnen van het Nationaal-Socialisme. Drie Gespreekken met Hitler, Amsterdam 1933.
Waite, Robert G. L.: The Psychopathic God, Adolf Hitler, New York 1977.
Wilde, Harry: Die Reichskanzlei 1933—1945, Bergisch-Gladbach 1978.
Wulff, Wilhelm: Zodiak and Swastika, New York 1973.
Zentner, Christian: Illustrierte Geschichte des Dritten Reiches, München 1983.
+ + + + +
U.S. — Federal Reserve Board Annual Reports, 1914—1950
U.S. — Federal Reserve Board Bulletins, 1914—1951
Senate Hearings on B. McCabe to be a Governor of the Federal Reserve System 1948
House Investigation of Federal Reserve System 1927—1928
+ + + + +

# REGISTER